MAGAZINE

当代台湾
财经杂志发展研究

Contemporary Taiwan Financial Magazine Development Research

吴琳琳 ◎ 著

厦门大学出版社　国家一级出版社
XIAMEN UNIVERSITY PRESS　全国百佳图书出版单位

图书在版编目(CIP)数据

当代台湾财经杂志发展研究/吴琳琳著. —厦门:厦门大学出版社,2016.12
(厦门大学海峡传媒与文化研究丛书 / 张铭清主编)
ISBN 978-7-5615-5451-7

Ⅰ.①当… Ⅱ.①吴… Ⅲ.①经济-期刊-产业发展-研究-台湾省
Ⅳ.①G219.275.8

中国版本图书馆 CIP 数据核字(2016)第 097389 号

出 版 人	蒋东明
责任编辑	王鹭鹏
特约编辑	孙慧英
美术编辑	夏　林
责任印制	朱　楷

出版发行　**厦门大学出版社**

社　　址	厦门市软件园二期望海路 39 号
邮政编码	361008
总 编 办	0592-2182177　0592-2181406(传真)
营销中心	0592-2184458　0592-2181365
网　　址	http://www.xmupress.com
邮　　箱	xmupress@126.com
印　　刷	厦门市金凯龙印刷有限公司

开本	720mm×1000mm　1/16
印张	15
插页	2
字数	262 千字
印数	1～1 000 册
版次	2016 年 12 月第 1 版
印次	2016 年 12 月第 1 次印刷
定价	40.00 元

本书如有印装质量问题请直接寄承印厂调换

厦门大学出版社
微信二维码

厦门大学出版社
微博二维码

总　序

　　由于历史的原因,海峡两岸曾经有过几十年的军事对峙时期。这一时期,封锁信息,丑化对岸,误导此岸,曾经是常态。随着两岸关系的和平发展,这种曾经被视为常态的不正常状态,成为过去。改变这一状态的直接原因是两岸通过各个领域的交流,加深了解,建立互信。在各个领域的交流中,新闻交流功不可没,居功至伟。可以说,没有两岸新闻人营造的良好的舆论环境,没有新闻媒体搭建的联系海峡两岸的最基本、最重要的桥梁和纽带,就没有今天两岸关系和平发展的大好局面。

　　在两岸各个领域的交流中,文教交流是重要组成部分。厦门大学作为大陆距台湾最近的教育部直属重点大学,在两岸文教交流方面走在前面。因为厦大独特的区位置和福建与台湾的亲缘、血缘、地缘、人缘优势,使厦大具有同台湾的教育界、新闻界进行广泛接触和交流得天独厚的有利条件。厦大新闻传播学院正是得益于这些条件和优势,开展海峡两岸传媒研究。在与台湾的高校、新闻工作者、知名学者进行广泛深入的各种交流的基础上,取得初步成果。

　　厦门大学创建之初,就有新闻部。自20世纪80年代创建新闻传播系起,就充分发挥对台(及港澳和东南亚)的地缘和文缘优势,承担并完成一系列涉台的科研课题,出版了一批相关专著和论文集,在学术界产生较大影响。

　　2007年厦大新闻传播学院成立后,将台湾媒体研究列为学院重点发展的特色学科之一。2009年,专门研究机构——厦门大学海峡媒体研究中心正式成立。此后,在国家相关部委和学校的关心支持下,台湾媒体研究取得长足的进步,一系列重要科研成果相继推出,高端学术论坛连续举办,与台湾方面的学者互访和学生毕业作品联展已成为常态。国家"十二五"出版规划项目《台湾百科全书·新闻出版卷》由我院作为主编和副主编单位。可以说,在涉台新闻研究以及华文传媒研究领域,我院已处于国内前沿位置,科研实力和影响力得到学界和国家及省市有关部门的认可。2014年,由厦门大学作为牵头单位的"两岸关系和平发展协同创新中心"

入选国家"2011 计划",我院成为中心所属的五大平台之一中的"两岸社会整合研究与实践平台"。

海峡两岸的政治和社会制度不同,价值观和意识形态的差异,是客观存在的,当然会反映在新闻理念、新闻制度和新闻教育等方面,这正是我们的研究者必须面对的研究课题。厦大新闻传播学院勇敢地接受挑战,举全院之力,凭借地利、人和之优势,完成国家重点项目——"'一国两制'下的新闻理论与实践研究"。课题顺利结项后,得到相关方面的肯定和好评。目前我院正就两岸关系和平发展实践中的新难点、新议题,继续通过两岸高教界和新闻界间的合作进行研究。相信通过两岸同行取长补短,求同存异,扩大共识,一定会取得更好的成绩。

此次海峡媒体研究丛书的出版,与其视为我们阶段性研究成果的一次总结,不如说是我们继续努力的新起点。新形势,新任务,要求我们有新的成果。在各方面的支持、关心下,我们有信心以新的成绩回报大家的关切。

张铭清

2015 年 4 月

序

　　党的十八届三中全会提出"增加低收入者收入,扩大中等收入者比重,努力缩小城乡、区域、行业收入分配差距,逐步形成橄榄型分配格局"的战略部署。完成这一伟大的战略部署,就要逐步扩大中产阶级队伍。马克思是最早以论述阶级及社会分层的经典社会学家之一,他以生产关系为基础来定义中产阶级,《共产党宣言》中首次提出"中等阶级"的概念。这就是现在学者所说的中产阶级,有的称之为"中间阶级"或"中产阶层""中等阶级""中等收入者"等。在世界各地的现代化进程中,中产阶级的兴起和壮大是一个具有普遍意义的现象。我以为不断扩大我国中产阶级队伍,尽快缩小贫富差距,这对实现"中国梦"具有重要现实意义。

　　台湾在二十世纪六七十年代经济开始腾飞,中产阶级队伍不断壮大。台湾中产阶级的发展及壮大支撑了台湾财经媒体的持续发展,财经媒体的报道为中产阶级的发展提供观念、资讯以及舆论支持。客观上,台湾财经媒体为台湾新中产阶级的发展壮大提供了智力和精神支持。台湾中产阶级的发展和壮大,对台湾社会能在各种风波的冲击中保持相对稳定也起了较大作用。

　　中产阶级的发展壮大,有助于社会的稳定与和谐发展,借鉴台湾中产阶级发展壮大的经验教训确实很有现实意义。杂志是社会改革的先锋,进入中产阶级的大多是知识分子,他们大多关注各种经济信息,注重学习经济知识,这里财经杂志恰是各种经济信息和新经济知识的重要媒介。因此财经杂志既是经济社会文化发展的晴雨表,又更是社会经济文化发展必不可少的重要桥梁和纽带。我以为台湾财经杂志,不仅传播各种经济信息和新知,而且把政治和经济紧密联系在一起,从传播政治经济学的角度来处理和分析经济问题,而不是孤立地就经济谈经济,因而在台湾中产阶级的发展过程中起到举足轻重的作用。

　　吴琳琳博士是厦门大学新闻传播学院主讲财经新闻报道的副教授。她本科和硕士都在厦门大学财政金融专业学习,长期阅看各种财经杂志。攻博期间她系统研究台湾财经杂志的发展历程。这本《当代财经杂志发展研究》在她的博士学位论文基础上扩展而成。

　　台湾财经杂志在台湾经济发展过程中发挥着举足轻重的作用,但关于台湾财经杂志整体发展历程的研究至今仍为空白。该书填补了这一空白,具有较高的学术价值。特别是作者采用解释性研究的方式,按台湾历史发展的线索来研究台湾财经杂志业的发展,从社会政治、经济的变化中解释台湾财经杂志的各种历史变迁,因此具有重要的理论意义和实践意义。

　　该书着重对台湾财经杂志六十多年的发展历程进行历史考察,以揭示影响其变迁的诸多因素。作者把台湾财经杂志研究置于台湾社会特定的政治、经济环境中,具体考察政治、经济对台湾财经杂志的影响,从报道内容、版面设计、经营管理三个主要方面来研究不同历史阶段台湾财经杂志的发展变化。

　　该书不仅揭示了台湾财经杂志的发展规律,而且具体、详实地展示了台湾财经杂志编辑的经验和技巧;不仅是财经杂志研究的学术专著,也是学习财经杂志具体编辑业务不可多得的教学参考书。

许清茂
2015 年 2 月

　　(作者系厦门大学新闻传播学院教授、博士生导师)

目　录

绪　论

　　台湾是发达的商业社会,台湾财经杂志发展较为成熟,其对传播经济新闻,普及经济知识,促进台湾经济发展都起着重要作用。目前,学界对台湾财经杂志的研究停留在个案研究或某个侧面的研究上,缺乏整体和系统的把握。本书首次对台湾财经杂志1949年至今的发展历程进行历史考察,以揭示其历史变迁的脉络以及影响其变迁的诸多因素。

第一节　问题源起

　　财经媒体的发展与国家和地区经济的发展密切相关,台湾是发达的商业社会,民众关注财经资讯,台湾财经杂志以其深度专题报道及专业的分析内容,持续占有财经资讯霸主的地位。本书采用解释性研究的方法,对台湾财经杂志1949年至今的发展历程进行历史考察,着重回答两个问题:第一,台湾财经杂志各个时期的发展情况如何,其内容、版面、经营呈现怎样的发展变化?第二,如何解释不同时期台湾财经杂志的发展变化,台湾财经杂志和台湾政治、经济怎样相互作用?

一、研究背景

　　财经媒体是国家和地区市场经济运行的有机组成部分,其承载的专业资讯对达成市场交易不可缺少,与一个国家和地区的经济、金融、产业的发展密切相关。美国、英国等经济发达国家无一例外地拥有强大的财经媒体,为本国经济的发展和扩张提供支持。目前,世界上许多顶尖的财经媒体以财经杂志的形态出现,这些顶尖财经杂志的影响力已经超越国界。

　　英国的 *The Economist* 创办于1843年,每周五出刊的 *The Economist* 不以杂志自居,而以"周五观点报"定位,它不替一周发生的新闻总结或归纳,而是告诉读者,在这些事件中,什么是大众"真的"必须知道的,以提供大众思考方向和讨论空间。该刊对全球经济的预测和分析能力常令世人惊叹不已。目前 *The Economist* 已确立了拥有高端读者群的全球媒体品牌优势。许多商界和政界的决策者和精英都是这份杂志的忠实读者。在全球平面媒体一片低迷中,*The Economist* 的发行量在 1997—2007 年这十年间,平均每年都以 7%~9% 的速度上升。2007 年,*The Economist* 发行量为 113 万份,比 10 年前上升 87%。*The Economist* 位于英国伦敦市中心,然而其对美国白宫的影响力却超过美国《时代》杂志和《商业周刊》,其在北美的发行量占其总发行量的 53%,是英国本土 14% 的 3 倍之多,其在欧陆的发行量占总发行量的 19%,亚洲区域为 11%[①]。

　　Fortune、*Business Week*、*Forbes* 并称美国三大财经周刊。*Fortune* 以大公司报道闻名,*Business Week* 以迅速报道商界变化为特色,*Forbes* 以财富人物或者大资本家为主要报道对象。*Fortune* 1929 年创刊,是美国第一本将商业领域的精华和热点向公众介绍的杂志,是有世界权威的、颇具影响力的知名商业经营管理杂志。据说全球有 400 万以上的世界级企业的高级主管把它当作必读刊物,成为他们做出重大决策时不可缺少的参考。*Fortune* 每年推出的"财富全球论坛",成为各国政要和商界名流的盛宴。*Business Week* 创刊于 1929 年,把自己定位为"全球资本主义时代的信息工具",其在引导世界经济新观念、新趋势方面有着不凡的地位。*Business Week* 第一次提出"新经济"(高增长与低通胀并存)的概念,最早要求人们关注"亚洲金融危机"问题,率先提出 21 世纪是"创造力经济"的口号。前美联储主席格林斯潘这样的人士会定期向该刊分享其思考成果。该刊的口号"We don't just listen to the greatest minds in business. They listen to us"充分显示其在商业财经领域的自信。2009 年,*Business Week* 被 *Bloomberg* 集团并购,更名为 *Bloomberg Businessweek*。*Bloomberg* 与 *Business Week* 的携手被业界视为完美姻缘,由于双方能够共享数字平台和信息资源,其协同效应预计可节约 5 500 万美元的管理成本。*Forbes* 创刊于 1964 年,有着"资本主义传声筒"之称,目前,*Forbes* 聚焦全球经济,报道那些改变商业潮流的人和事,预测未来的走向。"财富"和"名声"有关的各类排行榜是 *Forbes* 最吸引眼球的产品,其中以"福布斯富豪榜"最负盛名。

　　台湾是一个充满图书和期刊的社会,与祖国大陆 13 亿人口有 9 468 种杂志相比,台湾 2 300 万人口有 6 600 种杂志,平均不到 4 000 人便拥有一种杂志,

---

　　① 人民网:《〈经济学人〉160 年不败的秘诀》,http://media.people.com.cn/GB/22114/42328/86412/5908842.html,2007 年 6 月 25 日。

是全世界杂志发行密度最高的地方①。台湾商业发达，早在 1979 年台湾就已经是"亚洲四小龙"之一，经济和每个人的生活休戚相关，民众对经济成长、财政状况、市场信息、经营理财的兴趣和关心程度日益提高，越来越需要专业的财经信息和财经分析。财经杂志以其深度专题报道及专业的分析内容，持续占有财经资讯霸主的地位②。根据台湾出版年鉴的统计数据，早在 1980 年，财经杂志的总数即是所有杂志门类中的第一，在整个 80 年代和 90 年代，财经杂志家数从 1980 年的 340 家增长到 1998 年的 1 305 家，成长了 3.8 倍，财经杂志的数量在台湾各类杂志中保持第一，在杂志的发行量、广告营收以及销售排行上，财经杂志在各类杂志中都居领先地位。进入 21 世纪，财经杂志数量在杂志类别中尽管已不再居第一，但依旧是主流，是台湾民众获取财经资讯的主要来源。2000—2014 年，《商业周刊》《今周刊》《天下杂志》《远见》等财经杂志一直位于各年度杂志销售排行榜前列。以《天下杂志》《商业周刊》为代表的台湾财经杂志因其表现突出，不仅多次获台湾岛内各项重要杂志新闻奖项，还多次获得亚洲出版协会的"SOPA 卓越新闻奖"③。台湾《商业周刊》单期发行量 16 万册，市场普及率高于发行量 99 万册的美国的 *Business Week*，对比台湾 2 300 万人口与美国 3 亿人口数，足见台湾财经杂志产业"小而美"的经营模式与市场格局④。《商业周刊》的创办人金惟纯难掩骄傲地说："《商业周刊》是台湾发行量最大的杂志。根据我没有那么认真的调查，在每一个市场里头，最大的杂志没有一个是商业类的，我们是全世界唯一一个，这个是世界纪录。"⑤

　　在台湾特定政治、经济背景下成长发展的台湾财经杂志对普及民众的经济知识，促进台湾经济发展，帮助民众了解经济生活起着重要作用，也传递着台湾社会特定的政治、经济思想和理念。

　　①④　祝兴平:《台湾地区期刊出版产业经营状况与市场格局》,《中国出版》2009 年第 16 期。

　　②　王馨逸:《台湾财经资讯阅听市场的转变》,http://www.brain.com.tw/news/NewsNotPay.aspx? ID=11923,2009 年 1 月 27 日。

　　③　亚洲出版协会即 SOPA(The Society of Publishers in Asia),该协会于 1982 年在香港成立,一直以来致力推动专业出版最佳守则,为出版业缔造一个有利于专业出版的营商环境。亚洲出版业协会作为非牟利团体,提倡负责任的新闻报道,为业界制定有关品质控制、专业发展、审查、发行量、广告及新媒体等方面的准则及指引。该协会每年均会举办享负盛名的"SOPA 卓越新闻奖",为整个亚太地区的新闻报道确立世界级标准。

　　⑤　沈泽玮:《台湾最大杂志〈商周〉创办人:金惟纯:20 年后还有杂志报纸吗?》,http://www.zaobao.com/special/face2face/pages1/face2face100523.shtml,2010 年 5 月 23 日。

二、选题意义

(一)研究的理论意义

从 1949 年至今台湾财经杂志已有 60 多年的历程,但目前学界对于台湾财经杂志的研究还停留在个案研究或某个侧面的研究上,缺乏整体和系统的把握,关于台湾财经杂志整体发展历程的研究还是个空白。本书首次对台湾财经杂志 1949 年至今的发展历程进行整体和系统的研究,填补了这方面的空白,具有一定的理论意义。

本书主要从台湾财经杂志的报道内容、版面设计、经营管理三个主要方面来研究不同历史阶段台湾财经杂志的主要发展变化。把台湾财经杂志研究置于台湾社会特定的政治、经济环境中,考察社会政治、经济环境对台湾财经杂志的促进、影响或制约,以期加深对台湾财经杂志发展规律的探索,从中管窥台湾社会的发展变化。当前两岸关系发展面临着难得的历史机遇,两岸大交流、大合作的局面已然形成,展现出和平发展的前景。基于两岸关系的重要性,关于台湾财经杂志的研究存在重大时代意义。

(二)研究的实践意义

祖国大陆自改革开放以后,经济的高速发展为财经杂志的发展提供了广阔的市场空间,创造了需求市场。目前,祖国大陆财经杂志市场初现繁荣,但无论在市场化发育程度还是产业发展规模方面,都滞后于祖国大陆的经济发展现状,时任《财经》杂志主编的胡舒立曾坦言:"中国经济新闻报道的整体水平,难以跟上中国经济改革的步伐。"[1]台湾和祖国大陆同根同源,台湾财经杂志发展过程中的成功经验和创新做法值得祖国大陆学习,而其过度追求商业利益而对新闻专业主义的侵蚀也值得祖国大陆引以为鉴,通过对财经杂志发展历程的系统研究,可以为祖国大陆财经杂志的发展提供决策参考。

三、财经杂志概念界定

"杂志"一词源于阿拉伯文 Makhazin,意指"仓库",衍生意义为"知识的仓库"。现代杂志发展成为利用文字和图像诉诸视觉的大众传播媒介,有固定的

---

① 王尧:《中国财经媒体何时吸引世界》,http://news.xinhuanet.com/newmedia/2007—06/01/content_6183069.htm,2007 年 6 月 1 日。

名称、每期版式基本相同、定期或不定期的连续出版物①。

根据台湾地区"出版法"第二条的规定,杂志"指用一定名称,其刊期在七日以上三个月以下期间,按期发行者而言"。"出版法"将杂志归为"新闻纸类"管理。1999 年,台湾废除"出版法",但台湾对于杂志的定义仍沿用"出版法"这一规定,在《2005 年台湾杂志出版产业调查研究报告》里,台湾新闻主管部门将杂志出版业定义为:"用一定名称,刊期在 7 日以上 3 个月以下之期间,按期发行,并依公司法或商业登记法申设登记之杂志事业。"②。

台湾杨倩蓉将财经杂志定义为"广泛的财经新闻时事与商业管理杂志"③。台湾学者杨士仁、郑优与赵政岷所著《财经咨讯与媒体 Q&A》一书中将财经杂志分为四大类④:

第一类,财经综合类:以财经企业相关报道为主,但每家杂志的定位也有出入。譬如《商业周刊》以周刊特性凸显,报道工商经济动态,具有新闻热度,也有深度报道内涵;《天下杂志》月刊强调观念领先,以思潮性问题为主;《卓越》杂志月刊以商业管理杂志为定位,介绍工商现象及管理问题;《统领》杂志月刊以精英的商业生活杂志为方向,报道财经及工商问题。

第二类,财经专业类:此类杂志和财经综合类也有共同之处,但定位更为专业,譬如《战略生产力》杂志强调企业经营的实用策略,提供经理人的应变方法;《管理》以企业管理问题相关报道为报道内容;《突破》杂志特别着重广告及行销问题。

第三类,财经研究类:此类杂志较重研究特性,有专论、研究报告,如《经济前瞻》提供台湾经济分析评论;《金融月报》或官方出版的调查月报同时有官书及杂志特性,是针对问题研究的财经资讯来源。

第四类,投资理财类:《投资情报》周刊、《先探投资》等,专业报道股市消息;《钱》月刊强调个人理财;《住宅情报》介绍房地产信息;《钱谈》兼跨理财与财经;《财讯》兼跨投资理财与财经内幕报道。这类杂志符合理财特性,常常是个人管理财务时的参考资讯。

本书所研究的台湾财经杂志,是广义的财经杂志,指以动态、现实、深入地反映和描述各种社会经济现象为主的杂志。其内容可涵盖整个经济领域,也可仅仅局限在经济领域的某个具体方向和专业。

① 邵培仁、海阔:《大众传媒通论》,浙江大学出版社 2005 年版,第 68 页。
② 郑英耀:《2005 年度台湾杂志出版产业调查研究报告》,"行政院新闻局"2005 年版,第 8 页。
③ 杨倩蓉:《财经杂志新闻置入性行销报道对记者专业表现的影响》,台湾政治大学硕士论文 2008 年版,第 14 页。
④ 杨士仁、郑优、赵政岷:《财经资讯与媒体 Q&A》,商周文化 1991 年版,第 147 页。

四、研究问题

笔者广泛查阅祖国大陆和台湾的相关文献资料,发现,祖国大陆学者研究台湾杂志的数量有限[①],在有限的台湾杂志研究中,涉及台湾财经杂志的内容并不多,且涉及台湾财经杂志时只是对其进行概况性描述,点到为止,缺乏深入的多角度的系统分析。在台湾地区,书籍论著方面,有关台湾财经杂志的研究作为台湾杂志整体研究的一部分,穿插其中,由于研究角度和目的不同,其对台湾财经杂志的论述相对有限和零散[②];较多对于台湾财经杂志的专门研

---

① 祖国大陆关于台湾杂志的研究并不多,在祖国大陆出版的研究台湾媒体的相关书籍中,零散有相关台湾杂志的研究。如许清茂(2005)主编的《海峡两岸文化与传播研究》收录4篇有关研究台湾杂志的论文,包括《台湾杂志史略》《十年来的台湾〈新闻学研究〉》《台湾〈广告杂志〉述评》《一个杂志改变一个社会——从政治传播角度谈"美丽岛"事件对台湾的影响》;陈飞宝(2007)所著《当代台湾传媒》有专门一章论述台湾杂志的发展历程,将台湾杂志发展分为"报禁"前后两个阶段来论述其发展变化;张铭清(2008)主编的《海峡两岸新闻与传播研究》有一篇《台湾〈壹周刊〉的市场导向性娱乐新闻及其影响》。在这些零散的相关台湾杂志研究中,台湾财经杂志只是作为其中的一小部分被略微论述。在学论文方面,笔者对1980—2011中国期刊网用"台湾杂志""台湾期刊""台湾财经杂志"为关键词、主题词、篇名检索,总共检索到相关文章66篇,其中有27篇是以"业界动向""出版动态""简讯""采访稿"等非研究性文章形式出现,实际检索到的相关研究性文章只有39篇,其中有2篇是硕士论文,1篇是笔者2010年完成的博士论文。

② 台湾学者关于台湾杂志研究的书籍方面:有的是单独成书论述杂志,如马骥伸(1984)的《杂志》在阐明杂志相关理论的基础上论述了中国杂志的发展沿革,也论述了国民党退踞台湾之后杂志在台湾的发展演变以及80年代台湾杂志的发展现状;李明水(1986)的《台湾杂志事业发展史》对1986年之前的台湾杂志事业发展历程进行简略论述,是台湾较早出现的台湾杂志发展史的论著。有些论著是在台湾媒体研究中用一定篇幅论述台湾杂志,如曾虚白(1984)的《中国新闻史》、Danile K. Berman(1995)的《笔杆里出民主——论新闻媒介对台湾民主化的贡献》、郑贞铭(2001)的《新闻原理》、蔡念忠(2002)的《大众传播概论》、王天斌(2002)的《台湾新闻传播史》、郑贞铭(2005)的《20世纪中国新闻学与传播学台湾新闻传播事业卷》。同时,台湾也有一些关于台湾杂志的年鉴、调查报告和刊物。《杂志年鉴1950—1998》是目前台湾唯一的杂志年鉴。台新闻主管部门1981年出版的《出版年鉴》和1991年出版的《新闻年鉴》都有专门关于台湾杂志发展的论述,是具有资料性、历史性的权威工具书,记载了台湾杂志发展中的重大史实。台湾《动脑杂志》创刊于1977年,是台湾第一本专门研究广告行销传播知识领域的专业杂志,刊登了很多有关台湾杂志发展情况的业界动态、调查报告等文章。台湾地区的文化主管部门从1997年开始,多次出版《台湾图书(杂志)出版市场研究报告》,台湾新闻主管部门也从2003年开始出版《台湾图书出版产业调查研究报告》,并分别于2005年、2008年、2011年专门出版《台湾杂志出版产业调查研究》,对台湾杂志产业的发展状况进行全方位的盘点和研究,提供精确的数据统计和科学分析。

究来自台湾的硕士论文①。由于台湾的新闻传播领域研究长期以来深受美国社会科学中行为主义的影响，有关台湾财经杂志的研究大都采用微观的途径，或是用内容分析法来研究台湾财经杂志呈现内容的特点，或用问卷调查的方法来研究受众阅读台湾财经杂志的动机、人口特点；或是用深度访谈的方法来研究财经记者的认知、态度和行为，缺乏历史性的研究。这种微观、个人层次、定时的研究取向可反映台湾财经杂志的某一面向，却缺乏从宏观层面、制度层面来探讨台湾财经杂志长期的发展变迁，缺乏对台湾财经杂志长期发展历程的研究，对台湾财经杂志不同历史时期内容、受众、经营特点的变化及其变化原因的关注不够，应得到重视和加强。

展江指出，新闻史的研究，按照研究方法和视角，较常见的有两类——描述性研究和解释性研究。描述性研究基本上是按报刊、广播或电影媒介的产生、发展和演进的脉络，收集考证新闻史料、描述新闻事业发展的过程。描述性新闻史研究的历史功绩值得肯定，其史料通常全面而详细，研究方法比较直接，以时间为线索，纲目清晰，因此长期以来为不同国度、不同社会和学科背景的学者所青睐，人文学科背景的学者尤其常用。其不足之处在于，研究比较平面，方法比较单一，描述现象却常常不能深入探究或解释现象背后的规律或本质。解释性研究重视考察新闻事业发展变化的情境和原因，学者们力图从当时的政治、经济及社会变革的大情境中解释新闻事业的走向，强调媒介产生、发展和演进的原因。埃默里的《美国新闻史》是解释性研究的力作，出版后轰动美国新闻学界和业界，影响西方其他国家。从他开始，解释性研究的影响迅速遍及各国新闻史。该书用解释的方式，按美国历史发展的线索来研究新闻事业的发展，从社会、政治、经济情境中解释新闻事业的发展，强调媒介与社会的互动关系，该书数十年来成为新闻院系的标准教科书，一版再版至今②。

在前辈学者已有成果的基础上，本书采用解释性研究的方式，首次对1949年至今台湾财经杂志的发展路径进行系统考察，探讨台湾社会变迁与台湾财经杂志发展之间的关系。

本书力图回答以下两个主要问题：台湾财经杂志各个时期的发展情况如何，其内容、版面、经营呈现怎样的发展变化？如何解释不同时期台湾财经杂

① 在学术期刊论文方面：笔者以"杂志""期刊""书刊"为关键词，检索台湾"华艺数位TSPS台湾科学期刊全文数据库"、台湾"博硕士论文资讯网"（1956—2011）、"台湾中华传播学会年会论文数据库"（1997—2011）、台湾"期刊论文索引系统"总共检索到台湾杂志相关研究论文670篇，然而以台湾财经杂志为研究对象的研究论文只有40篇，其中硕士论文有30篇。

② ［美］迈克尔·埃默里南希、L.罗伯茨著，展江译：《美国新闻史大众传播媒介解释史》，中国人民大学出版社2004年版，第3～6页。

志的发展变化,台湾财经杂志和台湾政治、经济怎样相互作用?

第二节 两岸关于台湾财经媒体研究现状

笔者查询台湾"华艺数位 TSPS 台湾科学期刊全文数据库"、台湾"博硕士论文资讯网"、"台湾中华传播学会年会论文数据库"、"期刊论文索引系统",大陆"中国期刊网"(包括中国学术期刊网络出版总库、中国优秀硕士学位论文全文数据库、中国博士学位论文全文数据库、中国年鉴网络出版总库、中国重要报纸全文数据库、中国知识资源总库)、"两岸关系数据库",梳理历年来两岸学者对台湾财经媒体的研究,发现两岸学者对台湾财经媒体的研究重点主要集中台湾财经媒体与台湾经济的关系、台湾财经媒体与台湾政治的关系、台湾财经媒体与台湾受众的关系、台湾财经媒体的内容及其呈现方式、台湾财经媒体的经营管理、台湾财经记者这六个方面。

一、台湾财经媒体与台湾经济的关系

财经媒体是人类的社会物质生产与精神生产成果积累到一定程度后出现并发展起来的,财经媒体的发展与经济发展密切相关。研究者主要从两方面研究财经媒体与经济的关系。其一是经济对财经媒体的影响,如陈绍雄以台湾《经济日报》为例研究专业性报纸报道和台湾 IC 产业发展的关系,发现:半导体产业发展带动半导体产业的媒体报道[1]。其二是财经媒体报道对经济的反作用。如林国兴以台湾《经济日报》《工商时报》所揭露的上市公司信息为例,研究媒体资讯揭露对于股票价格的影响,发现台湾财经专业报纸所揭露的股市资讯确实对与股价造成影响,投资者受短期资讯影响,忽略长期基本资讯,使得股价有过度反应的现象[2]。刘贞芸以台湾《经济日报》每周日所刊登的"本周精选潜力股"专栏为研究对象,研究发现,该专栏推荐标的,多在事件日前即有显著异常报酬;推荐信息公开后,投资人只能在事件日当日获得异常报酬,其后异常报酬即迅速消失,且持有至事件日之后,其损失将随时间增加

---

[1] 陈绍雄:《专业性报纸报道和台湾 IC 产业发展的关系——以〈经济日报〉为例》,台湾中山大学硕士论文 2006 年,第 1 页。

[2] 林国兴:《媒体资讯揭露对于股票价格影响之实证研究——以〈工商时报〉〈经济日报〉所揭露之上市公司讯息为例》,南华大学硕士论文 2001 年,第 1 页。

而增加,显示事件日前股价表现有反应过度的现象①。陈育季以《经济日报》头版新闻为例,探究重大讯息宣告对台湾甲醛股价指数报酬率波动的影响,与重大讯息宣告后对台湾加权股价指数报酬率的传递情形及持续时间。实证结果显示,报酬率受多空头阶段的影响程度要远高于消息性质好坏的影响,亦即空头市场中好消息的报酬率影响仍为负,多头市场中即使是坏消息的平均报酬仍为正②。罗莉莉、陈纪彰也进行类似的相关研究。

研究者重视财经媒体与经济的关系,认为经济的发展带来财经媒体的繁荣以及财经媒体报道重点的变化,同时,财经媒体的报道也对经济特别是股市产生一定的影响。但目前相关台湾财经媒体与台湾经济的研究大多来自台湾的硕士论文,且研究角度侧重于台湾财经媒体对台湾股市的影响,对台湾财经媒体如何影响台湾整体经济则较少论及,同时大陆学者在这方面的研究则为空白。

二、台湾财经媒体与台湾政治的关系

财经媒体的发展离不开其所处的政治环境,与所处的政治环境互相作用。何曼卿探讨台湾财经新闻于"戒急用忍"政策决策与执行过程中,如何以输赢、对立、攻防的竞局框架来进行报道。研究发现,当报道侧重政策冲突性、议题进入关键性时刻,媒体采用混合及竞局框架的比例偏高,尤其当媒体为发言人时,采用竞局框架比例更高。其次,官方为主要消息来源的报道,媒体采用半竞局的混合框架比例高于议题框架③。游子莹以台湾《工商时报》和《经济日报》为例,分析第一次政党轮替前后的社论,研究在不同的政治环境下,财经报纸如何报道两岸经贸议题。研究结果发现:两报受政治因素的影响,选择性地反映社会真实④;苏衡的研究发现,台湾主要报纸的经济新闻对"国家"和"市场"的探讨,多半从政治角度、而较少从经济角度报道,且引入"市场"和"经济

① 刘贞云:《报纸推荐信息之实战研究——以〈经济日报〉"每周精选潜力股"专栏为例》,淡江大学硕士论文 2003 年,第 1 页。

② 陈育季:《重大新闻讯息对台湾股票市场影响之研究以经济日报头版新闻为例》,南华大学硕士论文 2009 年,第 1 页。

③ 何曼卿:《两岸财经报道的竞局框架——以"戒急用忍"政策为例(1989—2003)》,台湾政治大学硕士论文 2004 年,第 1 页。

④ 游子莹:《财经专业性报纸政党轮替前后之社论分析:以〈工商时报〉与〈经济日报〉之两岸经贸议题为例》,台湾佛光人文社会学院硕士论文 2006 年,第 1 页。

景气"面向来质疑"国家",但不同性质的报纸建构策略亦有所不同①。

　　研究者普遍认为,政治力量会通过各种方式影响财经媒体的报道方式,这方面也是目前研究的重点,但财经媒体对政治的反作用则较少涉及。关于台湾财经媒体与台湾政治关系的研究也以台湾硕士论文为主,大陆学者在这方面的研究则为空白。

三、台湾财经媒体与台湾受众的关系

　　研究者关注台湾财经媒体对台湾受众认知的影响。叶宣模分析台湾《经济日报》和《工商时报》股市新闻的议题设定功能,认为,较一般报纸,财经专业报纸对于投资人更具议题设定效果②。陈纪彰以台湾《经济日报》"就市论势"专栏为研究对象,发现,该专栏的主要内容对读者的认知产生影响③。

　　一些研究者以"使用与满足"理论为基础,研究台湾受众阅读台湾财经媒体的行为。黄启明的研究发现,受众阅读台湾《工商时报》的主要动机为该报纸的财经资讯报道快,对于自身学习成长有很大帮助④。卜家忠的研究认为,小额投资者阅读台湾《工商时报》的强烈需求动机为"寻求股市资讯及掌握投资工具"⑤。林志峰的研究指出,理财网站使用者以"资讯需求"动机最强,其次依序为"兴趣/学习""专业互动"⑥。徐光干的研究发现,台湾《财讯》的刊物内容特色是吸引读者阅读的最主要动机,其次为"资讯需求""一致性/人际交流"⑦。詹茹心的研究指出,台湾企业经理人重视的财经杂志特征依序是"岛内产业及经济情势分析""经济策略""政治新闻及政治、财经政策分析""行销"

---

① 苏衡:《国家、市场与经济不景气:报纸报道财经政策的分析》,台湾专题研究计划报告 2004 年,第 1 页。

② 叶宣模:《经济专业报纸议题设定功能之研究》,台湾政治大学硕士论文 1982 年,第 1 页。

③ 陈纪彰:《经济日报〈就市论势〉股市专栏之内容分析》,台湾东吴大学硕士论文 1988 年,第 1 页。

④ 黄启明:《台湾财经专业报纸读者阅读行为之研究——以〈工商时报〉为例》,台湾元智大学硕士论文 2004 年,第 1 页。

⑤ 卜家忠:《小额投资者对财经报刊使用与满足之研究》,台湾铭传大学硕士论文 2008 年,第 1 页。

⑥ 林志峰:《理财内容网站使用动机与付费意愿之研究》,台湾"中山大学"硕士论文 2000 年,第 1 页。

⑦ 徐光干:《阅听受众对财经媒体的使用动机与满足之研究——以〈财讯〉月刊为例》,台湾政治作战学校硕士论文 1998 年,第 1 页。

"企业经营及个案报道"①。李埔梅的研究发现：不同人口统计变项的财经杂志消费者，在消费行为与购买决策有显著差异；不同生活形态的财经杂志消费者在消费行为和购买决策上有显著差异②。林芳燕研究大台北地区青年消费者(25～35 岁)对财经杂志之消费行为，发现：不同生活形态和人口统计变项的消费者，在财经消费行为上有显著差异；在人格特质上，内控倾向的消费者较外控倾向的消费者愿意花更多预算购买财经杂志③。

　　研究者普遍认为财经媒体有关经济议题的报道内容发挥媒体"环境监视"功能，对民众对经济情势的认知产生一定的影响并关注受众阅读使用财经媒体的行为和动机，所使用的大多是问卷调查、深度访谈等定量或定性分析方法。但目前相关台湾财经媒体与台湾受众关系研究大多来自台湾的硕士论文，且此类研究对不同经济发展环境下受众群体的变化，受众对财经资讯需求的变化等方面的关注不够，大陆学者在这方面的研究则为空白。

四、台湾财经媒体的内容及其呈现方式的研究

　　经济议题是财经媒体的主要报道内容，一些研究者关注台湾财经媒体如何报道经济议题，关注各种消息来源对财经媒体报道的影响。曾万分析1979—1987 年台湾《经济日报》和《工商时报》的社论发现，经济专业报道社论大致能反映实际经济的脉动④。刘佩修探讨台湾 1990—1999 年金融开放过程中，主要权力集团(消息来源)如何运用《工商时报》《经济日报》两大财经报刊文本进行权力斗争⑤。卓向荣以台湾《工商时报》和《经济日报》为例，分析其在表现新自由主义意识形态时与社会权力结构之间的连结关系，发现，在叙事结构方面，基于财经媒体的特性，两报的报道与评论大多数出现的字眼都与经济利益有着密切的关系，在消息来源方面，工商业者的发言最受到重视，两

---

　　① 詹茹心：《企业经理人对财经杂志的需求特征分析》，台湾文化大学硕士论文 1996年，第 1 页。

　　② 李埔梅：《消费者购买财经杂志决策因素之研究》，台湾南华大学硕士论文 2002年，第 1 页。

　　③ 林芳燕：《大台北地区青年消费者(25～35 岁)对财经杂志之消费行为与可应用行销策略之研究》，台湾淡江大学硕士论文 2006 年，第 1 页。

　　④ 曾万：《台湾地区经济性专业报纸社论分析：1979—1987》，台湾政治大学硕士论文1988 年，第 1 页。

　　⑤ 刘佩修：《财经专业报刊金融开放图像——以〈工商时报〉〈经济日报〉为例，1990—1999》，台湾政治大学硕士论文 2001 年，第 1 页。

报报道符合金融与资本的利益,劳工与普罗大众的利益则遭到忽略①。曲皓玮以台湾《经济日报》《工商时报》的社论为研究对象,分析财经报纸对台湾金融改革政策议题的文本论述②。刘德宜的研究认为,商业杂志对于两岸经贸的发展过程的描述并未失真,商业杂志在该项议题报道上扮演"镜子"的角色③。

重要社会议题也是财经杂志报道的焦点,一些研究者也关注财经杂志如何报道失业、环境、性别等社会议题。吴碧娥以台湾《经济日报》和《工商时报》为例,分析财经专业报纸如何呈现台湾失业议题。发现,过半数的新闻对失业议题抱持负面的立场。在失业冲突的情境中,报纸对于产业的态度比对待台湾当局有利;在涉及产业与政府的新闻中,报纸亦是偏向产业④。谢锦芳对1969—1988年台湾《中国时报》《自立早报》《经济日报》等四家报纸有关台湾劳工问题的社论进行分析。研究认为,二十年来,劳工问题社论最常探讨的主题为立法行政、保险、福利、经济发展和工资工时等问题;最强调的三大社会价值是"公平正义""民主政治"和"经济发展"。在时间趋势上,"经济发展"是"解严"前的社论最强调的主要价值,"解严"后则被"民主政治"所取代⑤。林美霞研究1981—1988年台湾财经工商杂志如何呈现环境问题⑥。陈孟珠以1982—2001年台湾《天下》杂志性别议题相关的文章为研究对象,分析媒介如何呈现企业组织管理中的性别议题⑦。

研究者也关注台湾财经媒体的报道方式,董素兰研究发现,台湾《天下杂志》的诉求方式包括"分众传播""扩大关怀层面""诉诸权威""注重本土性""编

①　卓向荣:《台湾专业财经报刊的新自由主义意识形态分析:以〈工商时报〉和〈经济日报〉为例》,台湾淡江大学硕士论文2005年,第1页。

②　曲皓玮:《金融改革政策议题的文本论述分析:以2001—2006年〈经济日报〉与〈工商时报〉社论为基础》,台湾东吴大学硕士论文2006年,第1页。

③　刘德宜:《台湾地区主要商业杂志之经济性内容初探:经济报道模式之检验》,台湾政治大学硕士论文1992年,第1页。

④　吴碧娥:《财经专业报纸失业议题的框架分析》,台湾政治大学硕士论文2004年,第1页。

⑤　谢锦芳:《台湾主要报纸社论之社会价值趋势分析——"中央日报"、中国时报、自立早报、经济日报有关劳工问题的社论初探》,台湾辅仁大学硕士论文1989年,第1页。

⑥　林美霞:《台湾财经工商杂志有关环境问题报道之内容分析》,台湾师范大学社会教育研究所硕士论文1988年,第1页。

⑦　陈孟珠:《解读商管杂志中的性别再现:以〈天下杂志〉为例》,台湾中山大学硕士论文2004年,第1页。

辑政策持续稳定""注重读者投书"等①。王佩玲以 1990 年 1 月至 10 月的《天下杂志》《卓越杂志》与《钱杂志》为分析对象,研究台湾经济性专业杂志内容可读性,研究发现三种杂志的平均可读性水平约 75%,表示读者约可了解杂志中四分之三的内容②。王菲菲以台湾《天下杂志》为研究对象,探讨其如何构建中产阶级文化③。陈君桦以台湾《商业周刊》《天下杂志》为例,探讨台湾财经杂志封面故事所关心的议题呈现出怎样的变化趋势,探讨其所惯用的叙事手法④。张文广探讨台湾《商业周刊》有关《水蜜桃阿嬷》的报道架构,以分析自杀新闻如何报道才适当⑤。李昭安的研究发现,台湾《商业周刊》封面故事报道的受访者多为台湾高科技制造业或服务业的男性高层决策者,多具备努力认真、勇于冒险及挑战、高领导能力与魄力等人格特质⑥。

研究者也关注财经媒体的广告内容。庄晓娟以 2005 年美国《商业周刊》、祖国大陆《财经》和台湾《商业周刊》三本财经杂志上的直接回应广告为研究样本,使用内容分析法对其广告信息内容、直接回应机制和产品类别三方面进行比较分析⑦。胡雪婷以台湾《天下杂志》和祖国大陆《中国企业家》杂志为研究样本,对两岸杂志的广告内容进行比较研究⑧。邹丽珍分析 2001—2003 年台湾《天下杂志》平面广告信息,试图从广告信息内容的呈现,探讨近三年来的消费文化趋势、广告发展模式与社会生活面貌⑨。冯国兰分析台湾《天下杂志》广告的广告意涵与广告模式⑩。谢秉珈以台湾《天下杂志》大专院校广告为分

---

① 董素兰:《天下杂志内容分析——经济性专业杂志的诉求》,台湾辅仁大学硕士论文 1987 年,第 1 页。

② 王佩玲:《经济性专业杂志可读性之研究》,台湾文化大学硕士论文 1990 年,第 1 页。

③ 王菲菲:《媒体建构的中产阶级形象之研究——以〈天下〉杂志为例》,台湾政治大学硕士论文 1994 年,第 1 页。

④ 陈君桦:《台湾财经杂志封面故事及其叙事策略之分析:以商周、天下为例》,台湾中正大学硕士论文 2005 年,第 1 页。

⑤ 张广文:《自杀新闻框架研究——以〈商周〉〈水蜜桃阿嬷〉为例》,台湾大学硕士论文 2009 年,第 1 页。

⑥ 李昭安:《由〈商业周刊〉封面故事看财经杂志对成功者形象的再现》,台湾:"中华传播学会"2006 年会议论文,第 1 页。

⑦ 庄晓娟:《直接回应广告的比较研究——对美国、大陆和台湾财经杂志上的直接回应广告的内容分析》,厦门大学硕士论文 2007 年,第 1 页。

⑧ 胡雪婷:《两岸广告比较与研究》,华东师范大学硕士论文 2005 年,第 1 页。

⑨ 邹丽珍:《平面广告讯息分析之研究——以〈天下杂志〉为例》,台湾淡江大学硕士论文 2003 年,第 1 页。

⑩ 冯国兰:《台湾中产阶级的消费文化品位研究——以〈天下〉杂志广告为例》,台湾世新大学硕士论文 1999 年,第 1 页。

析对象,分析大专院校广告行销策略①。游本宽以台湾《天下杂志》广告为研究对象,探讨超现实影像的多项原始特质②。

学者们在研究台湾财经媒体的内容及其呈现方式时,关注台湾财经媒体报道倾向的侧重,即偏向金融与资本的利益,忽略劳工与普罗大众的利益;在失业冲突的情境中,报纸对于产业的态度比对待台湾当局有利等。此类研究不仅有台湾学者,大陆也有两篇硕士论文比较两岸的财经杂志在广告内容上的异同。这类研究都针对财经媒体的报道内容、广告内容,而非针对财经杂志、财经报纸的版面设计水平等呈现方式,也较少结合版面编排语言分析财经媒体的报道内容。

五、台湾财经媒体经营管理的研究

一些研究者采用个案研究方式,关注台湾成功财经媒体的经营管理经验。吕彦男以台湾钜亨网为例,分析台湾地区财经网络原生媒体所采取的内容服务联盟策略③。俞国定以台湾商业周刊媒体集团为研究个案,探讨其成长经验④。吴光俊以台湾财讯文化集团为研究个案,探讨其管理方式⑤。王文静比较《天下杂志》与《商业周刊》两家财经杂志的竞争策略与经营消长⑥。傅修平采用修正式德菲法,建构台湾财经杂志品牌忠诚度衡量指标⑦。金玉梅以台湾《天下杂志》为个案,分析其如何建立以顾客为基础的品牌权益⑧。丁玟分析台湾《天下杂志》的品牌风格,"天下人"的信念以及未来挑战⑨。亦有研究

---

① 谢秉珈:《大学院校广告行销组合之分析研究——以天下杂志(1996—2006)为例》,台南大学硕士论文 2007 年,第 1 页。

② 游本宽:《超现实主义摄影及其在杂志广告上的应用——天下杂志广告之内容分析研究》,《广告学研究》1994 年第 3 期。

③ 吕彦男:《台湾地区财经网络原生媒体内容服务联盟之研究——以钜亨网为例》,台湾世新大学硕士论文 2004 年,第 1 页。

④ 俞国定:《知识内容产业的成长策略——以商业周刊媒体集团为例》,台湾政治大学 EMBA 硕士论文 2002 年,第 1 页。

⑤ 吴光俊:《媒体产业的知识管理》,台北大学硕士论文 2002 年,第 1 页。

⑥ 王文静:《从断裂型创新检测台湾财经杂志市场的演进》,台湾大学硕士论文 2005年,第 1 页。

⑦ 傅修平:《财经杂志品牌忠诚度指标建构》,台湾政治大学硕士论文 2008 年,第 1 页。

⑧ 金玉梅:《以顾客为基础的品牌权益分析——以天下杂志为例》,台湾政治大学硕士论文 2007 年,第 1 页。

⑨ 丁玟:《极具前瞻视野的〈天下杂志〉》,《出版参考》2001 年第 21 期。

者关注台湾财经杂志经营管理之关键才能。如陈耀竹、蔡欣唐应用模糊多评准决策评估台湾财经杂志的关键才能①。黄淑惠以模糊德菲法求出台湾财经投资杂志经营关键才能,依序为:内容编辑、行销企划活动、公司发展、读者服务、广告客户服务②。

研究者普遍认为成功的财经媒体不仅依托好的内容,更要有一套适合市场竞争规律的经营管理体制。但目前涉及台湾财经媒体经营管理的研究大多由台湾学者展开,此类研究较少结合台湾的政治、经济环境来研究台湾财经媒体的经营管理。大陆学者在这方面的研究则较少。

六、台湾财经记者的研究

财经记者是财经媒体的主体,学者们也关注台湾财经记者。罗玉洁等人研究台湾财经记者如何建立与消息来源之间的关系,发现:“消息来源”其实是复数的多元概念,组织中不同位置的“代理人”利益并不相同,记者因而拥有相当的主动性,可借由布线的多元深入及建立信任的互动关系来建立具有新闻价值的人脉网络,避免受单一强势新闻来源的操控③。杨倩蓉的研究发现,置入性行销已成为许多台湾财经杂志重要的收入管道,置入性行销报道影响财经记者的专业表现,其结果不仅是记者怀疑新闻工作的意义,也影响财经杂志的公信力④。温建动的研究表明:台湾财经记者面临的利益冲突可区分为馈赠、兼职、买卖股票、转职压力及媒体机构与大股东的商业与政治利益五种,不同的利益冲突对新闻报道的影响不同,利益冲突的影响程度依次为媒体利益(包含置入性行销)、买卖股票、转职压力、馈赠、兼职⑤。

这类研究主要采用深度访谈的研究方法,财经记者与消息来源的关系、财经记者的专业表现、财经记者所面临的利益冲突及应对方式等都是研究者重点关注的。但目前相关研究大多来自台湾学者,而且都是现状研究,较少从历

---

① 陈耀竹、蔡欣唐:《应用模糊多评准决策评估台湾财经杂志关键才能之研究》,《传播管理学刊》2007 年第 7 期。

② 黄淑惠:《台湾财经投资杂志经营管理关键才能之研究》,台湾铭传大学 2007 年,第 1 页。

③ 罗玉洁、张锦华:《人脉与新闻采集:从社会资本与组织冲突观点检视记者如何建立与消息来源之间的关系》,《中华传播学刊》2006 年第 10 期。

④ 杨倩蓉:《财经杂志新闻置入性行销报道对记者专业表现的影响》,台湾政治大学硕士论文 2008 年,第 1 页。

⑤ 温建动:《台湾财经记者面临的利益冲突与因应方式之研究》,台湾政治大学硕士论文 2006 年,第 1 页。

史的纵向角度研究财经记者在不同历史时期的表现,也较少从综合政治经济因素分析财经记者的表现。大陆学者在这方面的研究也为空白。

七、对既有研究状况的评价

基于对相关文献背景的分析回顾,本书对台湾财经媒体的研究状况作出如下评论:

在台湾财经媒体与政治、经济的互动关系方面,偏重的是经济、政治对台湾财经媒体的影响;台湾财经媒体对整体经济的影响、台湾财经媒体对政治的反作用,则研究较少。

在研究台湾财经媒体与受众的关系、台湾财经媒体的经营管理、台湾财经记者这三个部分议题时,已有研究的考察视角较为单一化,缺乏结合经济、政治因素对其进行分析。

在台湾财经媒体的内容及其呈现的研究方面,主要关注报道内容、广告内容;关注台湾财经杂志、财经报纸版面设计水平的研究较少,较少结合版面编排语言分析财经媒体的报道内容。

目前对台湾财经媒体的研究大多由台湾学者展开,大陆学者的相关研究较少。

任何一种新闻事业,就其本质而言,都是社会经济状况、阶级结构和政治形势的产物[①]。本书把台湾财经杂志研究置于台湾社会特定的政治、经济环境中,考察政治、经济对台湾财经杂志的影响,从报道内容、版面设计、经营管理三个主要方面来研究不同历史阶段台湾财经杂志的发展变化。

第三节　本书基本结构

传播工具的发展受到社会结构的制约,社会制度决定传播制度。信息传递不是单纯的技术活动,而在社会中进行,受到社会环境影响。传播史表明,传播工具的产生同社会结构五个基本层次(生产力、生产关系、社会政治制度、社会心理、社会思想体系)紧密联系。五个基本层次在不同的历史时期,对于不同的传播工具,以不同方式,并依照不同的主次序列而起作用(五个基本层次在这一时期,某一项起主要作用,其他项起不同程度的作用,在另一时期,另

---

① 蔡铭泽:《中国国民党党报历史研究(1927—1949)》,团结出版社 1998 年版,第 6 页。

一项起主要作用,其他项起不同程度的作用)①。德弗勒和鲍尔·洛基奇指出,撇开环境,孤立地观察各具体媒介,观察再细致,也无法理解当今社会大众传播系统的整体,任何媒介的产生和发展都深深植根于一系列独特的社会经济和政治环境②。"传播的含义应该是一种交换的社会过程,其产品或是社会关系的标志,或是它的具体表现。广义而言,传播与社会互相建构而成"③,本书植根于台湾社会的政治、经济环境来研究台湾财经杂志 1949 年至今的发展历程。

研究台湾财经杂志 1949 年至今的发展变化,首先涉及历史分期问题。前面所述文献,对台湾杂志发展历程有不同的划分。许清茂、向芬的《台湾杂志70 年》将台湾杂志事业史分为"报禁"前的台湾杂志事业、"报禁"解除后的台湾杂志事业、新世纪的台湾杂志事业。陈飞宝的《当代台湾传媒》专章论述台湾杂志的发展历程,将台湾杂志发展分为"报禁"前后两个阶段。蔡念忠的《大众传播概论》专章论述台湾杂志,分为台湾杂志简史、80 年代台湾杂志发展、90 年代台湾杂志发展、台湾杂志未来的发展四大部分。王天滨的《台湾新闻传播史》将包括杂志在内的台湾新闻传播发展历程划分为:压抑期——日本在台殖民统治时期(1985—1945)、混沌期——台湾光复之初(1945—1949)、萌芽期——国民党集团退踞台湾暨 60 年代(1949—1961)、奠基期——70 年代(1961—1971)、成长期——80 年代(1971—1981)、高峰期——90 年代(1981—1991)、巨变期——21 世纪以后(1991—2002)。上述文献的历史分期尽管各有不同,但大致都以"报禁"为分界点论述台湾杂志在"报禁"前后的发展变化,其次以年代为节点论述不同年代台湾杂志的发展变化。

在借鉴上述文献历史分期经验的同时,本书主要从政治、经济着手来研究台湾财经杂志的发展变化,将 1949 年至今台湾财经杂志发展历程分为三个主要历史时期。

第一个时期,"戒严"时期的台湾财经杂志(1949—1987)。

这一时期,为了巩固政权,国民党当局在台湾实行"戒严",透过军政特警等"镇压机器"来维持其有效统治,对包括杂志在内的新闻媒体实行全面的控管。在威权政体下,台湾财经杂志充当"侍从"角色,积极配合台湾当局的财经政策和经济建设计划,以换取在特定市场环境中获得发展。

国民党当局以"经济发展"来正当化其威权统治的基础,通过实施一系列

---

① 张隆栋:《大众传播学总论》,中国人民大学出版社 2001 年版,第 10 页。
② 邵培仁:《传播学》,高等教育出版社 2000 年版,第 234 页。
③ [加]文森特·莫斯可著,胡正荣等译:《传播政治经济学》,华夏出版社 2000 年版,第 72 页。

促进经济发展的措施来实现台湾现代经济的发展,鼓励更多人把目标转向财富的角逐上。经济的发展为台湾财经杂志提供了起步和发展的空间。1949—1979 年,台湾财经杂志还只是小众的杂志品种。1980—1987 年,台湾财经杂志快速成长,其数量在台湾各类杂志中保持第一。与此同时,台湾财经杂志也从"文人"办杂志发展到企业化的经营方式。"戒严"末期,国民党威权统治受到严重冲击,以企业化方式经营的财经杂志,为了市场的竞争,在政治逻辑和经济逻辑的矛盾中寻求伤害最小的平衡,保守谨慎地对台湾当局进行批评。

第二个时期,"解严"后的台湾财经杂志(1988—1999)。

这一时期,台湾解除"戒严",开放"党禁""报禁",在一定程度上推进了台湾民主化的进程,台湾财经杂志获得相对自由的言论空间,财经杂志与国民党当局的关系从"侍从"变为"诤友",以相对中立的态度增加对民进党的报道。

这一阶段,台湾现代经济开始转型:生产形态从传统产业转型为以电子信息为代表的高科技产业;经济管理体制逐步从管制经济走向自由经济;产业结构开始向服务型经济过渡,逐步迈向后工业社会。台湾经济的转型和发展为财经杂志的发展提供了空间,财经杂志的数量在台湾各类杂志中保持第一,在杂志的发行量、广告营收以及销售排行榜上,财经杂志都居领先地位。

随着 1988 年"报禁"解除以及 90 年代初广播、电视的相继开放,台湾媒体市场类型由封闭的寡占型转为开放的竞争型,各类媒体竞争激烈。为了在媒体竞争中立足,财经杂志经营集团化、多角化。财经杂志在发展的同时也存在一系列隐忧。

第三个时期,21 世纪的台湾财经杂志(2000 年至今)。

在这一阶段,在政治上,台湾实现了两次政党轮替,泛蓝泛绿两大阵营之间的权力争夺和政治斗争构成 21 世纪以来台湾岛内政治生活的主线,为求市场利益最大化,在四次"台湾地区领导人选举"时,台湾财经杂志对蓝绿阵营采取平衡报道策略。

在经济上,从 21 世纪初开始,由于岛内外市场需求不振,台湾经济长期不景气,从"中增长"阶段转入"低增长"阶段,席卷全球的"次级债危机"更加重了台湾经济的不景气。为此,台湾财经杂志业者拓展祖国大陆市场,实行战略联盟,集团化作战。在激烈的市场竞争中,台湾财经杂志逐渐向受市场利益驱动的产业方向发展,过度强调商业利益,侵蚀了作为立刊之本的新闻专业主义。

网络普及,受众的阅读习惯改变,传播途径和手段也发生变化。为此,台湾财经杂志积极创新,朝数字化发展,打造自己的新媒体传播平台,财经杂志的内容资源得到复合性使用;虚实结合,多平台呈现杂志内容;将网络发展成有效的行销通道,服务客户,拓展销售。

本书前三章以历史分期的形式研究台湾财经杂志的整体特点及财经杂志

内容、经营管理上的发展变化,对其发展变化进行政经分析。最后两章,采用纵向的角度。第四章以台湾老牌财经杂志《天下杂志》的创刊和四次改版版面设计的发展变化来反映整个台湾财经杂志版面设计水平的变化,揭示这种变化发展的根本原因。第五章,以台湾财经杂志领导品牌《天下杂志》和《商业周刊》为例,探讨台湾财经杂志在较长的历史时期里是如何报道既是经济范畴又受两岸政治力牵引的两岸经济关系议题,以台湾财经杂志对这一议题呈现的变化看出台湾财经杂志的报道特点和价值取向,反映台湾政治、经济对台湾财经杂志的影响和制约。

第一章
"戒严"时期的台湾财经杂志

随着 1949 年国共内战的失败,国民党集团相继从祖国大陆退踞台湾,将台湾作为"反共抗俄"的基地,海峡两岸出现对峙局面。为了巩固政权,国民党当局在台湾实行"戒严",透过军政特警等"镇压机器"维持其统治,加强对新闻出版、教育文化等意识形态领域的监控,对包括杂志在内的新闻媒体实行全面审查。国民党当局以"经济发展"来正当化其威权统治的基础,通过实施一系列促进经济发展的措施来促进台湾现代经济的发展,鼓励更多人转向追逐财富,在台湾构建起复杂而矛盾的政经平行结构,使高度政治控制和高度经济成长彼此不安地并存着。高压的政治环境钳制着财经杂志的言论自由,经济的发展又为财经杂志的起步和发展提供了空间,台湾财经杂志就在这独特的政治经济环境中开始其初步发展。

第一节　早期台湾财经杂志(1949—1979)

1949—1979 年是台湾财经杂志发展的起步阶段。这一时期,台湾经历了经济恢复、现代经济起步、现代经济起飞以及现代经济调整。在这过程中,台湾的财经杂志也随之起步和发展,尝试杂志企业化经营。但总体而言,由于该时期台湾经济还不发达,民众对财经资讯的需求有限,财经杂志的数量较少,以专业财经知识为主要内容,不太注重通俗化、可读性,主要读者为专业人士。财经杂志以配合当局的经济政策为主要办刊目标,大多数采用"文人办杂志"的经营方式。

一、50年代的台湾财经杂志

(一)财经杂志数量少

1949年,国民党集团的一部分军政要员退据台湾,于1949年5月20日发布"戒严令",封闭全省,限制出入境,实行军事管制,封锁大陆的消息,严禁一切违禁的言论、出版和罢工、游行等活动。台湾海峡两岸进入长期隔绝的状态。

在当时的历史条件下,台湾经济面临社会极不安定、人口大量增加、通货恶性膨胀等无数困难。为了挣扎图存,50年代初期,台湾当局一方面通过和平渐进的土地改革调整日益激化的内部矛盾,另一方面,依靠美国的经济援助维持面临崩溃的社会经济。50年代中后期,台湾经济步入初步发展阶段,先后实施了第1—2期四年经建计划,贯彻"以农业培养工业,工业发展农业"的基本政策,为社会经济的后续发展奠定了基础。50年代是台湾经济从混乱走向稳定、从困难走向恢复的年代。这段时间,台湾文化出版者把出版活动重心放在抒发情性、鼓舞民心士气或陶冶情操上。在平淡艰困的物质生活环境下,台湾民众期待获得精神生活的调剂,阅读杂志,或为排解苦闷,或为激励希望。在这十年间,文艺性杂志备受民众欢迎,文艺杂志的数量与种类繁多。这一时期,台湾社会结构仍以小农为主,民众没有阅读财经报刊的习惯,在这样的背景下,只有6家财经杂志创刊①。

(二)财经杂志多为公家机构创办

这一时期,财经杂志多由台湾各银行、各部会以及学术团体等公家机构创办。1951年2月,台湾的华南商业银行创办《华银月刊》;1956年1月,《国际贸易》创刊,1952年1月,《企业与管理》创刊。这些财经杂志由公家机构创办,有专门划拨的办刊经费,所办的刊物大部分作为研究资料,还谈不上杂志经营。

(三)杂志内容以专业财经知识为主,以专业人士为主要读者对象

这一时期的财经杂志主要满足专业人士因为工作需要而产生的阅读需

① 笔者根据台湾杂志事业协会出版的《杂志年鉴1950—1998》、台湾赖永忠《台湾地区杂志发展之研究——从日据时期到1992年》硕士论文、陈飞宝所著《当代台湾传媒》一书等相关资料统计得出。

求,内容以专业财经知识为主。

如 1951 年 10 月 10 日创刊的"中国税务旬刊杂志",内容包括"论著""节税诀窍""今日关税""客来谈税""税案评析""财税论衡""实用税务会计问题之研究""税务问题解答""税法新令解析""法令附载""税政报道"等,以财务会计人员为主要读者对象,创刊目的是帮助读者深入了解税务资讯,以利公司节税。1952 年创刊的《企业与管理》杂志,以公私企业界从业人员及研究企业管理者为发行对象,其创刊宗旨是"报道企业界经营实况,及研讨有关企业之整个方策及企业管理的原理与实务,汇集各方对企业及有关管理学术的宝贵意见,沟通社会对企业的了解,用能对企业及管理问题,觅取一致之结论及有效可行之方策,作为改进管理技能发挥企业效能之蓝图"①。1956 年 1 月 1 日创刊的《主计月报杂志》,以主计②、会计工作人员为读者对象,以研究预算、会计、统计、资讯、管理等理论,宣扬主计法令制度、报道计政措施、探讨财经主计问题、辅导主计人员进修为宗旨;逐月刊登重要经济指标、主计法令辑要、主计人事动态等。1959 年 7 月 31 日创刊的《税法活页版杂志》,以税捐稽征机关、工商界会计人士及执行业务者为读者对象,按期收集各级税务机关最新颁布的法令规章,为工商业者处理税务实务提供必要的资讯。

二、60 年代的台湾财经杂志

(一)财经杂志在艰难中发展

60 年代是台湾经济从起步转向起飞的年代,也是战后台湾经济发展的黄金时期。台湾充分利用世界资本主义经济繁荣和国际分工模式调整的时机,采用出口扩张的发展战略,创设加工出口工业区,积极开拓国际市场,促进经济快速成长,经济结构实现从农业主导转向工业主导的第一次飞跃。由于经济的发展,财经杂志相继创刊。截至 1960 年 9 月,台湾共有 514 家杂志,286家加入台湾省杂志事业协会,228 家未加入台湾省杂志事业协会,其中财经杂志有 36 家,18 家加入台湾省杂志事业协会,18 家未加入台湾省杂志事业协会,财经杂志只占总数的 7%,如表 1-1 所示。这一时期的财经杂志刊物的形式多样,有季刊、月刊、半月刊、双周刊、周刊等,以周刊、月刊较多,杂志多创办在当时相对比较繁华的台北市。

---

① 直夫:《发刊旨趣》,《企业与管理》1952 年第 1 期。

② 台湾学习西方国家,会计机构的负责人称"主计长",其职责相当于大陆的总会计师,在企业中有较高的地位,是企业的高级职员。

60 年代的专业财经报刊吸引读者的能力有限,现代企业经营与市场研究观念仍属陌生名词,工商界也无法完全认识到专业财经报刊对企业发展的重大作用,这一时期,由于经费缺乏而中途停刊的财经报刊屡见不鲜。1967 年创刊的《经济日报》创刊前六年一直处于亏损状态,可见财经报刊发展的艰难。

(二)杂志办刊宗旨为配合台湾当局经济政策

这一时期,台湾尚在"戒严"时期,当局对包括财经杂志在内的媒体实行全面审查,为表忠心以求生存,财经杂志纷纷在办刊宗旨中表明配合当局经济政策。如 1964 年创刊的"中国财经杂志"宣扬"配合台湾当局宣扬政令、政策、充实内容、服务工商、促进企业发展",1968 年创办的《财税与工商杂志》以"复兴中华民族文化、传达'国策'政令、引进世界潮流、革新社会风气、报道财税消息、介绍工商实况并提供应兴与应革之建议"为其宗旨。

(三)部分杂志走上专业化的经营方式

早期的台湾杂志大多是向外约稿,杂志社本身很少有专属的记者、摄影或美术编辑。1964 年,有"中国的亨利·鲁斯"之称的张任飞离开了工作将近 20 年的"中央通讯社",专心经营现代关系社,创办第一本财经英文杂志——《台湾贸易月刊》,踏出其开拓杂志事业的第一步。张任飞创办杂志,使杂志业走上专业化的经营方式——社内聘请全职的采访记者、摄影人员,本身组成完整的媒体事业。张任飞还试图突破文人办刊物的窠臼,制定了编辑、发行、广告三部分业务并重的大政方针。

(四)读者对象由专业人士扩展到中小企业的经营者

60 年代,中小企业蓬勃兴起,中小企业主人数增长迅速,中上层管理人员和专业技术人员的人数也迅速增长,他们需要企业经营管理等相关的财经资讯,台湾财经杂志的读者对象由专业人士扩展到企业经营者。1964 年创刊的《中国财经杂志》表明其创刊目标是"服务工商、促进企业发展"。1968 年创办的《财税与工商杂志》以"报道财税消息、介绍工商实况并提供应兴与应革之建议"为其宗旨[②]。1964 年创刊的《实业世界》以中小企业的经营者及刚开始创业的青年为读者对象,为其提供新的企业管理经营理念。该杂志的创刊号封面即以"生财大道、致富指南"八个字为口号,吸引读者注意。其杂志内容包括学者专家的经济分析,调查报道各种企业的经营情况,采访台湾岛内企业人士的成功经验,搜集海外先进的经营管理理念等。《实业世界》杂志社还出版经营管理丛书,如《邱永汉赚钱学》《设厂百科》《财富十科》等 50 余种书,促进台湾企业的发展。

表 1-1　60 年代台湾的财经杂志

名称	刊期	发行人	地点	备注
工商月刊	月	束云章	台北市	加入台湾省杂志事业协会
工商导报	周	丁若萍	台北市	加入台湾省杂志事业协会
"中国经济"	月	何伊仁	台北市	加入台湾省杂志事业协会
"中国赋税"	半月	黄　通	台北市	加入台湾省杂志事业协会
"中国会计"	月	朱国璋	台北市	加入台湾省杂志事业协会
今日税务	半月	虞先林	台北市	加入台湾省杂志事业协会
合作经济	月	刘明朝	台北市	加入台湾省杂志事业协会
法律与经济	半月	储家昌	台北市	加入台湾省杂志事业协会
金融新闻	周	王飞鹏	台北市	加入台湾省杂志事业协会
政经半月刊	半月	金绍贤	台北市	加入台湾省杂志事业协会
财政经济	月	张果为	台北市	加入台湾省杂志事业协会
商工杂志	半月	丘孝英	台北市	加入台湾省杂志事业协会
会计报周刊	周	孙昌辉	台北市	加入台湾省杂志事业协会
农工商周报	周	张　军	屏东市	加入台湾省杂志事业协会
台湾工商	周	林东石	台北市	加入台湾省杂志事业协会
台湾经济	月	张腾发	台北市	加入台湾省杂志事业协会
台湾贸易	周	黄成金	台北市	加入台湾省杂志事业协会
工商论坛	半月	王振涛	台北市	加入台湾省杂志事业协会
"中国财政"	季	阎孟华	台北市	加入台湾省杂志事业协会
中外经济	周	王　华	台北市	加入台湾省杂志事业协会
贸易观光与投资	双周	郑南渭	台北市	加入台湾省杂志事业协会
"中国税务杂志"	旬	郑烈清	台北市	加入台湾省杂志事业协会
生产力及贸易月刊	月	高社瑾	台北市	加入台湾省杂志事业协会
市场周刊	周	黄霖徐	台北市	未加入台湾省杂志事业协会
金融征信	周	廖德雄	台北市	未加入台湾省杂志事业协会
财税周刊	周	杨念祖	台北市	未加入台湾省杂志事业协会
国际贸易	月	尹仲容	台北市	未加入台湾省杂志事业协会
国际经济资料	月	尹仲容	台北市	未加入台湾省杂志事业协会

续表

名称	刊期	发行人	地点	备注
商报杂志	周	陈 琳	台北市	未加入台湾省杂志事业协会
商务书报	季	姜应初	台北市	未加入台湾省杂志事业协会
台湾银行季刊	季	王 钟	台北市	未加入台湾省杂志事业协会
东方工商书报	周	曹 英	台北市	未加入台湾省杂志事业协会
产业经济	周	胡文学	台北市	未加入台湾省杂志事业协会
商工周报	周	陈甲木	台北市	未加入台湾省杂志事业协会
商工什志	半月	邱孝英	台北市	未加入台湾省杂志事业协会
实业世界	月	钟壬寿	台北市	未加入台湾省杂志事业协会

资料来源:"中国新闻学会":《新闻年鉴》,"中国新闻学会"1961 年版,第 11~21 页。

三、70 年代的台湾财经杂志

(一)财经杂志数量增多

70 年代,台湾经历了退出联合国,与日"断交",与美"断交",其他大多数国家相继与台湾断绝"外交关系"等挫败,台湾在国际上日趋孤立,国民党当局的执政合法性受到前所未有的质疑。此时,经济成长成为国民党当局所谓统治合法化的基础。为此,台湾当局积极实施经济发展战略调整计划,并于1973 年实施卓有成效的"十大建设",刺激经济复苏,促进 70 年代中后期台湾经济的快速发展。由于工业化及都市化的动力,台湾中产阶级迅速崛起,自20 世纪 70 年代,台湾的中产阶级已经形成[1]。经济的快速发展,中产阶级的形成,刺激了财经杂志的发展,财经杂志数量增多,截至 1978 年,在台湾1 500余种杂志中,工商类杂志有 295 家,经济类杂志有 97 家。

(二)部分杂志的经营已迈上现代化、企业化

经济发展为财经杂志提供了较多的阅读人口和广告资金,部分财经杂志实力增强,投入大量资金、延聘专人,重视杂志排版、照片、纸张、印刷、广告和发行,成为现代化企业。《实业世界》即配合当时企业界需要,将杂志内容改为以市场资料、市场动态为主,举办经营管理讲座,邀请各行业专家作专题演讲,

---

① 沈惠平:《台湾中产阶级的现状分析》,《台湾研究》2010 年第 4 期。

让读者与专家面对面地研讨,以加强学者专家与厂商间的知识交流。在杂志行销方面,该杂志社采用直接推销法,不零售、零库存,全省设 8 个分公司,业务员 100 位,邀请全省各分公司行号负责人参加订阅会,说服他们长期订阅杂志,市场反应良好,每月营收 200 余万元①。1976 年,由张任飞创办的《现代管理》杂志采用专业化的经营方式,聘用全职的采访记者、摄影人员,实行编辑、发行、广告三部门业务并重的经营方针。

尽管部分财经杂志实行现代化、企业化经营,但总体上,这一时期做杂志仍是"本小利微名气大,劳神伤财麻烦多"。

(三)财经杂志内容以宣扬、支持台湾当局的经济政策为目标

70 年代的财经杂志,在杂志内容及方向上,大都以配合政府长期经济建设政策为目标。如 1973 年创刊的英文《台湾企业》以"配合政策,促进台湾产品外销,争取外汇"为创刊主要目标;1974 年,《工商劳务书刊》杂志为"促进工商会,同乡情"而创刊;1979 年 12 月,《环球经济》以"密切掌握岛内外经济主流动态,配合政府长期经济建设政策目标,协助工商企业经营之再发展与再成长"创刊②。

这一时期,为了提高杂志品质,激励杂志发挥文化传播与杂志教育功能,台湾当局鼓励杂志媒体支持台湾的建设,设置了两个与杂志发展有关的重要奖项——"建设新闻奖及杂志奖"和"金鼎奖",表现突出的财经杂志得到台湾当局的嘉奖:1976 年,《实业世界》获得第一届优良杂志"金鼎奖",工业与商业杂志社、经济杂志社、外销开拓杂志社获"出版品输出绩效金鼎奖";1977 年,《经济月刊》《统计学报》获"杂志金鼎奖";1979 年,《经济月刊》获"民间杂志金鼎奖";《今日经济》获"公办杂志金鼎奖";《亚洲商业英文周刊》《英文贸易风》《英文国际通商》《英文万国通商》等获"输出绩优杂志金鼎奖"③。

(四)财经杂志增进台湾民众现代化企业观念

经过 70 年代初期世界能源危机的冲击,台湾调整了经济发展战略,适时地将生产资料的进口替代作为投资与建设的重点,以实现第二次工业化。经过数年的剧烈动荡,台湾经济至 70 年代中期逐渐走出低谷,进入第二次进口替代时期,台湾的工业化进程进入成熟阶段。1979 年,我国台湾与香港地区、

①　赖永忠:《台湾地区杂志发展之研究——从日据时期到 1992 年》,台湾政治大学硕士论文 1992 年,第 294 页。
②　陶子厚:《发刊辞》,《环球经济》1979 年第 1 期。
③　赖永忠:《台湾地区杂志发展之研究——从日据时期到 1992 年》,台湾政治大学硕士论文 1992 年,第 473 页。

韩国、新加坡等被国际经济组织列入新兴工业化社会,被世人称为"亚洲四小龙"。

哈伯逊教授在研究了 75 个国家的人力问题后指出:"一个进步的国家首先要靠进步的人民……未开发国家的基本问题,不是自然资源的贫乏,而是人力资源没有开发。"[1]台湾经济发展从初级工业进步到高级工业和精美工业的过程中,起作用的不仅是熟练的技术,更是具有现代化企业经营观念的个人。随着台湾经济发展而欣欣向荣的台湾财经杂志,以大量且深入报道工商经济资讯为主要报道内容,促使台湾民众更新现代企业观念,促进了台湾经济的发展。陈月卿于 1978 年对台北市 40 家公司工作人员按高、中、低三种职位进行随机抽样,总共选取 120 个工作人员进行问卷调查,研究阅读财经刊物与增进现代企业观念的关联性,研究指出,个人阅读台湾财经杂志,能够增进现代化的企业观念。具体包括:阅读财经杂志时愈注重工商管理新知识和经济情势的人,愈具有现代化的企业观念;个人阅读财经杂志的动机中,"求知和了解经济环境动机"愈强的,愈具有现代化企业观念;个人阅读财经刊物时参与的程度愈深,愈具有现代化的企业观念。

第二节 台湾财经杂志快速发展时期(1980—1987)

1980—1987 年是台湾财经杂志快速发展时期。台湾经济从 60 年代开始起飞,经过 20 多年高速发展(六七十年代 GNP 平均每年递增率近 10%),到 80 年代中期达到顶峰。台湾经济的发展,民众对财经资讯的需求增加,带动了财经杂志的快速发展,财经杂志在杂志内容、杂志经营上都有飞跃。

一、财经杂志发展概况

(一)财经杂志在各类杂志中居领先地位

1980—1987 年是台湾财经杂志快速发展时期,财经杂志的数量从 1980 年的 340 家增长到 1987 年的 568 家,大幅增长 67%,平均每年增长 9.5%。表 1-2 所示,1980—1987 年,财经杂志在台湾所有杂志类别中的数量排名一

---

[1] 陈月卿:《阅读专业性刊物与增进现代化企业观念关联性之研究》,《新闻学研究》1978 年第 21 期。

直稳居第一,在各类杂志中居领先地位。

表 1-2   1980—1987 年台湾财经杂志发展情况

时间	财经工商类①杂志家数	比上一年增长比率	杂志家数	财经工商类杂志在所有杂志中的比例	财经工商类杂志在台湾所有杂志类别中的排名
1980 年	340	—	—	—	第一名
1981 年	468	37.6%	2 244	20.9%	第一名
1982 年	475	1.5%	2 332	20.4%	第一名
1983 年	522	9.9%	2 378	22.0%	第一名
1984 年	440	−15.7%	2 378	18.5%	第一名
1985 年	538	22.3%	2 869	18.8%	第一名
1986 年	455	15.4%	2 531	18.0%	第一名
1987 年	568	24.8%	3 177	17.9%	第一名

资料来源:笔者根据 1981—1988 年台湾《出版年鉴》整理得出。

具体来说,带动台湾岛内财经杂志风潮的,主要是 1981 年 6 月创刊的《天下杂志》。《天下杂志》是台湾第一本以深入浅出的文字报道财经管理问题的杂志,其出刊时正逢台湾经济转型,观念及思想上有待开启和沟通,故刚上市就受到台湾政界、企业界瞩目,销售十分成功,赢得好评,每年获利数倍资本,成为"叫好又叫座"的杂志,一改过去杂志是赔钱事业的观念。由于《天下杂志》的成功,加上当时台湾游资缺乏投资渠道,股市狂飙,金钱游戏开始,"创造财富,享受生活"的个人理财观开始盛行,基于市场需要,这一时期财经杂志一时蔚为风潮,《工商时代》《卓越》《远见》《统领》《突破》《日本文摘》《钱》《商业周刊》《中国通》等财经杂志相继创刊。

(二)财经杂志的出刊周期以月刊为主

根据台湾《出版年鉴》的统计资料,这一时期的财经杂志的形式有季刊、旬刊、双月刊、月刊、半月刊、双周刊、周刊,其中,月刊最多。出刊周期以月刊为主,这是由媒体环境决定的。80 年代,台湾民众的生活节奏还不是很快,民众获取财经资讯的渠道主要是财经报纸和财经杂志。

当时台湾的财经报纸主要是《经济日报》和《工商时报》,它们分别属于联合报系和"中国时报"报系。在两大报系多角化经营及国际化经营方式的带动下,两份财经报纸稳定成长。《经济日报》强调实务性价值,为工商界提供完善

———————————

① 财经工商类杂志属于广义的财经杂志。

的资讯服务,与工商界打成一片。新起的《工商时报》也改采用大众化专业策略,读者群亦随之扩增。

财经报纸时效性较强,以报道财经新闻为主。财经杂志报道时效性上不如报纸迅速及时,但出版时间较充裕,可以从容地研究问题,为新闻事件提供充分的背景和材料。财经杂志要想和财经报纸相区隔,争取读者和广告主,就必须在财经资讯的广度和深度上下工夫。考虑人员配置、人员资深程度、杂志社编辑设施在内的整体状况,月刊是当时最合适的财经杂志出版形式,周刊型杂志编采作业的紧凑,杂志内容时效的掌握,人力资金的组织筹措、印刷、发行、配送工作的效率化等方面都面临较大的难题。这从月刊形态的《天下杂志》创刊伊始就赚钱,而1987年创刊的周刊形态的《商业周刊》却在草创初期连续五年亏损,平均每年亏损2 400万元新台币的事例中得以证实。

(三)财经杂志高品质、高定价

经济的繁荣为财经杂志的经营提供了诸多条件——充裕的资金,受过高等教育的专业人士参与创办和经营,物质充实富裕后民众日渐追求精致化与个性化,外国杂志的榜样示范……这一时期的财经杂志改变过去单色、平淡、简单的制作,品质及包装上发生很大的改变,例如大量采用彩色图片,使用高级铜版纸,采用开放新颖又宽阔的版面设计及美术处理。由于成本增加,杂志的零售价及订费也比以前贵一两倍之多,但因为消费者及市场实销反应甚佳,自然引起大家跟进。

《天下杂志》创刊以前,杂志售价不到20元新台币,《天下杂志》创刊时便以每本98元新台币的高价进入市场,首创台湾专业杂志"高定价高售价"策略。之后创刊的财经杂志也实行高定价策略。如《统领》杂志1985年8月1日创刊时售价每本108元新台币,《突破》杂志1985年8月1日创刊时售价每本120元新台币,《钱》杂志1986年11月1日创刊时售价每本136元新台币,《日本文摘》1986年1月1日创刊时定价120元新台币,《商业周刊》1987年11月创刊时每本售价88元新台币。

这一时期台湾财经杂志的表现得到国际社会的肯定。1987年2月底,《天下杂志》获得亚洲出版协会颁发之"亚洲杂志最佳摄影运用奖",得奖理由是"妥善运用摄影,充分表达内容之精彩"[①]。1987年,《天下杂志》的发行人兼总编辑殷允芃获得有亚洲诺贝尔奖之称的"麦格赛赛新闻——文学与创意传

---

① 《天下杂志》杂志编辑部:《编者的话》,http://www.cw.com.tw/article/catalog/editor.jsp? PID=294,1987年3月1日。

播艺术奖"①，得奖评语肯定《天下杂志》是"目前推动台湾经济发展,唯一最具影响力的刊物……建立了台湾的新闻专业标准"②。

二、财经杂志的内容特色

(一)财经杂志积极充当台湾当局与民间企业、民众沟通的桥梁

80 年代,台湾面临经济转型与产业升级的挑战。在岛内廉价劳力优势逐步丧失的情况下,昔日劳力密集型之轻纺工业已经沦为夕阳产业,由于岛内资源和市场有限,资本密集型之重化工业缺乏发展潜力,真正代表台湾经济发展方向的是有广阔发展前景的知识与技术密集型产业。因此,80 年代,台湾当局制定了新的经济建设计划,主要调整产业结构,改善经济失衡状态,提高经济自主性,加速高级形式的技术型产品出口扩张。为配合经济发展战略的调整,80 年代初,台湾当局首先制定"十年经建计划"③,以取代被迫中止的"六年经建计划"④,继而又重新拟定和实施第八至第九期"四年经建计划"⑤。

_____

① 麦格赛赛奖是菲律宾政府为纪念前总统麦格赛赛而设立的政府大奖,专门授予亚洲各国和地区有杰出成就的人物或组织,被誉为"亚洲诺贝尔奖"。

② 《关于天下,荣誉与肯定》,天下网站,http://www.cw.com.tw/about/honors.jsp,2010 年 8 月 13 日。

③ "十年经建计划"(1980—1989)出台于 70 年代末,"六年经建计划"因第二次能源危机冲击与世界经济衰退而被迫中止。"十年经建计划"是台湾首个长期的经济建设计划,主要目的在于摆脱经济衰退、外贸不振以及通货膨胀等困境,基本任务包括:(1)扩大能源来源,提高能源供给能力和使用效率,减少能源消费及能源价格对产品成本的影响,确保外销产品在国际市场上的竞争力;(2)建设环岛铁路网和公路网,提高运输效率及交通基础设施的使用率;(3)继续进行工业基础建设,减少机械设备、中间产品及原材料对外依赖性;(4)拓展对外贸易,改善产品结构,开辟新市场;(5)增加就业,稳定物价,提高消费水平。

④ "六年经建计划"(1976—1981)以重化工业建设为中心,旨在通过大规模的投资和建设,刺激经济复苏和扩展,促进台湾的第二次工业化,"六年经建计划"因第二次能源危机冲击与世界经济衰退而被迫中止。

⑤ 第八期"四年经建计划"(1982—1985)是在经济从萧条转趋复苏的背景下制定并实施的,主要目的在于稳定物价,保持经济中速增长的局面。基本任务有:健全社会经济法规,提高行政效率;减少行政干预,维护市场机制运行,增强企业活力;加强人力资源开发与技术人才培养,提高劳动力素质。第九期"四年计划"(1986—1989)是在经济经过一次小幅振荡后出台的,主要任务是保持经济中度增长的势头。基本内容包括:一则继续拓展出口,通过公共投资的扩张,促进岛内需求的成长;二则进一步放宽外汇管制,促进对外投资,健全金融制度,推动资本自由化;三则加强运输、通信等基本设施的建设,促进服务业现代化;四则调整策略性工业优先发展的产品项目,加强产业科技研究发展,促进生产自动化;五则推动贸易自由化,改善贸易环境,建立台湾产品在国际市场上的新形象。

与之相适应,这一时期的台湾财经杂志配合台湾当局经建计划,积极充当台湾当局与民间企业、民众沟通的桥梁。《天下杂志》创刊时就明确提出"希望能忠实地反映工商界的意见,期盼能为政府与民间企业界搭一座沟通的桥梁"①;《统领》杂志的创刊目标为"培养及激发全社会的发展意识,发挥鼓动风潮的舆论与功能……希望能掀起一种经济发展的'文艺复兴运动',鼓励向高级工业新阶段起飞的投资运动,塑造经济发展的新精神与新伦理"②;《商业周刊》表示"我们愿意扮演政府、企业与民众间的桥梁,从每一篇经济活动的报道和解释中,一点一滴地形成共识"③。

在这些财经杂志中,《天下杂志》的表现可圈可点。

《天下杂志》自创刊以来一直秉持"积极与肯定"的态度,对此,《天下杂志》创始人殷允芃解释道,这是《天下杂志》在当时的媒体环境中做出的选择,"我们这样做有两个原因:第一,要强烈批判,我们写不过《联合报》,创办时也没有像黄年那样的人才。训练有素的记者根本不会想加入一个刚要创刊的杂志,当时杂志在社会上并不受重视。多亏我在政大新闻系教书多年的学生,愿意'边打边学',让《天下杂志》站起来;第二,我觉得《天下杂志》是一个媒体,一个探照灯,我们把探照灯打到哪里,大家就看到哪里。这世界上还有很多事情在发生,可是大家都只注意打打杀杀,吵吵闹闹的事,而忽略了默默工作的人"④,"积极是因为我们发觉当台湾的处境艰难、对外交往和经济屡受挫折、社会正面临不安的转型期时,揭发式、互相指控的埋怨与尖酸的苛责,所能带来督促社会进步的功效有限。因而《天下杂志》的编辑群选择以温和理性的态度来探讨问题"⑤。台湾学者郑钟林评价道:"《天下杂志》不做耸动性、刺激性的报道,不隐含讽刺、不尖酸刻薄、不做人身攻击,一切就事论事或就事论人,讲求的是'客观、公正、理性、积极',绝不'为反对而反对'。而且一定是正经八百和你保持距离,绝不用太过亲切、俏皮的文字。"⑥《天下杂志》报道分析文章里所一再描述传达的是"虽然台湾面临的问题不少,但是在民间、在政府、在岛

① 《天下杂志》杂志编辑部:《编者的话》,http://www.cw.com.tw/article/catalog/editor.jsp? PID=363,1981 年 6 月 1 日。

② 陈文龙:《我们的信念与心意》,《统领》杂志 1985 年第 1 期。

③ 赖永忠:《台湾地区杂志发展之研究——从日据时期到 1992 年》,台湾政治大学硕士论文 1992 年,第 675 页。

④ 陈俊斌:《黑夜中寻找星星——走过"戒严"的资深记者生命史》,时报文化出版企业股份有限公司 2008 年版,第 261 页。

⑤ 《天下杂志》杂志编辑部:《编者的话》,http://www.cw.com.tw/article/catalog/editor.jsp? PID=351,1982 年 6 月 1 日。

⑥ 郑林钟:《天下成功的奥秘》,《新书月刊》1985 年第 2 期。

内各行各业都有不少的人在默默地埋头苦干、在拼命地做、而且也做出了些成绩"①。这一阶段,《天下杂志》的编辑思想是"希望能忠实的反映工商界的意见,期盼能为政府与民间企业界搭一座沟通的桥梁"②。《天下杂志》编辑部认为1981—1987 年是"充满了乐观期待的六年,对改革的可能有着无限的向往"③。

1981 年 6 月的《天下杂志》创刊号充分体现这一编辑思想。在创刊号中《天下杂志》独家专访当时台湾的"中央银行"总裁俞国华,写道"作为第一位答应来做沟通尝试的财经首长。在百忙中,他拨出了两小时接受本刊的独家专访,非常诚恳、坦率地解释出许多政府决策的背后考虑"④。

根据笔者统计,1981—1987 年《天下杂志》共出刊 79 期,其中有 7 期以"国民党当局、国民党当局的经济政策或国民党官员、国民党候选人"为封面故事人物,6 篇的封面故事持正面报道立场,比例为 87%;1 篇持中立态度,比例为 13%,1 篇《总预算的瑕疵》,持相对批判立场。

这一时期《天下杂志》对其所报道采访的台湾当局主要官员大部分给予正面的评价。如《天下杂志》第 8 期刊出台湾当时的"经济部长"赵耀东在担任"中钢"董事长时,接受《天下杂志》两小时的独家专访实录及一次演讲摘要。《天下杂志》编辑部"在编者的话"中指出:"我们之所以敢冒不敬之讳,予以刊出,是因在这样毫无虚饰的言词中,正显现出今日被政府当局征召倚重,被工商企业殷望,来带领冲出经济迷雾的赵耀东,是这么一位赤胆诚心,心直口快,有担当,有魄力,而又永不服输,勇于接受挑战的,有血有肉的人物……这两篇文章的刊出,我们深信将有助于读者了解赵耀东对台湾的关怀热爱,但我们也期望在感动之余,大家也能谅解他的个性特点,分担他的关切,与支持他的改革努力。"⑤《天下杂志》第 13 期封面故事《财经首长的左右手》中报道六位台湾"财经官员",其标题为"王章清——有计划有远见""陆润康——讲原则重制度""王昭明——心思细密的忠臣""钱纯——按部就班做事稳健""徐国安——

①　《天下杂志》杂志编辑部:《编者的话》,http://www.cw.com.tw/article/catalog/index.jsp? PID=349,1982 年 8 月 1 日。

②④　《天下杂志》杂志编辑部:《编者的话》,http://www.cw.com.tw/article/catalog/editor.jsp? PID=363,1981 年 6 月 1 日。

③　殷允芃:《编者的话》,http://www.cw.com.tw/article/catalog/editor.jsp? PID=220,1993 年 6 月 1 日。

⑤　《天下杂志》杂志编辑部:《编者的话》,http://www.cw.com.tw/article/catalog/editor.jsp? PID=356,1982 年 6 月 1 日。

善于授权的大将""萧万长——脚踏实地走长路",对他们予以积极的肯定①。《天下杂志》第 19 期"风云人物特写"采访台湾当时的财政部门主管徐立德,评价他为"一位注重沟通、善用人际关系、颇具说服力的政府首长,也是一位肯拼、肯做的'行动派'。就任一年以来,正如'坦克车'式的试图扫除许多财税障碍"②。第 79 期《本刊专访蒋经国》,篇首语写道"蒋经国原是位重感情、怀恩思远的性情中人,所以他会诚恳发自内心的说:'如果我只有一口饭吃,我会分半口给老兵。'办公桌左边是大理石上刻着厚重的'忍'。时时刻刻提醒,就像他在日记中所再三自勉的,要'坚忍',要'忍辱负重'"③。

这一时期,《天下杂志》设置"天下座谈""工商者语""民意桥""民意调查""争论与沟通"等以反映民意,沟通为主要内容的栏目。其中,"天下座谈"特别得到读者的肯定,读者评价它"不仅沟通各方面的意见,而且使得众人的意见汇集在一起,集思广益"④。

《天下杂志》充当沟通的"桥梁"的做法也存在着不足的地方。有读者认为:"将民间的问题反映给政府,《天下杂志》做了,但还不够,因为往往反映的是大企业的问题,而中小企业的问题尚未提出。另一方面,将政府的政策宣导以促进企业界的了解,尤其把理论性的东西用通俗化的语调来解释,《天下杂志》在这方面扮演的媒介功能似乎还不够尽力。"⑤《天下杂志》总发行人兼总编辑殷允芃在《天下杂志》五周年之际也表示:"《天下杂志》在观念沟通的目标上仍尚待努力。"⑥尽管如此,《天下杂志》积极充当沟通观念的"桥梁"的做法以及"积极与肯定"的态度还是得到台湾当局的肯定:1981 年《天下杂志》首度荣获台湾新闻主管部门颁发的"最佳杂志金鼎奖"及"最佳杂志主编金鼎奖";1986 年,《天下杂志》再度获得台湾新闻主管部门颁发的"最佳杂志主编金鼎奖"。

---

① 王章清为当时台湾"经建会副主任委员"。陆润康为当时台湾财政主管部门政务次长。王昭明为当时台湾经济主管部门政务次长。钱纯为当时台湾货币主管机关负责人副手。徐国安为当时台湾工业主管部门负责人。萧万长为当时台湾国际贸易主管部门负责人。

② 《天下杂志》杂志编辑部:《编者的话》,http://www.cw.com.tw/article/catalog/editor.jsp? PID=345,1982 年 12 月 1 日。

③ 狄英:《蒋经国的挑战》,http://www.cw.com.tw/article/article.action? id=5038710,1987 年 12 月 1 日。

④⑤ 《天下杂志》杂志编辑部:《〈天下杂志〉读者看〈天下杂志〉》,《天下杂志》1988 年第 12 期。

⑥ 殷允芃:《第一个五年——答客问》,《天下杂志》1986 年第 61 期。

(二)财经杂志保守谨慎地对台湾当局进行批评

进入 80 年代,台湾社会累积 30 年的经济力量促进社会多元化,对台湾的威权统治提出有力的冲击。随着中产阶级的兴起,中产阶级要求政治上改革的呼声日益高涨,迫使国民党加快"党务革新"和"政治革新"的步伐。1986 年 9 月,党外人士乘国民党决定推行以"解除戒严""开放党禁"为主要内容的"政治革新"之际,抢滩成立第一个反对党——民主进步党。这一时期,台湾社会到处出现改革的呼声,台湾当局也面临着岛内外改革的压力。社会力量兴起,在市场的压力下,台湾财经杂志也保守谨慎地对台湾当局进行批评。

以 1985 年台湾爆发的"十信弊案"为例。"十信"是当时台湾规模最大、历史最久的信用合作社,是当时台湾首屈一指的地方财团——蔡氏集团的产业。蔡氏集团靠政治、经济双重投机、官商勾结而致富,通过吸收退休的高级军政官员出任企业负责人、与实权派人物建立联姻关系来织结政治关系网。"十信"凭借政商关系,经常违规放款。1983 年,台湾财政主管部门进行一般金融事务检查时,发现台北"十信"有不正常贷款现象,派员进驻辅导并给予警告。1983 年年初,台北"十信"又出现不良放款急剧增长现象,台湾财政主管部门派员进驻辅导一年;1985 年 2 月 9 日,"十信"放款总额占存款总额之比高达102%,已无放款能力,台湾财政主管部门命令"十信"停业三天,严加清查整顿,"十信弊案"爆发。据估计,"十信案"受害者达 10 万人以上,60 多家企业面临破产,许多人节衣缩食多年的积蓄顷刻间烟消云散。众多台湾民众哭泣奔走,呼吁情愿,对社会公权力的权威表示极大的怀疑。国民党当局的经济主管部门负责人徐立德、财政主管部门负责人陆润康及一些官员为此辞职下台。"十信弊案"是台湾金融大企业与国民党政治人物长期勾结横行,危害正常金融秩序的典型,显示了国民党官僚政治的严重腐败。此案件使台湾岛内信心危机加剧,"疏离感日渐加深"。对于这种现象,台湾媒体纷纷撰文批判,《联合报》呼吁"政府必须扫除长久以来的政商关系、利益输送"①,就连国民党当局的机关报"中央日报"也哀叹道:"十信弊案对社会的不良影响之大,使当局形象受到莫可名状的损失"②。

针对"十信弊案",《财讯》杂志于 1985 年 2 月报道台北"十信"发生 130 亿新台币债务的金融危机,造成民众到台北"十信"排队挤兑。《天下杂志》也积极报道"十信弊案":1985 年 4 月特增加"金融检讨"栏目,内容包括"为什么蔡

---

① 林丽云:《台湾威权政体下"侍从报业"的矛盾与转型》,《台湾产业研究》2000 年第 3 期。

② 李松林:《晚年蒋经国》,安徽人民出版社 2001 年版,第 332 页。

家能卷起金融风暴""职工存款高空走细索""我们需要'变法维新'"等,指出"蔡家过去用金钱与人情建立的庞大交际网,固然是使制裁力量失效的主因,但主管单位与党、政要员的姑息心态及法令规章制度的残缺混乱也是重要因素"[①]。1985年8月,台湾监察主管部门、行政主管部门同时公布对"十信弊案"的调查报告及处置决定,《天下杂志》立即对岛内民众进行民意调查,了解他们对"十信弊案"处理结果的态度,并于1985年9月1日在"独家调查"栏目刊登《十信案独家民意调查》《王作荣谈:检讨十信案》《都是拖延坏了事》《消减十信案的后遗症信心危机》四篇文章,对"十信弊案"产生的后果进行后续跟踪和报道分析。总体来看,以《天下杂志》和《财讯》杂志为代表的财经杂志对于"十信弊案"采取谨慎批评的态度,其批评的对象只是国民党当局官员或台湾金融制度的缺陷,并不直指国民党当局的威权统治,也未指出"十信弊案"背后的深层次原因是国民党官僚政治的严重腐败。

除了"十信弊案",这一时期,以《财讯》《天下杂志》为代表的财经杂志在内容上也增加对台湾当局批评的声音。

以股票报道为主的《财讯》,1984年聘任谢金河担任采访主任后,内容除股市分析、预测走势,还增加了对财经决策人物与内幕的报道,报道台湾党政财经界台面之下的故事或小道消息。谢金河1984年加入《财讯》时才26岁,当时就读台湾政治大学东亚所,是个政治狂热分子,热衷党外活动与党外杂志,一心一意只想揭露政治的黑暗面。进入《财讯》来年,他就当上总编辑,向"中国时报"《联合报》两大报记者及台湾大学"大炮型"学者广为约稿。从报道王永庆的台塑企业集团宣布要在花莲的崇德工业区兴建一座年产600万吨的最大水泥厂,揭开"水泥厂争霸战";再到"十信弊案"揭弊故事,短短两期,就让《财讯》的声名大噪,成为台湾最知名的"修理业",专门修理台湾的政商。

《天下杂志》标榜"经济的""生活的""社会的",面对台湾外在环境的急速变化,《天下杂志》也增加了社会反省、批评的文章。在这一阶段,《天下杂志》陆续推出一系列对社会发展和经济趋势进行深入报道、深刻反省的封面文章。《失根的大树》报道台湾教育的问题;《痛苦的成长,成长的痛苦》探讨台湾经济成长中的问题;《汹涌的人潮——日益严重的人口问题》分析人口问题对台湾社会进步所造成的阻力;《再创农业的春天》探讨台湾经济如何均衡发展,如何在工商业发达的同时保证农业的发展。

(三)改变过去内容的艰涩深奥,采用深入浅出的写作方式

受众选择某种特定的新闻传播媒介的概率,是由媒介报酬的承诺量和受

---

① 《天下》杂志编辑部:《编者的话》,http://www.cw.com.tw/article/catalog/editor.jsp? PID=317,1985年4月1日。

众为获得这种报酬所必须付出的努力之比所决定的。媒介报酬可分为"即时报酬"和"延缓报酬"两种。"即时报酬"由新闻传播媒介刊播的社会新闻、体育新闻等软新闻提供。在接受这类新闻信息时,受众不需付出多大努力就可以立即得到报酬,因此他们比较愿意接触传播奇闻轶事的新闻媒介。"延时报酬"由新闻传播媒介刊播的政治、经济、文化、科技等硬新闻提供,受众在接受这类新闻信息时,往往要付出较大的甚至是很大的努力才能得到报酬,所以受众往往回避接触那些与己无关的、枯燥无味的"硬新闻"。但这类新闻的内容与人们的生存和发展密切相关,所以受众虽然要付出较大的代价也要接触它。财经新闻报道经常要面对一堆数据,出现许多错综复杂的专业术语。在《天下杂志》创刊以前,台湾的财经新闻报道充满专业术语,受众在接受这类新闻信息时往往要付出较大的努力,如林秀文就曾撰文写道:"七八〇年代,台湾社会里所谓的经济新闻除了'每日蛋价'、糖价、米价,就是学者艰深的经济论述,以及政府宣布的计划经济。"[①]如 1979 年《环球经济》创刊号上的文章,诸如"现阶段台湾经济特征及解决问题的方向""国际金融市场指标""国际油价与台湾能源利用问题""输出融资综合保险的开办与输出入银行的任务"等标题全都是冷冰冰的,一板一眼,显得复杂深奥,体现着财经专业的严谨,也让人难以接近。

1981 年创刊的《天下杂志》摆脱公家机关政令宣导式刊物的陈腐与窠臼,触角伸入财经管理各层面,呈现多元化,符合现代读者的需求,很快受到企业领导和高阶主管的关注,也为财经杂志找到了新的位置[②]。《天下杂志》改变了财经杂志内容的艰涩深奥,而"以深入浅出的方式,客观、翔实地探讨、报道和分析人人都应了解的经济问题,要求经济学家要讲"人话"[③]。该刊创刊号文章诸如《细数财经首长的背景》《财经首长的接班人在哪里》《化怒气为祥和——对部属发脾气值不值得》《MBA 的功与过——美式管理教育亮起红灯》《道高一尺? 魔高一丈? ——主管人员贤明功夫之考验》等,标题就较为生动活泼,深入浅出,将复杂深奥的财经问题大众化,将杂志的内容拓展至非专业人士亦感兴趣的范围。

自古希腊的吟唱诗人开始,人们发现,编造一个饱含悬念和冲突的线性故事是吸引观众的可靠保证。为增强财经报道的可读性,将难以通俗简洁讲述的财经事件用讲故事的方式报道是海外财经媒体擅长的做法。《天下杂志》学

---

① 林秀姿、许芳菊:《希望,永远在路上:〈天下〉的故事》,天下杂志出版社 2012 年版,第 13 页。

② 徐开尘:《台湾财经杂志半月刊时代来临了吗》,《出版参考》2003 年第 1 期。

③ 《天下杂志》杂志编辑部:《编者的话》,http://www.cw.com.tw/article/catalog/editor.jsp? PID=363,1981 年 6 月 1 日。

习海外财经媒体的做法,其创刊号推出的封面专题《细数财经首长的背景》,把当时台湾的三位"财经首长"孙运璇、俞国华、李国鼎当作封面人物,在台湾"戒严"的环境下,用讲故事的方式揭开台湾"财经首长"的神秘面纱,引起广大回响。其创刊号两天内全部销售一空,一个月连续再版三次①。《天下杂志》也因此确定以深入浅出、说故事的方式来处理新闻特写的模式,为当时台湾的杂志界引进"新闻写作故事化"的模式②。

《天下杂志》之所以能深入浅出地解读财经资讯,与其创办人的理念以及其相对实力强大的编辑队伍有关。《天下杂志》的创始人之一兼发行人和总编辑殷允芃曾任美国《费城询问报》记者、合众国际社记者、美国《纽约时报》记者、亚洲《华尔街日报》特派员等职,是资深国际新闻从业人士。她在《天下杂志》创刊时即引进《华尔街日报》的报道手法,以深入浅出、说故事的方式来报道财经新闻,将枯燥的财经新闻背后的故事、财经事件对社会各阶层带来的影响、财经舵手的真实面貌等报道出来,让财经新闻不再艰涩难懂,而跟每个人息息相关。《天下杂志》的另一位创始人高希均在美国威斯康星大学经济系任教,一向热心推介经济观念,经常为《天下杂志》撰写文章,以他一贯深入浅出的笔法,有系统地将"现代经济观念"娓娓道来。《天下杂志》还拥有较强的编辑阵容,创刊伊始就有 25 位专业人员,其中 9 位是编辑,他们大半刚从大学或研究所毕业就直接加入《天下杂志》,大部分编辑以"事实真相的追寻者"自许,以严谨的态度来对待每一个题目,每一篇文章是采访二三十人之后的结果③。除了自身拥有的编辑资源外,《天下杂志》还充分动员台湾产、官、学界的权威名望,邀请他们为《天下杂志》撰稿,如 1982 年 7 月推出的"财经天下"专栏就是由台湾岛内外舆论领袖及专家学者执笔,该专栏文章以短评的形式出现,用深入浅出的方式评述当前财经问题④。这一时期《天下杂志》陆续推出"经济浅析""细说保护主义与台湾贸易""细说供给学派""细说经济成长与物价稳定的奥秘""细说政府支出""现代经济观念""财经天下""关心的数字""银行街"等栏目,以深入浅出的方式生动活泼地推介各种复杂的经济理论,普及财经知识。

---

① 《关于天下:创刊理念》,天下网站,http://www.cw.com.tw/about/philoso-phy01.jsp,2009 年 8 月 1 日。

② 陈子华:《亚洲最有力量的女人——专访台湾《天下》杂志总发行人殷允芃》,*Women of China* 2003 年第 8 期。

③ 《天下》杂志编辑部:《编者的话》,http://www.cw.com.tw/article/catalog/editor.jsp? PID=298,1986 年 11 月 1 日。

④ 《天下》杂志编辑部:《编者的话》,http://www.cw.com.tw/article/catalog/editor.jsp? PID=350,1982 年 7 月 1 日。

《天下杂志》推广经济常识的努力得到各方面的肯定。《纽约时报》曾在1982年10月7日以三栏篇幅的专文介绍《天下杂志》，标题是"反映台湾成长的杂志"，认为，"在台湾，经济新闻仍处于起步阶段，报道往往不够详尽，而且也艰涩难懂。《天下杂志》从各方面而言，是台湾首次以严谨的态度来从事推广经济新闻的杂志"①。《天下杂志》创刊一周年首次进行的读者调查显示：在读者阅读《天下杂志》的五个因素中，"增进经济常识"为最高，占48％，其次为"可读性"，占37％②。可见，《天下杂志》是一个可读性较强的财经杂志。《天下杂志》的读者中有30％左右不是工商界人士，这些人之所以成为《天下杂志》的读者，主要因为该刊物的文字浅显易懂③。《天下杂志》总发行人兼总编辑殷允芃在该刊五周年时表示："五年来，《天下杂志》在经济常识的推广方面做得算是有些成绩，打破了经济只是属于学者专家的事的看法。"④

在《天下杂志》的带动下，台湾财经杂志逐渐改变艰涩难懂的语言风格，采用深入浅出的方式来解读财经新闻。如1986年创刊的以"个人理财"的专业性杂志为号召的《钱》杂志，就经常采用成功人士现身说法的事例报道，增强文章的可读性。王佩玲曾以填字测验法探讨1990年1—10月的《天下杂志》《卓越》与《钱》三种财经杂志内容的可读性。资料统计结果显示，三种杂志的平均可读性为74.98％，读者表示约可看懂杂志内容的75％⑤。这显示出三本财经杂志有较高的可读性。

(四)重视国际财经资讯的报道

台湾属海岛型经济体系，对外依存度甚高，对外贸易的盛衰直接关系台湾经济的荣枯。1961—1986年是台湾外贸起飞期，从60年代初起，台湾开始实行出口扩张战略，相继设立高雄、台中、楠梓等加工出口区，经济活动基本围绕"进口—加工—出口"的模式运转，外销事业十分兴旺，出口贸易得到快速发展，有力地促进经济实现起飞式发展，推动工业化进程的基本完成。从1961—1986年，台湾对外贸易总量从5亿多美元猛增至640亿美元，25年增加了127倍，平均每年递增21.4％。1979年台湾外贸总量首度超过GNP，达106.9％，外贸在经济发展中的作用日益突出⑥。

---

① 《天下杂志：历史走廊》，天下网站，http://www.cw.com.tw/about/history.jsp，2009年12月1日。

② 《天下杂志》杂志编辑部：《〈天下杂志〉读者看〈天下杂志〉》，《天下杂志》1988第12期。

③ 郑林钟：《天下成功的奥秘》，《新书月刊》1985年第2期。

④ 殷允芃：《第一个五年——答客问》，《天下杂志》1986年第61期。

⑤ 王佩玲：《经济性专业杂志可读性之研究》，台湾文化大学硕士论文1990年，第1页。

⑥ 李非：《台湾经济发展通论》，九州出版社2004年版，第351页。

尽管这一时期台湾经济起飞,但仍处于"戒严"时期。国民党当局政治思想保守,台湾资讯还未十分畅通,极缺乏完整的政经资讯,海岛经济的特性又使得民众对国际财经资讯有较强的需求。在这一背景下,财经杂志纷纷加大有关国际财经资讯的报道。

《天下杂志》的创办者殷允芃曾在多家美国媒体担任驻台记者,一路以国际的眼光观察并亲身经历美国和台湾"断交"、"美丽岛军法大审"等事件,是台湾"戒严"时代面向国际发声的重要媒体人。因此《天下杂志》从创刊开始,就强调"放眼天下向外看",大力倡导"国际观"。为了拓展台湾民众的视野,《天下杂志》频频引介海外新观念,积极耕耘海外专题。《天下杂志》创刊第一期就推出国际知名的经济学大师傅利曼和当时台湾"中钢"董事长赵耀东的对谈。创刊第二年,《天下杂志》首开台湾媒体集体越洋采访制作专辑的记录,与 Time 同步,推出《探索日本》专辑,这是台湾首次大规模报道一个国家,引起台湾岛内热烈回响,当期杂志再版三次①。此后《天下杂志》每年都制作不同国家竞争力的分析报道,先后推出新加坡、德国、韩国、荷兰、瑞典、奥地利、以色列等海外专辑。笔者统计,从 1981 年 6 月 1 日至 1987 年 12 月 1 日,在《天下杂志》总共 79 期的杂志中,以海外为主要报道内容的封面文章共有 9 期,比例为 11.4%。这一时期,《天下杂志》还推出"国际经济""国际经济情势""海外专栏""他山之石""越洋专访""有朋友来自远方"等栏目,分析国际经济形势、介绍海外成功经验,将海外知名学者的先进管理理念介绍到台湾。《天下杂志》认为,"抱持着他山之石可以攻玉的信念,相信借鉴他国的进步经验,必能缩短台湾的发展进程"②。

在《天下杂志》的影响下,很多以国际财经资讯报道为主要内容的财经杂志也纷纷创刊。如《卓越》以报道企业管理理念及工商动态为主要内容,传递有关经营的新趋势、新观念、新方向及管理信息。该杂志最大的特点是"国际性"。该杂志强调,"《卓越》的目标并不仅止于'报道国际工商讯息与传播管理知识'的'知识面',更进一步希望透过对经济情势与企业的策略分析,使业者感受到适度压迫感,激发其'行动'面,以推动并提升台湾的管理水平"③。为协助台湾企业培养"盱衡环宇"的眼光,《卓越》广泛收集世界重要的商业刊物,精选最新的经营观念及世界管理潮流,编印成别册《国际管理文摘》,供企业界

---

① 《天下杂志:历史走廊》,天下网站,http://www.cw.com.tw/about/history.jsp,2009 年 8 月 1 日。

② 殷允芃:《编者的话》,http://www.cw.com.tw/article/catalog/editor.jsp?PID=220,1993 年 6 月 1 日。

③ 赖永忠:《台湾地区杂志发展之研究——从日据时期到 1992 年》,台湾政治大学硕士论文 1992 年,第 669 页。

参考。此外，追踪世界各重要国家的经济动态，分析国际企业策略，也是《卓越》报道的重点。尤其是着重于与台湾有竞争关系的国家和地区，对其经济情势加以分析与比较。1986年创刊的《日本文摘》是一份专门、全面介绍日本的月刊，其目标在于"探讨日本个人、企业、国家成功致富之道"。《日本文摘》创办的背景是"体认到日本以不足美国二十分之一的土地，居然能与美国争夺本世纪末的科技霸权，日本的九大商社就控制了台湾贸易总出口量的一半以上。一想到这些，一方面固然要悚然，一方面就觉得对日本的研究和了解，无论是官方或民间，单靠那些刊物零星的消息和有限的专著，是不够的。著名的英文刊物的研究报道，也不见得就能给我们太多帮助。我们应该发自本身实际需要，以较系统而深入的专业方式，重新探索日本"①。为此，该杂志组成日本研究中心，阅读日本两万多种报章杂志，选译其精华。同时，该杂志还集结了一群日本通，帮助读者解剖日本，透视日本。该刊强调内容要超越报道和介绍的层次，除告诉读者原因之外，最想提供给读者的是技术和方法，该刊的内容偏重工商经济、文化艺术面的探讨。1986年创刊的《世界经理文摘》以中高阶主管为主要读者对象，也以月刊的形式为读者提供世界级企业的做法和经验，提供国际管理期刊的最新观念。《天下杂志》的姐妹刊物《远见》于1986年创刊，以培养台湾民众世界观为主旨，帮助读者"掌握世界趋势，了解自身处境和借镜他人所长"②。该刊一方面经常派记者赴海外采访，了解第一手的国际财经资讯，也常常邀请国际管理、策略大师访台，将国际先进的管理观点传递给台湾的读者。

（五）制作台湾岛内各类排行榜

大众传媒具有为公众设置"议事日程"的功能，传媒的新闻报道和信息传达活动赋予各种"议题"不同程度的显著性，影响人们对周围世界的"大事"及其重要性的判断。纵观世界顶尖财经杂志，排行榜一直是财经杂志的特色，通过制造排行热点，财经杂志为公众设置了议程，使相关财经杂志塑造价值难以衡量的品牌，从多方面支撑该媒体的发展。《财富》最早于1955年推出"财富500强"，其最大的贡献就是创立了评价企业的方式。在此之前，人们很难说清哪家企业实力最雄厚，"财富500强"这样评价企业的方式，不管是否精确、得当，都可以让人们有比较。这种评价企业的方式成为《财富》最重要的品牌资产，受其影响，其他著名财经杂志也先后推出排行榜，如《福布斯》编制"富豪排行榜"，《商业周刊》推出"全球企业1000强"等。

---

① 高源清：《重新探索日本》，《日本文摘》1986年第1期。

② 王天滨：《台湾新闻传播史》，台湾亚太图书出版社2002年版，第432页。

20 世纪 80 年代,台湾财经杂志开始制作各类岛内排行榜来吸引民众注意,增强杂志影响力。

《天下杂志》从 1981 年 9 月 1 日开始每年推出"天下 500 大企业"栏目,对台湾 500 家大企业的营收进行排名及分析,为工商界读者提供参考资料。鉴于台湾大企业的规模并不甚大,中小企业却扮演重要的角色,《天下杂志》投入大批人力、资源与时间推出"天下 1000 大企业"栏目,将企业排行榜由过去的 500 家扩大为 1 000 家。之后,《天下杂志》根据台湾新的政经环境变化以及受众关注点的变化,增加各类新的排名,其"1 000 大企业排行"至今仍是台湾商界生态发展的指标。

《管理》从 1985 年起每年推出"消费者心目中理想品牌大调查",到 2014 已连续推出 29 期,采访小组深入台湾的大街小巷,对台湾各家庭进行调查,了解消费者心中的理想品牌,为品牌厂商拟定行销策略提供依据,帮助厂商和消费者树立品牌观念。

此后,在 20 世纪 90 年代和本世纪以来,陆续又有一些财经杂志推出各类排行榜,排行榜成为台湾财经杂志的招牌内容。

推出排行榜之前,这些财经杂志都会在相关媒体上刊登广告预热。每次排行榜的结果也都会被台湾的各主要媒体转载报道,与排行榜配套的有颁奖典礼和邀请经济专家和企业界人士共同参与的有特定主题的论坛。台湾的财经杂志通过排行榜的形式提高杂志社的影响力,带来丰厚的广告收益。以"天下 1 000 大企业"为例,《天下杂志》将"天下 1 000 大企业"评析结果制作成《1 000 大特刊》,配合特刊题旨出售广告版面。1997 年 6 月 5 日的《天下 1 000 大特刊》,单期广告达 150 页,广告收入达 2 300 万新台币,创下台湾地区单本杂志广告营收的纪录[①]。1998 年 6 月的《天下 1000 大特刊》,广告营收再破纪录,达 2 400 万。据时任天下广告副经理的黄坤英表示:"主要的原因是《天下1 000大特刊》已建立了口碑,是许多企业及个人了解台湾企业发展的工具书;再加上适时地推出《前瞻企业》广告专辑,满足广告客户希望在这一期中传达企业形象的意愿;此外,《天下 1 000 大特刊》在零售店零售 3 个月,这些都是促使广告营收突破纪录的原因。"[②]

(六)注重培育品牌栏目

栏目又称专栏,是对杂志上辟有专门篇幅刊登某类稿件的总称,它是杂志

---

① 《动脑杂志》编辑部:《单本广告 2 300 万天下 1 000 大广告破纪录》,http://www.brain.com.tw/News/RealNewsContent.aspx? ID=3907,2007 年 6 月 28 日。

② 《动脑杂志》编辑部:《天下单期广告 2 400 万 1 000 大特刊再破纪录》,http://www.brain.com.tw/News/RealNewsContent.aspx? ID=4298,2007 年 6 月 28 日。

的窗口,也是杂志办刊宗旨和特色的具体表现。杂志编辑要根据杂志的方针、读者需要、杂志特点、形势的变化等确定主要栏目。杂志的知名度,以有无品牌栏目为基础。品牌栏目在内容制作、风格个性、受众认同、文本传播、形象传播等方面都要和杂志的风格相匹配。

台湾财经杂志重视培养杂志的品牌栏目,将其视为构建杂志品牌的重要组成部分。

以《天下杂志》为例。《天下杂志》从 1981 年创刊伊始,就提出"将以公正客观的态度,报道、讨论、分析与经济生活相关的观念、问题与政策"[①]的创刊宗旨,创刊号设置"经营的艺术""独家专访""社会与生活""关心的数字""他山之石""经济专栏"等 20 个栏目,为读者提供财经资讯,率先报道新概念、新趋势,1981—2011 年这 30 年间,有 5 个栏目一直保留下来,成为《天下杂志》的品牌栏目。"经营的艺术"改名为"经营管理",在 488 期《天下杂志》中,该栏目出现 222 期,比例为 45%;"关心的数字"栏目后改为"数字说话",出现 160 期,比例为 33%。

杂志的篇幅有限,栏目自然也不可能很多,为了有稳定的好栏目,又能根据时代的变化不断增设新栏目,《天下杂志》的栏目会间断、轮流出现,经过不断实践,逐步积累经验,培养发展出品牌栏目。梅红从定量的角度提出报刊栏目品牌度的指标,其具体计算公式为:杂志栏目品牌度=栏目创设后刊载总期数×栏目分布密度。所谓栏目分布密度,指报刊栏目从创始起至其后某一刊期的平均分布状况。它可以用来反映该栏目的集中度,是识别报刊品牌栏目的重要参数,其计算公式为:栏目分布密度=该栏目刊载总期数/栏目设立后的报刊总期数(含当期报纸、杂志)[②]。根据这一栏目品牌度的指标,笔者对《天下杂志》1981—2011 年这 30 年所设置的栏目进行统计,如表 1-3 所示,在总共 488 期中,栏目刊载次数超过 100 期的有 13 个。根据栏目品牌度指标统计出这些栏目的品牌度,如表 1-3 所示,《天下杂志》品牌度前 13 名的栏目分别为"封面专题""编者的话""特别企划""财经变迁""经营管理""专栏""全球视野""数字说话""跨越两岸""人物""竞争优势""创新服务""个人视窗"。在这 13 个品牌栏目中,有 6 个栏目创建于 80 年代,有 3 个栏目创建于 90 年代,有 4 个栏目创建于 21 世纪,体现了《天下杂志》"稳定优势,不断创新"的栏目设置原则。这些品牌栏目的长期存在,使得《天下杂志》的办刊宗旨和编辑方针得到传承和延续,随着时间推移,这些栏目文章沉淀下来的风格、品位逐步发展成《天下杂志》内涵的重要组成部分。对这些品牌栏目的长期培养,使《天

---

① 金惟纯:《台湾杂志的经营之道》,《出版参考》2001 年第 21 期。

② 梅红:《品牌栏目策划新方法——栏目品牌度》,《新闻爱好者》2009 年第 2 期。

下杂志》的审美风格和杂志特性保持连续性、一贯性。这些品牌栏目在关切主题上保持一定的稳定和创新,既维系了一大批老的读者群体,又吸引着新的读者群体,在日益竞争激烈的杂志市场,这些品牌栏目成为维持和提高《天下杂志》竞争力的重要因素。

表 1-3 1981—2011 年《天下杂志》栏目的品牌度

栏目名称	栏目创始日期	创始后刊载总期数	栏目分布密度	栏目品牌度	栏目品牌度排名
封面专题	1981 年 6 月 1 日	488	1	488	1
编者的话	1981 年 6 月 1 日	365	0.75	273	2
经营管理	1981 年 6 月 1 日	222	0.45	99.9	5
数字说话	1981 年 6 月 1 日	160	0.33	52.8	8
特别企划	1991 年 6 月 1 日	229	0.47	107.6	3
财经变迁	1994 年 11 月 1 日	228	0.46	106.5	4
创新服务	2001 年 12 月 1 日	114	0.23	26	12
竞争优势	2002 年 1 月 1 日	143	0.29	41.9	11
跨越两岸(后改为亚洲与两岸)	2002 年 6 月 1 日	158	0.32	51	9
人物	1983 年 12 月 1 日	147	0.3	44.2	10
专栏	1994 年 11 月 1 日	215	0.44	94.7	6
个人视窗	2002 年 7 月 1 日	112	0.22	25.7	13
全球视野	2002 年 7 月 1 日	192	0.39	75.5	7

资料来源:笔者根据《天下杂志》资料统计得出。

社会环境的变化以及由此带来的民众阅读需求的变化,是《天下杂志》设置培养品牌栏目的重要考虑因素。如 2001 年 12 月,祖国大陆和台湾先后加入 WTO,祖国大陆加入 WTO 前后所展示的无限商机,吸引着台湾企业进一步加快迁往祖国大陆发展的步伐,台湾加入 WTO,也使台湾经济和世界经济的联系更为紧密,《天下杂志》在 2002 年 7 月由月刊改版为半月刊,提出"与世界同步跃升"的改版目标,增加了"跨越两岸"和"全球视野"两个栏目并将其发展为品牌栏目,为台商拓展祖国大陆乃至全球市场提供深度的财经资讯报道。

品牌栏目的形成同样要遵循品牌形成的"知晓—认同—提升—归属"的周期规律,需要经过长时间的培育和维护,因此,在品牌栏目的培养过程中,《天下杂志》十分注重读者的意见和反馈:《天下杂志》每年进行年度读者大调查,详细询问读者希望《天下杂志》加强报道哪些议题,据此设置潜在的栏目;酝酿成熟后,着手新栏目的筹备工作,组织好作者队伍,落实稿源,做好栏目刊登前的充分准备;设计好的新栏目,一和读者见面,就注意搜集读者的意见反映;根据读者反馈的意见和时代的变化调整栏目内容,将广受读者欢迎的栏目发展成品牌栏目。如针对21世纪以来台湾民众的消费支出已由衣食温饱转为追求生活品质的提高,《天下杂志》酝酿增加与提高生活品质相关的软性、实用报道。为此,《天下杂志》广泛进行读者调查,了解读者对提高生活品质的具体需求,广泛借鉴台湾岛内以及海外同类刊物的软性、实用性栏目,于2002年7月推出"个人视窗"栏目,以"不工作时,生活如何多姿多彩?下班后又哪些新活动、新去处?"为栏目口号,为民众提供消费、理财、健康、旅游等软性、实用的报道。"个人视窗"栏目创设后,《天下杂志》第一时间针对核心读者进行读者调查,收集反馈意见。由于该栏目以其深切的人文关怀与独到的品位,为读者提供贴心的个人化实用资讯,很受读者欢迎,《天下杂志》也一改以往因以报道财经、管理资讯为主而予人硬邦邦的感觉,使杂志形象更加贴近读者,"个人视窗"栏目逐渐发展成《天下杂志》的品牌栏目。

作为台湾财经杂志的领导品牌,《天下杂志》培养品牌栏目的做法被其他台湾财经杂志所模仿和借鉴。同《天下杂志》一样,台湾的优秀财经杂志善于根据社会环境的变化,设置一些新栏目,以引导和刺激民众的阅读需求,当这些栏目受到读者欢迎时,杂志社就将其发展为重点栏目,着重加强这些栏目的作者队伍建设,使其栏目内容更迎合读者的需要,进而使这些重点栏目逐步发展成品牌栏目,塑造杂志的品牌。这样一来,既能巩固老的读者和作者队伍,又能不断地吐故纳新,常变常新,吸引新的读者和作者队伍。这就是台湾优秀财经杂志值得称道的栏目建设经验。

三、财经杂志经营特点

(一)注重杂志人员的管理和培养,建立良好的人事管理制度

杂志的人员管理,就是对杂志社人力资源进行规划、组织、利用开发和调配的过程和方法。杂志的竞争,实质上是人才的竞争。人员的管理是杂志管理中极其重要的组成部分。凡是能吸引高素质的员工,能提供一个令人愉快的工作环境和生活、成长环境的杂志社,往往会获得优质、高效的回报。在这一阶段,许多受过高等教育的专业人士投入参与财经杂志的制作和经营,提高台湾财经杂志的整体水平,杂志社也日益重视管理和培养杂志人员,建立良好的人事管理制度。

以《天下杂志》为例,其编辑部人员每周一都要参加编辑会议,讨论杂志的

选题,每周四有"共同学习会议",由每位编辑报告自己与采访路线有关的台湾岛内新闻以及个人阅读心得,轮流担任主席;同时,杂志社还每周邀请财经界的学者专家或当局官员进行专题演讲,培养编辑人员的专业知识。《天下杂志》设有进修计划,只要在该杂志社服务满三年,表现又不算差,就可以提出申请留学进修或学语文,学成后必须再回杂志社服务满两年以上。服务满一年的"天下人",可以请10天的年假,只要加班,就可补假。杂志社成员除了一份不低的薪水外,还有许多领取福利金的机会。第一种是广告奖金。只要广告达成营业目标,就提出一部分作为广告奖金。《天下杂志》的经营者认为,广告的成长,广告组人员的努力当然有功,但编辑部的贡献也不可抹杀,在"利润共享"的前提下,广告奖金的发放,除了广告组人员较高外,编辑部人员也有一份。第二种是文章的奖励金。原则上,杂志社内的编辑写稿没有稿费,但若被外界转载,作者可以收到1/2的稿费(另外1/2交到该杂志社的福利委员会)。文章编辑成丛书,作者也能得到额外的稿费。《天下杂志》还规定,编辑如果不能按期交稿或在写作、校对上有错,都需按权责关系缴纳罚金,这笔钱也纳入编辑部的福利金。按时交稿内容合格或全文零错误时,也有奖金可领[①]。这一系列良好的人事管理制度,确保《天下杂志》创刊伊始就受欢迎,成为"既叫好又叫座"的杂志,成为台湾财经杂志的领导品牌。

(二)杂志经营企业化

报业的企业化是资本主义商品经济发展的客观要求,也是判断报纸近现代化程度高下的主要标志。这一观点同样适用于杂志。

《天下杂志》的创刊,是台湾财经杂志发展历程的关键分界点,杂志由过去的文人办刊传统正式转向企业经营导向[②]。此后创刊的台湾财经杂志纷纷采用企业化经营:编辑部门层层分级,事事分工,有总编辑、主编、执行编辑、资深编辑、行政编辑、资料编辑、文稿编辑、美术编辑、摄影编辑以及研究、分析人员;经理部门,无论是行政、广告、发行、推广、印务、行销,也都精细分工;经理部门的人数及其占整个杂志社的人数比例呈逐渐增加的态势。以《天下杂志》为例,笔者统计其目录页所标出的杂志机构,1981年6月1日,该杂志创刊时,编辑部门13人,占总人数的72.2%;经理部门5人,占总人数的27.8%;1987年6月1日,该杂志编辑部门为32人,占总人数的56.1%;经理部门25人,占总人数的43.9%。从前"事必躬亲"的"文人办杂志"的经营方式已面临极大的挑战。杂志事业必须以企业方式来经营的观念,逐渐被接受。

---

① 郑林钟:《天下成功的奥秘》,《新书月刊》1985年第2期。
② 金惟纯:《台湾杂志的经营之道》,《出版参考》2001年第21期。

(三)广告对杂志发展日益重要

斯密赛认为受众是大众媒介的主要商品。大众媒介的构成过程,就是媒介公司生产受众,然后将他们移交给广告商的过程①。这种观点扩展了媒介商品化的空间,使媒介商品化不仅包括媒介公司出版报纸和杂志、制作广播电视节目等,而且将广告商或资本也纳入进来。媒介商品化的过程使媒介产业彻底纳入资本主义的经济体系,因为它为广告商生产了可预测数量的、具有可预测规格、在特定时间关注特定媒介的受众的服务。

由于台湾财经杂志的主要读者群是有较强消费能力的中产阶级,所以很受广告商青睐。财经杂志的广告收入在杂志经营收入中所占的比重越来越大,广告页数占杂志总页数的比例也日益增加,杂志广告经营日益受重视。

以《天下杂志》为例,1981 年 6 月创刊时,其广告页数占总页数的比例为8.23%,到 1987 年 5 月时,其广告页数占总页数的比例增至 42.86%②。与之相对应,《天下杂志》的广告收入也节节攀升,远远超过发行收入,如表 1-4 所示。

表 1-4　1984—1986 年《天下杂志》营收情况表

单位:新台币

时间	单价	发行量	发行收入	广告收入	广告收入与发行收入的比率
1984 年	136 元	60 500 份	822.8 万元	4 600 万元	5.59∶1
1985 年	136 元	75 000 份	1 020 万元	6 700 万元	6.5∶1
1986 年	136 元	80 000 份	1 088 万元	7 760 万元	7.1∶1

资料来源:笔者根据《天下杂志》资料和《动脑杂志》资料统计得出。

(四)编辑部门、发行部门、广告部门整体协同作战

这一时期的台湾财经杂志实行企业化管理,为了取得好的业绩,杂志社的编辑部、发行部和广告部经常协调作战,互相支持。编辑部门提供好的杂志内容,吸引读者和广告商;发行部收集读者的基本资料和读者对杂志内容的意见,反馈给编辑部,以便提高杂志内容的质量,为广告部争取广告商提供精确

①　[加]文森特·莫斯可著,胡正荣等译:《传播政治经济学》,华夏出版社 2000 年版,第 144 页。
②　王菲菲:《媒体建构的中产阶级形象之研究——以〈天下杂志〉为例》,台湾政治大学硕士论文 1994 年,第 41 页。

的读者资料；广告部争取来的广告经费则进一步充实了杂志的资金来源，为编辑部编印更好的杂志提供资金支持。

以《天下杂志》为例，由于其掌握了时代的趋势与社会的脉动，能够深入浅出地提供财经资讯，率先报道新概念、新趋势，初创刊即获得好评，吸引读者和广告商。由于《天下杂志》对高科技的报道较多，且其读者阶层以工商业者及知识分子居多，吸引电脑厂商以及高品级、高阶位的产品在《天下杂志》上刊登广告。《天下杂志》的广告人员不接受外人的"好处"，也不给人回扣，即使牺牲广告亦在所不惜，这种强势，反而使得各厂商乐意在《天下杂志》上刊登广告。杂志社财务基础的稳固，又增强了广告的实力，不符合《天下杂志》高级形象的广告，广告部拒绝刊登①。《天下杂志》的发行部门重视读者调查，创刊一周年，就进行了第一次的读者问卷调查，了解《天下杂志》的主要读者群体的基本情况，听取读者对杂志的意见。此后，《天下杂志》发行部门每年都会做一次读者大调查，详细询问读者希望《天下杂志》加强报道哪些议题，参考每期杂志零售状况，提供最符合读者需求的内容。《天下杂志》广告部会就每次读者调查的结果及时和广告商进行沟通，让广告商了解《天下杂志》的内容以及主要读者群基本情况，吸引广告商有针对性地在《天下杂志》投放广告。编辑部、发行部、广告部整体协同作战，保证《天下杂志》的良好发展。

（五）财经杂志经营多元化和多角化

杂志经营多元化指同一杂志系统经营各种不同内容性质的报刊，其中以报纸参与杂志经营的多元化现象较明显。如1982年5月创刊的《工商时代》就是为《中国时报》所经营之月刊，有"企业简报""岛内外经济评论""财经幕后""新闻人物""从零变有""管理知识""企业诊断""投资顾问"等专栏。

杂志经营多角化指杂志经营形态多样化，如杂志社出版专书、录音带、录影带，举办演讲和座谈。以《天下杂志》为例，从创刊伊始就极力倡导"读书"观念，曾经郑重其事地以"社论"倡导读书，如第三期的社论《提高精神生活也要花钱》，第四期的社论《美中不足》及第三十一期的社论《倡导读书的价值，让社会散发书香》。除了在"社论"中提倡外，《天下杂志》还设有许多读书专栏，做经常性的推动，这些专栏包括"为您读书""新书评介""新书译介""新书推介""新书菁华""新书精华翻译""书评书介""好书评介""好书推介""英文佳论短评""读自己的书""谈自己的书"等。对"读书"的提倡也拓展了《天下杂志》多角化的经营。《天下杂志》创刊后不久即成立"经济与生活"出版部门，1982年改为"天下文化"（后来"天下文化"和"远见"另成立公司，现改名为"远见·天

---

① 郑林钟：《天下成功的奥秘》，《新书月刊》1985年第2期。

下文化事业集团"，《天下杂志》另成立"天下杂志出版"），"天下文化"针对读者的需要出版一系列书，在《天下杂志》的相关读书栏目进行推介，将《天下杂志》栏目重要的专辑编辑成书，杂志和出版互相支持，扩大了《天下杂志》的影响，进一步增加了《天下杂志》的收入。

此外，《天下杂志》还邀请企业家、学者、官员举办大型策略研讨会，探讨台湾经济发展中的问题，拓展了杂志社的收入来源。

第三节　财经杂志发展的政经分析

"戒严"时期，高压的政治环境钳制着台湾财经杂志的言论自由，台湾经济的发展又为台湾财经杂志提供了起步和发展的空间。在威权政体下，台湾的财经杂志充当"侍从"角色，积极宣导和配合台湾当局的财经政策和经济建设计划。"戒严"末期，经济发展促进社会多元化，威权统治受到严重冲击，台湾财经杂志以中产阶级为主要读者群，一方面积极充当国民党当局与工商界的沟通桥梁，一方面保守谨慎地批评国民党当局。

一、台当局对杂志的全面控管

1949 年 12 月 7 日，国民党集团退踞台湾，并自 1950 年 1 月起在台湾全省实行"戒严"。在"戒严"体制下，国民党一方面透过军政特警等"镇压机器"来维持其有效统治，另一方面则加强对新闻出版、教育文化等意识形态领域的监控，全面监控包括杂志在内的新闻媒体。

（一）台湾当局对台湾新闻出版业实行控制的机构

"戒严"时期，台湾当局对台湾新闻出版业实行控制的机构主要有三。首先是国民党文工会，它实质上是文化思想政策的决策单位，因此其对新闻出版、言论方面的管制莫不倾向于以国民党的利益或至少是以国民党的认知为标准。其次是"警备司令部"，"戒严法"及"台湾地区戒严时期出版物管制办法"赋予了"警备司令部"较大的权力，可以"影响"报刊内容及取缔"不良"刊物。"警备司令部"基本上是查禁的执行机构。此外还有新闻主管部门，但管束能力最弱，仅担任当局发言人的角色。所以实际上，党部和军人握有直接的控制权。该时期，国民党集党政军三权为一身，拥有无可比拟的强大权势，能够利用"戒严法""出版法"等相关法律以及直接的行政干预乃至军事手段对大众传媒施以层层管制。

(二)"报禁"和相关法令对杂志言论的控制

"戒严"时期,国民党当局管制新闻媒体的最主要手段是五项限制措施——限证、限张、限印、限价、限纸,统称"报禁"。这五项措施主要针对报纸,其中限证、限印、限纸这三项措施对报纸和杂志同样适用。

所谓"限证",就是限制报纸、杂志取得登记证。1951 年 6 月 10 日,台湾行政主管部门颁布"台教字第三一四八号训令",第七点规定:"台湾全省报纸、杂志已达饱和点,为节约用纸起见,今后新申请登记之报社杂志通讯社,应从严限制登记。"这是最早见的关于"限证"的明文规定①。这一"限证"措施,是台湾开始实行"报禁"政策的标志。1952 年 11 月 29 日,台湾公布的"出版法细则"第二十七条规定:"战时各省政府及直辖市政府为计划供应出版品所需之纸张及其他印刷原料,应基于节约原则及'中央'之命令,调整管辖区内新闻、杂志之数量。"此法与上述训令相互呼应,同样以节约之理由,明示地方政府"调整"辖区内新闻与杂志数量。在后来的 30 多年里,这条规定成为台湾行政主管部门答复民意代表质询及台湾当局官员回应海内外人士质疑"报禁"问题最常引用的"法律"依据。"限证"政策使得台湾当局得以通过限制杂志取得登记证来控制杂志的言论。

所谓"限印",就是限制报纸杂志的发行地点。台湾"出版法"第九条规定:"新闻纸或杂志之发行,应由发行人于首次发行前,填具登记申请书呈经该管辖直辖市政府或该管县(市)政府,转呈省政府,核与规定相符者,准予发行,并转请行政院新闻局发给登记证。"申请书要载明七款事项,其中第六条款是"发行所及印刷所之名称及所在地"。台湾"出版法细则"第六条规定:"同一新闻纸或杂志另在他地出版发行者,或出版业另在他地设立分支机构者,均应依《出版法》第九条及第十六条规定,先行申请核准登记。"台湾"出版法"第九条与"出版法施行细则"第六条互相搭配,成为"限印"措施法源②。"限印"政策对杂志发行推广工作与读者的阅读权益都造成重大干扰。

所谓"限纸",就是限制报纸、杂志的用纸数量。国民党集团从祖国大陆撤往台湾期间,台湾经济发生恐慌,物价波动相当厉害,百业萧条,加上新报纸杂志的出现,台湾岛内纸张产量不但不够使用,每月且相差达一倍之多。进口纸张方面,当时世界局势紧张,许多国家都处在战备状态,而制造白报纸的原料是战略物资,瑞典、挪威、加拿大等国白报纸纷纷减产,国际纸价不断上扬,台

---

① 王天滨:《台湾新闻传播史》,台湾亚太图书出版社 2002 年版,第 220 页。
② 王天滨:《台湾新闻传播史》,台湾亚太图书出版社 2002 年版,第 221 页。

湾白报纸的供需问题日益严重。台湾当局趁此时机,以釜底抽薪方式控制白报纸的供应,对出版品用纸实行配给政策。"限纸"政策使报社和杂志不能自由购买白报纸,没有足够的用纸,自然无法拓展业务,也就达到控制报纸、杂志发展的目的。之后台湾省杂志事业协会于台湾立法机构修正"出版法"时,争取将杂志列为新闻纸类,以比照各报社的配纸办法,按月由台湾纸业公司配给白报纸,供应各会员杂志印刷之用。而这也成为台湾省杂志事业协会吸引杂志社加入,进而控制杂志社会员的手段。

针对杂志,台湾当局还特别规定:杂志发行前必须先申请核准登记,始得发行,不得以"正办理申请登记中"提前发行,凡印有"正办理申请登记中"字样者,依"出版法"第十九条第一项规定第一款取缔。至核准登记后,发行杂志之内容,则受"出版法"及其他有关法令之约制,不得触犯禁载事项,并应就其登记时之发行旨趣为主要内容,如为纯属刊登营利而毫无内容者,除由地方主管官署不予计期外,并得拒绝以第一类新闻纸资费交寄。同时,对杂志尚有以下限制:(1)杂志不得发行副刊或增刊。(2)不得发行号外,但经呈准得发行纪念特刊。(3)杂志两期以上合刊发行,应以一期核算。(4)两种以上杂志合并发行者,仍以发行一种杂志计算。(5)不得以同一名称发行多种内容不同之刊物。(6)不得设有两个以上发行所。(7)杂志社在其他地方设立分支机构,其名称应为"分销处",如销售量在 500 份以上者,需得向当地主管官署申请核准后设立。(8)杂志社不得兼营介绍业。(9)杂志社刊载连环书画占总篇幅 20％以上者,视为连环图书①。

除此之外,台湾当局还制定许多法令条文,规范各种性质的言论内容,进行新闻检查与控制,严格禁止媒体对台湾当局的任何批评,其中规定的很多禁止的事项,语义含混,仅凭台湾当局的主观臆断即可将人治罪。新闻工作者因为内容"不妥",标题"有误",不论有心或无意触法,遭到判刑、入狱、坐牢者不计其数。在威权体制下,新闻从业人员被有如天罗地网般的各种法规条文层层包围,动辄触犯法条,随时要处心积虑谋求生存之道,逐渐摸索出一套独特的生存法则,形成台湾"戒严"时期杂志的独特面貌。

(三)台湾杂志行业协会组织

1950 年 3 月,台湾省杂志协会成立,以各会员刊物联名呼吁建立"战时生活体制",发起"文化劳军"活动,用以"充实军中精神食粮"。该协会吸引会员加入的诱因是能够比照报社的配纸办法,按月由台湾纸业公司配给白报纸,供应各会员杂志印刷之用。1951 年 8 月,台湾省杂志协会更名为台湾省杂志事

---

① 王天滨:《台湾新闻传播史》,台湾亚太图书出版社 2002 年版,第 330 页。

业协会。1953 年该协会规定,会员"不撰述或发行违背国策及妨害善良风俗之文字",在此条文下,凡有触犯之行迹或可能性者,均不能参加为会员。1956年,该协会又规定"违背其向政府请领登记设施所登记之发行旨趣者,停止会籍"①,对于会员申请入会的资格审查,更加严格。

1959 年,台湾省杂志事业协会通过《杂志界言论公约》,内容包括:"发挥言论自由,宣扬民主政治,主张和平合法的改革,支持政府确保'宪政'体制,巩固法治基础;发扬爱国主义,驳斥挑拨分裂的言论,以促进全民团结,巩固国家统一;保持科学态度,报道事实和分析事实,抛弃成见,明辨是非,以至公至正,合理合法的态度为发表意见的准绳;遵守公正原则,维护高尚风格,净化作品内容,拒绝任何利诱,尤应摒弃挟外自重的依存思想;培养和谐关系,严守道德纪律,约束工作同仁不阿世俗,敦品励行,为杂志界树立良好楷模。"②

这份《杂志界言论公约》,所声明内容其实是"戒严"时期台湾其他新闻媒体的共同任务,极具"戒严"时期特色。1965 年 7 月 1 日,台湾省杂志事业协会扩组成为台湾杂志事业协会,继续充当国民党当局间接管控台湾杂志的工具。

(四)杂志登记证的换发、暂停杂志登记以及杂志社不得设记者的规定

1951 年,台湾主管部门"鉴于过去在大陆所有经过核准发给登记证的杂志,未作适当处理,易为利用,作为在港澳或海外,对我政府进行破坏的工具,为了防止虚伪宣传,保障出版品的合法权益,并改善出版品的登记",颁布"新闻纸杂志换领登记证须知","规定凡久用的杂志、报纸、通讯社等登记证,限于1951 年一律换发新的登记证并贴上发行人的照片,逾期不换者,视为废止发行,依法注销其登记证"。截至 1951 年,经过限期换领登记证的杂志有 110种,新申请获准登记发证的杂志有 47 种,合计 157 种③。1978 年 3 月 1 日起至 1979 年 2 月 28 日,台湾当局暂停杂志登记一年,对杂志加以"辅导",1979年 3 月 1 日,重新恢复杂志登记申请。严格来说,这些都是台湾当局控制杂志事业的手法。

1952 年 7 月 4 日,台湾当局明文规定"杂志社不得设置记者",这是"戒严"时期台湾当局管制杂志的另一种手法。表面的理由是为了防止杂志社滥发记者证,免得让不良的杂志记者危害社会大众,实际上极大干扰了杂志的采访工作。此后,杂志业者与台湾当局为此长期争议,经过 40 多年的努力,直到1996 年 9 月 2 日,台湾新闻主管部门才正式发函台湾杂志事业协会告知此一

---

① ② 王天滨:《台湾新闻传播史》,台湾亚太图书出版社 2002 年版,第 240 页。
③ 王天滨:《台湾新闻传播史》,台湾亚太图书出版社 2002 年版,第 241 页。

"函释"停止适用,有关"杂志不得设记者"的规定才正式获得官方解除。

(五)设立杂志奖项

1973年,台湾当局为了挽救经济危机,时任台湾行政部门负责人的蒋经国提出五年之内推动"十大建设"的计划,期冀以大规模的公共投资带动经济景气,创造更多就业机会,以挽救经济危机,其中交通运输及电力等基本建设即占七项,以克服运输设备不足与电力供给短缺的问题;另三项为支持钢铁厂、大造船厂及石化工业,以加速产业结构的转变。1974年,台湾"文化工作会"为配合"十大建设"特订立"建设新闻奖及杂志奖",以"奖励新闻传播事业,扩大宣传报道,激发全民团结力量,以支持建设……十项建设进行的五年期间,每年办理建设新闻奖及杂志奖各一次。此项建设新闻奖及杂志奖,以年度内台湾各报纸杂志刊出之各有关建设之报道,包含新闻、专栏、评论、照片四类,杂志刊登十项建设之报道,每年选取最优者之新闻、杂志单位团体或个人,颁发奖牌或奖金,以示鼓励"。

1976年,台湾新闻主管部门为"积极辅导"出版事业,创设"金鼎奖",奖励在出版领域有卓越表现的出版事业及从业人员。"金鼎奖"创办之初,仅有两项奖励,即"优良杂志奖"和"出版品输出绩优奖";1977年台湾新闻主管部门取消"出版品输出绩优奖",改为"杂志金鼎奖"及"图书出版金鼎奖";1978年,由于停止杂志申请,因此停办"金鼎奖";1979年,"金鼎奖"杂志奖励项目设置"民间杂志""公办杂志""输出绩优奖励"三类。

"建设新闻奖及杂志奖"和"金鼎奖"用奖励的方式支持与台湾当局立场一致的杂志,也是台湾当局间接管控杂志的手段。

二、财经杂志的"侍从"角色

台湾"戒严"时期实行威权体制,国民党当局对传播媒介的角色期望,一向强调其政令宣导的教化功能,亦即新闻传播媒介应以改善社会风气、维持社会秩序和宣导当局政令为主要任务。为此,独裁统治的国民党当局对包括杂志在内的新闻媒体实行全面管理。"报禁"政策以及各种法律、命令,规范约束杂志的新闻与言论内容;台湾省杂志事业协会作为台湾杂志的行业协会组织,表面上是"辅导",实质却是国民党当局间接管控杂志的工具;全面换发杂志登记证、暂停杂志登记以及规定杂志不得设置记者等也是国民党当局控管杂志的手段;"金鼎奖"和"建设新闻奖及杂志奖"则用奖励的方式支持政令宣导教化功能突出的杂志。

台湾学者林丽云分析"戒严"时期台湾报业是"侍从报业",即民营报业并不是"自由报业",而受国民党威权主义的控制,与统治者发展出"保护主和侍从"的关系。在这种关系中,统治者是位高权大的"保护主",报老板则是位阶较低的"侍从",统治者会为报老板提供生存上必要的资源;报老板则为统治者提供所需的意识形态上的支持,以作为交换①。在这样一个媒体环境中,以讨论财经问题为主的财经杂志也一样充当"侍从"的角色,积极充当台湾当局政策的支持者与政令的宣导者。从早期财经杂志标榜"配合台湾当局宣扬政令、政策、充实内容、服务工商、促进企业发展""密切掌握岛内外经济主流动态,配合政府长期经济建设政策目标,协助工商企业经营之再发展与再成长"②的创刊宗旨到80年代新办财经杂志"希望能忠实的反映工商界的意见,期盼能为政府与民间企业界搭一座沟通的桥梁"③"我们愿意扮演政府、企业与民众间的桥梁,从每一篇经济活动的报道和解释中,一点一滴地形成共识"④的创刊宣言,可以看出,台湾财经杂志服从威权统治下对杂志言论限制,对台湾当局的财经政策和经济建设计划,积极予以宣导和配合,以换取在特定的市场竞争环境中获得发展。

积极配合的财经杂志能享受到国民党当局的许多优待,如"出版法"规定,出版事业或出版品"对教育文化有重大贡献者""对宣扬政策有重大贡献者"应予奖励或补助;"依法登记之杂志社,其立法意旨在于提高文化及教育水平",销售杂志时,可免征营业税、"委托'公共'交通机构代为传递时,得以优惠""采访新闻或征集资料,政府机关予以便利"。杂志社还可以加入台湾省杂志事业协会成为会员,比照各报社配纸办法,按月领取由台纸公司配给白报纸,以供印刷之用。"金鼎奖"和"建设新闻奖及杂志奖"的设立,更是从物质和精神两方面给予积极配合的财经杂志鼓励。

在财经杂志的协助下,国民党顺利实现其特定时期的经济建设目标,于政治与文化场域取得统治合法性。

---

① 林丽云:《台湾威权政体下"侍从报业"的矛盾与转型》,《台湾产业研究》2000 年第3 期。

② 陶子厚:《发刊辞》,《环球经济》1979 年第 1 期。

③ 《天下杂志》杂志编辑部:《编者的话》,http://www.cw.com.tw/article/catalog/editor.jsp? PID=363,1981 年 6 月 1 日。

④ 赖永忠:《台湾地区杂志发展之研究——从日据时期到 1992 年》,台湾政治大学硕士论文 1992 年,第 129 页。

三、经济发展促进财经杂志发展

1949 年国民党当局撤退到台湾即宣称要"反攻大陆"①。这一套"反攻圣战"的意理不只是口号,更是国民党政权的所谓正当性基础,有了这套说辞,国民党宣称,实施包括"戒严令""动员戡乱时期临时条款"等多项法令在内的非常法令,在台湾地区实现"戒严"。

事实上,国民党当局"反攻大业"是不可能实现的。为缓和这一根本性矛盾对其政权稳定性的伤害,50 年代,国民党当局自我调整,依赖美国对退踞台湾的国民党当局予以政治承认,从外部获得其政权的"合法性"。60 年代,美国逐渐转变其中国政策,首先提出"两个中国"的方案及"围堵而不孤立"的政策;60 年代末期以后,美国企图与中国结盟以对抗苏联。美国与台湾当局的关系也逐渐发生变化:1965 年美国中止对台湾的援助;1968 年美国召回在台湾海峡的美军;1971 年,美国国务卿基辛格访问中国;1972 年美国总统尼克松访问中国,中美双方在上海签署《中美联合公报》,在台湾问题上,美国方面声明"在台湾海峡两边所有的中国人都认为只有一个中国,台湾是中国的一部分。美国政府对这一立场不提异议,并确认从台湾撤出全部美国武装力量和军队设施的最终目标"②。1971 年国民党当局退出联合国,大多国家承认中华人民共和国为代表中国的唯一合法政府,与台湾"断交",台湾在国际上日趋孤立,台湾所谓的"共匪窃取国土"以及"反攻圣战"的说法也变得越来越可疑,国民党威权统治的正当性基础也越来越薄弱。为此,国民党以"经济发展"来正当化其政权,通过实施一系列促进经济发展的措施来实现台湾现代经济的发展,鼓励更多人把目标转向财富的角逐上。国民党当局在台湾构建了一个复杂而矛盾的政经平行结构,使高度政治控制和高度经济成长并存。

国民党当局以"经济发展"来正当化其政权,为财经杂志起步、发展以至快速增长提供了空间。《天下杂志》在创刊时就明确表示,这份杂志并不只是一个事业,《天下杂志》应该对台湾的经济发展有所贡献,尤其是台湾在国际政治上受到挫败,而在贸易上却成为许多国家争取的伙伴的时候③。

---

① 林丽云:《台湾威权政体下"侍从报业"的矛盾与转型》,《台湾产业研究》2000 年第 3 期。

② 《1972 年 2 月 28 日〈中美联合公报〉在上海发表》,http://news.china.com/zh_cn/history/all/11025807/20050227/12133968.html,2005 年 2 月 27 日。

③ 当时大部分国家都承认中华人民共和国,只有 23 个国家与台湾维持"外交"关系,但却有 150 个国家和台湾进行贸易往来,对台湾而言,贸易非常重要,贸易关系取代了"外交"关系。

经过 20 多年的高速增长,台湾经济到 80 年代中期达到顶峰。1983—1987 年,台湾的国民生产总值(GNP)从 21 033 亿新台币增至 32 890 亿新台币,平均每年名义增长率为 11.8%,扣除物价因素,实际递增率为 10.4%。同期台湾人均国民生产总值从 11.3 万新台币增至 16.9 万新台币,平均每年递增 10.5%。以美元计算,至 1987 年年底,台湾人均"国民收入"达 5 000 多美元,每一就业人员人均产出 1.3 万美元,基本达到发达国家 70 年代中期的水平[①]。

经济的发展,带动台湾民众对财经资讯的需求。1987 年台湾外汇开放、股票市场飞涨、土地及房地产交易热络,使得财经资讯和民众的联系更加密切,财经资讯进入寻常百姓家。由于这一时期还属于台湾"报禁"时期,财经报纸篇幅有限,只能提供财经资讯,对财经事件和问题并无深入报道,这无形中为财经杂志提供了发展的空间,财经杂志如雨后春笋般创刊,1981—1987 年,财经杂志在各类杂志一直保持数量第一的优势。财经杂志以较多的篇幅,配上各种图片及图表,深入报道财经事件,探讨财经问题,以补财经报纸的不足。

经济的发展,商业的繁荣,带动广告的发展。1987 年,台湾大量开放进口洋烟、洋酒,但是规定洋烟洋酒仅能在台湾本土杂志上刊登广告,这刺激了杂志广告的发展。关税降低,海外大宗消费品,如汽车、电器、化妆品、食品,进入台湾岛内市场,在媒体上大量投放广告,更是刺激台湾整体广告额的上涨。如表 1-5 所示,1981—1987 年台湾广告额包括杂志广告额都增长迅速。财经杂志由于编印精美,其主要读者群为具有较强购买力的中产阶级,受众定位清晰、目标明确,很受广告主青睐,吸引各种高级商品刊登广告,广告收入在杂志经营收入中所占的比重越来越大。充裕的广告资金拓展了杂志发展的资金来源,支持了财经杂志的进一步发展。

经济的发展也促使 80 年代的台湾财经杂志强化内容管理和经营管理。内容上:台湾财经杂志原先多使用艰涩难懂的专业术语,以专业人士为主要对象,转而采用深入浅出的写作方式,将复杂深奥的财经问题大众化、普及化。针对台湾海岛型经济体对外依存度高的特点,财经杂志增加国际财经资讯的报道。为准确报道岛内经济形势,增强杂志影响力,台湾财经杂志学习海外顶尖财经杂志的做法,制作各类排行榜。经营上,台湾财经杂志也逐渐改变早期"文人办杂志"的经营方式,以企业方式经营杂志,重视杂志人员的管理和培养,建立良好的人事管理制度,注重杂志的广告经营,杂志社的编辑部、发行部和广告部经常协同作战,互相支持,杂志经营多元化、多角化。

---

① 李非:《台湾经济发展通论》,九州出版社 2004 年版,第 127 页。

表 1-5   1981—1987 年台湾媒体广告成长情况

单位:万元新台币

时间	杂志广告			总的广告	
	广告费	成长率	占有率	广告费	总成长率
1981	64 933	2.01%	5.11%	1 270 738	28.77%
1982	80 000	23.2%	7.12%	1 433 235	12.79%
1984	100 000	25%	5.78%	1 991 983	15.1%
1985	143 863	20.41%	7.04%	2 043 626	2.59%
1986	152 001	5.66%	6.65%	2 285 816	11.85%
1987	229 705	51.12%	7.82%	2 936 104	28.45%

资料来源:王菲菲:《媒体建构的中产阶级形象之研究——以〈天下杂志〉为例》,台湾政治大学硕士论文 1994 年,第 33 页。

四、中产阶级成为财经杂志主要读者

中产阶级主要指工业社会及后工业社会中的特定阶层,有老中产和旧中产之分。前者主要指小店东、小手工业者和商贩,后者则指专业技术人员、经理阶层、学校教师、办公室工作人员等以技能、学历、文凭为取向的事业及管理人才,即通常所称的白领阶层。台湾中产阶级可分为"旧中产阶级"和"新中产阶级"。旧中产阶级主要指自营小店东和自雇作业者,新中产阶级主要是以技能、学历、文凭为取向的事业及管理人才。

50 年代的土地改革制造了大量的自耕农,也孕育出台湾中产阶级的雏形,农村的地主将其变换来的土地资本转化为工商资本,成为这一时期中产阶级的重要组成部分。中产阶级还包括大陆来台的工商业者、公教人员、工程技术人员,以及台湾当地的工商者、医生、文化人士等。不过,在 50 年代,台湾社会仍以小农为主,中产阶级只占很小的比例。

60 年代,台湾当局利用美日提供的资金和技术,集中发展加工出口工业,台湾由农业社会转变为多元化的工商社会。在转型过程中,由政府机构雇佣或创造的庞大公职人员及后来出现的科技人员,充实了台湾中产阶级的一半人口,其余一半则分散在民营机构或自营部门中。台湾学者许嘉猷依据台湾主计主管部门于 1987 年的《台湾地区家庭收入暨个人所得分配调查资料》所进行的研究发现,以个人为分析单位而言,台湾的中产阶级约占台湾地区所有就业人口的 1/2。以户为分析单位而言,中产阶级的家庭,约占家庭总数的

27.4％;新中产阶级(受雇的行政及主管人员,专门性、技术性及有关人员,监督及佐理人员)占中产阶级总数的53.3％;旧中产阶级(自营的买卖工作者与服务工作者)占中产阶级总数的43.4％。在教育程度方面,新中产阶级的教育程度,以大专或以上所占的比例最高,旧中产阶级的教育程度则以小学或以下所占的比例最高①。中产阶级,特别是新中产阶级,有经济能力、关心所处社会政治经济环境变化,希望了解掌握最新的管理与经济学知识,这直接促进了80年代台湾财经杂志的蓬勃发展。

80年代的台湾财经杂志以中产阶级为主要读者群,报道方式、报道内容、广告内容等方面都竭力满足中产阶级受众的阅读需要。

首先,在报道方式上,为适应中产阶级阅读习惯,普及财经知识,1981年创刊的《天下杂志》改变以往财经杂志内容艰涩深奥,"以深入浅出的方式,客观、翔实地探讨、报道和分析人人都应了解的经济问题,要求经济学家要讲'人话'"②,首度为当时台湾杂志界引入"新闻写作故事化"模式③。在《天下杂志》带动下,台湾财经杂志逐步改变艰涩难懂的语言风格,采用深入浅出的方式来解读财经新闻。

其次,在报道内容上,财经杂志大量刊登增进中产阶级的财经知识和现代化企业观念的内容。以台湾财经杂志领导品牌《天下杂志》为例,其创刊一周年进行的读者调查显示:读者阅读《天下杂志》的最主要目的是"增进经济常识"④。"经营管理""产业升级""产业变局"等栏目是《天下杂志》重点栏目,报道经济转型趋势,关注中产阶级如何在经济转型中学习现代化经营管理理念。《天下杂志》的报道常在企业界引起共鸣,许多企业私下都说影印、研读过《天下杂志》上刊登的文章,一家百余人的贸易公司甚至要求员工就《天下杂志》专题写心得报告⑤。同时,80年代开始,台湾财经杂志学习世界顶尖财经杂志做法,制作各类岛内排行榜,如《天下杂志》从1981年开始陆续推出台湾"1000大制造业""500大服务业排名""标杆企业排名""企业声望调查排名""全球竞争力排名",通过排行榜的"议程设置"功能,成功地将现代化企业经营理念传播给广大受众尤其是中产阶级。

---

① 萧新煌:《变迁中台湾社会的中产阶级》,台湾巨流图书公司1989年版,第66～67页。

② 《天下杂志》杂志编辑部:《编者的话》,http://www.cw.com.tw/article/catalog/editor.jsp? PID=363,1981年6月1日。

③ 陈子华:《亚洲最有力量的女人——专访台湾〈天下〉杂志总发行人殷允芃》,《Women of China(中文版)》,2003年第8期。

④ 《天下杂志》编辑部:《〈天下杂志〉读者看〈天下杂志〉》,《天下杂志》1988年第12期。

⑤ 《关于天下:关于天下的故事》,天下网站,http://www.cw.com.tw/about/philosophy03.jsp,2011年11月18日。

最后,在广告内容上,财经杂志刊登的广告建构了中产阶级的消费文化。王菲菲以 1981 年创刊的《天下杂志》为研究对象,发现《天下杂志》以"专业知识换取生产位置的中产阶级"为主要读者对象,其所报道的内容正是"教导中产阶级工作者从事生产力再生产的知识",是"企图将文化资本转化为组织科层升迁或经济资本的中产阶级"所需的,《天下杂志》成为台湾岛内中产阶级的重要政经发言管道①。

冯国兰对《天下杂志》1981—1997 年的广告进行内容分析,发现:"符号的消费"已渐渐取代过去对于物质商品的消费,成为台湾消费文化的发展趋势。由《天下杂志》广告的诉求,可看出中产阶级文化特质及生活风格之展现,广告中将产品形象塑造成具有尊贵/豪华、精致/高雅的特质,广告的人物符码亦呈现出以中产阶级男性为主轴的内涵②。

五、保守谨慎地批评当局

进入 80 年代,台湾社会积蕴三十年的经济力量促进社会的多元化,对台湾当局的威权统治提出有力的冲击。经济的发展催生中产阶级,随着中产阶级的崛起,台湾政治精英开始质疑政治权力分配不均的事实——多数高层政治职位由少数随国民党来台的人士独占,中产阶级要求政治改革的呼声日益高涨,迫使国民党加快"党务革新"和"政治革新"的步伐。这一时期,台湾社会到处存在改革的呼声,台湾当局也面临各种改革压力。

在 80 年代的"戒严"末期,台湾财经杂志以中产阶级为主要读者,一方面积极充当当局与工商界的沟通桥梁,一方面保守谨慎地批评国民党当局。

台湾中产阶级,特别是工商界人士,对旧有体制大都不倾向去进行激烈的挑战,希望以改良的方式推动改革,财经杂志充当当局与工商界的沟通桥梁。以这一时期财经杂志领导品牌《天下杂志》为例。《天下杂志》1981 年创刊时明确提出"希望能忠实地反映工商界的意见,期盼能为政府与民间企业界搭一座沟通的桥梁"③。1981—1986 年,《天下杂志》设置了"天下座谈""民意桥""民意调查""争论与沟通"等以沟通为主要内容的栏目。其中,"天下座谈"是该阶段重点栏目,得到以中产阶级为主体的读者欢迎,认为其"不仅沟通各方

---

①　王菲菲:《媒体建构的中产阶级形象之研究——以〈天下杂志〉为例》,台湾政治大学硕士论文 1994 年,第 1 页。

②　冯国兰:《台湾中产阶级的消费文化品位研究——以〈天下杂志〉广告为例》,世新大学硕士论文 1999 年,第 1 页。

③　《天下杂志》杂志编辑部:《编者的话》,http://www.cw.com.tw/article/catalog/editor.jsp? PID=363,1981 年 6 月 1 日。

面的意见,而且使得众人的意见汇集在一起,集思广益"①。作为沟通的桥梁,《天下杂志》以"积极与肯定"的态度来探讨台湾问题②,其做法得到台湾当局的肯定,1981—1986 年《天下杂志》两度获"金鼎奖"。

面对国民党官僚政治的腐败,财经杂志的报道体现中产阶级的呼声,保守谨慎地批评国民党当局。在"戒严"末期,以股市分析、预测走势为主要内容的《财讯》增加了对财经决策人物与内幕的报道,增加台湾党政财经界台面之下的故事或小道消息,辛辣的政商内幕报道使得《财讯》声名大噪,发行量扩大。《天下杂志》也在这一阶段推出一系列对社会发展和经济趋势进行深刻反省的封面文章。"十信弊案"爆发后,台湾媒体纷纷撰文批判。以《财讯》和《天下杂志》为代表的财经杂志也加入对"十信弊案"的报道,批判主管单位与党政要员的姑息心态,揭露法令规章制度的残缺混乱。相对于政论杂志言论激烈的针砭时弊、直指国民党的威权统治,发动群众路线,要求言论开放,呼吁解除"戒严令",财经杂志察言观色,只就事论事地对国民党当局的个别官员与某些法令规章制度进行批评,持保守谨慎的态度。

---

① 《天下杂志》编辑部:《〈天下杂志〉读者看〈天下杂志〉》,《天下杂志》1988 年第 12 期。

② 《天下杂志》杂志编辑部:《编者的话》,http://www.cw.com.tw/article/catalog/editor.jsp? PID=351,1982 年 6 月 1 日。

第二章　"解严"后的台湾财经杂志

（1988—1999）

1987年7月，台湾解除"戒严"，开放"党禁"，1988年元旦，"报禁"随之解除。"报禁"解除伴随着政治开放，台湾社会进入变革期，台湾媒体发展也进入新阶段。"报禁"解除，使台湾新闻媒介的独立自由度相对提高，平面媒体开禁，舆论大开。90年代初期，广播、电视也相继解禁。台湾媒体市场由封闭的寡占型转为开放的竞争型，媒体在相当自由的环境中竞争。"解严"后，台湾财经杂志得以相对自由地发展，也面临各类媒体的激烈竞争。

第一节　财经杂志发展概况

1988—1999年，台湾财经杂志依旧快速发展，以《天下杂志》为代表的月刊形态的财经杂志依旧是这一时期财经杂志的领导品牌，周刊形态的财经杂志也迅速成长起来。这一阶段，投资理财类财经杂志兴起，国际性财经杂志来台发行中文版，财经杂志开拓中南部市场。

一、财经杂志依旧居领先地位

1988—1999年，在各类杂志中，财经杂志的地位依旧突出，依旧居领先地位，财经杂志的数量从1988年的754家增长到1998年的1 305家，大幅增长73％，平均每年增长6.6％。在台湾所有类别杂志数量排名中，财经杂志继续保持稳居第一的优势，如表2-1所示。同时，如表2-2、表2-3、表2-4所示，从杂志的发行量、广告营收及从金石堂①月刊杂志和周刊杂志排行榜来看,以《天下杂志》《财讯》《钱》《商业周刊》为代表的财经杂志表现突出,名列前茅。

表 2-1 1988—1998 年台湾财经杂志工商类②发展情况

时间	杂志家数	比上一年增长比率	杂志家数	在所有杂志中的比例	在台湾所有杂志类别中的排名
1988 年	754	——	3 992	18.9%	第一名
1989 年	891	18.1%	4 241	21%	第一名
1990 年	953	7%	4 337	22%	第一名
1991 年	889	6.7%	4 282	20.76%	第一名
1992 年	937	5.4%	4 474	20.9%	第一名
1993 年	964	2.9%	4 762	20.2%	第一名
1994 年	1 075	11.5%	5 096	21.1%	第一名
1995 年	1 101	2.4%	5 231	21%	第 一 名
1996 年	1 139	3.4%	5 493	20.7%	第一名
1997 年	1 209	6.1%	5 676	21%	第一名
1998 年	1 305	7.9%	5 845	22.3%	第一名

资料来源:笔者根据 1989—1999 年《出版年鉴》整理得出③。

表 2-2 财经杂志阅读率抽样调查统计表

杂志名称	刊期	1991	1992	1993	1994	1995	1996	1997	1998	1999
天下杂志	月刊	14.4	11.8	10.9	10.3	2.2	9.4	6.6	4.4	3.5
钱	月刊	6.6	4.8	4.5	4.8	0.7	3.8	5.0	1.9	1.7
卓越	月刊	5.2	4.5	3.7	3.2	0.3	3.5	1.9	0.8	0.8
远见	月刊	5.2	3.5	2.5	2.7	0.8	3.5	3.1	2.4	1.9
财讯	月刊	4.1	2.3	1.7	3.3	0.5	3.5	3.0	3	2.4
管理	月刊	3.1	3.5	2.3	1.8	0.3	2.2	0.9	0.7	0.6
财星周刊	周刊	2.9	1.2	1.4	2.5	6.8	1.7	1.3	——	——
商业周刊	周刊	1.5	1.8	1.3	1.8	1.7	2.8	2.9		

1991—1997 年的资料来源:台湾杂志事业协会:《杂志年鉴 1950—1998》,产业情报杂志社 1998 年版,第 15 页。1998—1999 年的资料来源:台湾广告年鉴编纂委员会:《广告年鉴》,台北市广告代理商业同业公会 2001 年版,第 25 页。

———————————

① 金石堂书店成立于 1983 年,是台湾首家连锁书店,分店遍布台湾。金石堂首开台湾业界风气之先,发行《出版情报》公布各类杂志和书籍销售排行榜。金石堂公布的排行榜一般都有被历年出版的《出版年鉴》收录引用,作为台湾杂志销售情况的一个数据资料,具有较强公信力。尽管金石堂公布的是杂志的零售情况,无法全面反映整体杂志发行量情况,但是目前能获得的数据中比较有力的参考指标。

② "财经工商类"杂志属于广义的财经杂志。

③ 2000 年的《出版年鉴》没有相关 1999 年台湾财经杂志的统计数据。

表 2-3　1988—1999 年财经杂志广告营收

单位:千万元新台币

时间	杂志名称	刊期	广告营收	排名(前为在所有杂志中的排名,后为在财经杂志中的排名)
1988 全年	天下杂志	月刊	10.5	2,1
	财讯	月刊	4.18	7,2
	钱	月刊	3.5	11,3
	管理	月刊	3.41	12,4
	卓越	月刊	3.3	14,5
	商业周刊	周刊	2.5	18,6
	远见	月刊	1.68	23,7
1989 全年	天下杂志	月刊	13.7	2,1
	财讯	月刊	9.6	3,2
	钱	月刊	5.74	7,3
	管理	月刊	4.16	13,4
	卓越	月刊	3.9	14,5
	远见	月刊	3.4	16,6
	商业周刊	周刊	3.2	18,7
	统领	月刊	2.58	20,8
	先探投资	周刊	1.2	27,9
1990 年 1—7 月	天下杂志	月刊	7.6	无,1
	财讯	月刊	5.837	无,2
	钱	月刊	3.173	无,3
	管理	月刊	2.197	无,4
	卓越	月刊	2.313	无,5
	商业周刊	周刊	1.757	无,6
	统领	月刊	0.64	无,7
1991 年 1—7 月	天下杂志	月刊	7.0	2,1
	财讯	月刊	4.274	无,2
	钱	月刊	2.291	无,3
	管理	月刊	2.159	无,4
	卓越	月刊	2.018	无,5
	商业周刊	周刊	1.757	无,6
	统领	月刊	0.64	无,7
1992 全年	天下杂志	月刊	15	2,1
	财讯	月刊	9.250	4,2
1993 全年	天下杂志	月刊	——	2,1

续表

时间	杂志名称	刊期	广告营收	排名(前为在所有杂志中的排名,后为在财经杂志中的排名)
1994 全年	天下杂志	月刊	16	2,1
	财讯	月刊	10	3,2
	钱	月刊	9.330	4,4
1995 全年	天下杂志	月刊	17.7	2,1
	钱	月刊	10.5	3,2
	商业周刊	周刊	10	6,3
1996 全年	天下杂志	月刊	18	2,1
	商业周刊	周刊	10.5	4,2
	钱	月刊	10	5,2
1997 全年	天下杂志	月刊	22	无,1
	商业周刊	周刊	12.9	2,2
1998 全年	天下杂志	月刊	22	无,1
	商业周刊	周刊	18	无,1
1999 全年	天下杂志	月刊	22.22	无,1
	商业周刊	周刊	19.8	无,22

资料来源:笔者根据台湾《动脑杂志》的相关资料整理得出。

表 2-4 1992—1999 年金石堂畅销月刊杂志中的财经杂志排行榜

时间	杂志名称	销售量	在所有畅销月刊中的排名
1992 年	钱	10 761 本	6
	财讯	8 536 本	9
	天下杂志	7 963 本	12
1993 年	财讯	11 626 本	7
	钱	11 581 本	4
	天下杂志	9 577 本	14
1994 年	财讯	19 543 本	5
	钱	19 477 本	6
	天下杂志	12 020 本	12
1995 年	财讯	22 160 本	6
	钱	19 224 本	7
	天下杂志	17 079 本	10
1996 年	财讯	19 133 本	9
	钱	17 923 本	10
	天下杂志	16 091 本	12

续表

时间	杂志名称	销售量	在所有畅销月刊中的排名
1997 年	财讯	——	7
	钱	——	13
	天下杂志	——	15

资料来源:台湾杂志事业协会:《杂志年鉴1950—1998》,产业情报杂志社1998年版,第56～310页。

二、领导品牌以月刊为主

如表2-2、表2-3所示,从杂志阅读率、杂志广告营收两方面看,《天下杂志》《卓越》《远见》《钱》《财讯》《管理》等月刊形态的财经杂志依旧是这一时期财经杂志的领导品牌。《天下杂志》继续保持其龙头地位。1988—1999年,《天下杂志》共获8次"金鼎奖"、6次"花旗银行亚洲财经新闻奖"、7次"吴舜文杂志新闻奖",还获得其他奖项①。《商业周刊》总经理俞国定评价:"《天下杂志》从品牌、产品内容、同仁素质都是业界典范。"②

三、周刊类财经杂志成长迅速

这一时期,台湾经济发展节奏加快,台湾民众的理财观念进一步普及,台湾民众对财经资讯的时效性要求提高,再加上编辑技术改善、编印速度提高,以《商业周刊》为代表的周刊形态的财经杂志成长迅速。如表2-5所示,1992—1997年,周刊型的财经杂志《商业周刊》《先探投资》《今周刊》都位列金石堂畅销周刊杂志排行榜前五名。

表2-5　1992—1997年金石堂畅销周刊中的财经杂志排行榜

时间	杂志名称	销售量	在所有畅销周刊中的排名
1992 年	商业周刊	4 836 本	第四名
1993 年	先探投资	5 127 本	第二名
	商业周刊	4 964 本	第三名

---

① 笔者根据《天下杂志》网站的资料统计得出。

② 俞国定:《知识内容产业的成长策略——以商业周刊媒体集团为例》,台湾政治大学EMBA硕士论文2002年,第43页。

续表

时间	杂志名称	销售量	在所有畅销周刊中的排名
1994 年	商业周刊	10 220 本	第二名
	先探投资	9 471 本	第四名
1995 年	商业周刊	21 709 本	第一名
	先探投资	6 693 本	第五名
1996 年	商业周刊	25 706 本	第一名
	先探投资	6 236 本	第四名
1997 年	商业周刊	——	第三名
	今周刊	——	第四名

资料来源:台湾杂志事业协会:《杂志年鉴 1950—1998》,产业情报杂志社 1999 年版,第 56~310 页。

《商业周刊》的发展经历了由亏损到盈利的过程。1987—1991 年是《商业周刊》的生存草创期,由于采用文人办杂志的形式,加上台湾周刊市场还不够成熟,读者还不适应周刊,因此平均每年亏损金额 2 400 万新台币,到 1992 年间,五年的累积亏损超过 12 000 万元新台币。1992—1998 年是《商业周刊》转亏为盈,领先耕耘期。《商业周刊》将"目标管理"引入杂志经营:编辑部对产品力负责,承担零售数字的成败;发行部对订户数和零售数负责,主力在订户的拓展。与此同时,杂志编辑技术改善,编印速度提高,财经周刊发展空间得到拓展,《商业周刊》的发行量大幅成长,广告业随之成正比成长。1995 年,《商业周刊》扭亏为盈,走出困局。1998 年,《商业周刊》的营业额达到 3 亿新台币,到 1999 年完全偿清旧债,进入新的发展阶段[①]。《商业周刊》的广告营收从 1990 年的 0.175 7 亿新台币,在财经杂志中排第七名,发展到 1999 年的 1.98 亿新台币,在财经杂志中排第二名,如表 2-4 所示。

四、投资理财类杂志兴起

随着台湾经济的发展,民众收入提高,一般社会大众可支配的资金增加,人们对投资理财的需求增强。90 年代,台湾经历两次"泡沫经济"膨胀和投机风潮,股票市场、黄金、土地及房地产交易暴涨暴跌,民众对投资理财资讯愈发

---

① 俞国定:《知识内容产业的成长策略——以商业周刊媒体集团为例》,台湾政治大学 EMBA 硕士论文 2002 年,第 38 页。

敏感,投资理财类杂志兴起。

如表 2-2、表 2-3 所示,老牌投资理财杂志《钱》《财讯》《先探投资》保持较高的杂志阅读率和杂志广告营收,在金石堂月刊和周刊排行榜上也名列前茅。新的投资理财杂志相继创刊:1989 年创刊的投资理财杂志有《不动产市场》《租售投资》《移民与投资》《投资情报》《威廉周刊》等。1994 年 12 月,以个人理财、金融财政措施以及经济政策建言为主要内容的《财探杂志》创刊。1996年 11 月,以投资理财为主轴延伸到生活内容的《今周刊》创刊,吸引从事投资的中产阶级。1998 年成功开发出电脑学习型杂志市场的 PC home 集团,进入理财入门杂志领域,出版《SMART 理财生活月刊》,以“学习无痛苦、理财无风险”为号召,将读者群设定在 25～40 岁想理财不得入门者,创刊不久即表现突出,1999 年的平均发行量为 8 万本,每股盈余达 6.5 元[①]。1998 年,旗讯集团也投资创办理财型杂志,主要产品为 *Money Guide*。《SMART 理财生活月刊》和 *Money Guide* 都号召“理财知识的白话文运动”。

在股市热络时,以证券投资为主要内容的刊物数量激增。这些专门报道证券市场动态的刊物,多以周刊形态出刊,通常在每周六(证券交易的每周最后一天)出版,在周日寄达订户手中,作为次周投资者证券交易的参考资料。这类周刊赶时间,重时效,不像一般财经杂志一样,精写精编,大多编排比较简单,但是收费昂贵,每期薄薄二三十页,收取 2 000 多新台币的年费,每期四五十元新台币。这类杂志受台湾股市行情影响较大,随股市狂飙而兴起,也随股市暴跌而消失。如 1988 年,台湾股市突破 12 000 点时,街头书报摊上曾出现单纯报道股市行情的杂志 20 多种,股票风暴过后,此类杂志迅速萎缩剩下四五种。由此也可观察到读者阅读该类杂志讲求功利实用的心态。

五、国际性财经杂志来台发行中文版

这一时期,越来越多国际性杂志来台湾发行中文版,其中大半肯定台湾岛内对国际商品的消费能力,可借由国际性杂志增加广告收入。台湾读者国际往来频繁,与外国商贸机构接触机会增多,对相关国际资讯需求程度加深,自然乐意翻阅国际性杂志。

来台发行中文版的国际性杂志也包括国际性财经杂志,其中以《成功》杂志为代表。1993 年 10 月,台湾创仕国际资讯公司取得美国 *Success* 授权,出版中文版的《成功》杂志,当时 *Success* 在美国发行已逾 104 年,为全美 300 大媒体之一,发行量达 439 800 份。中文版的《成功》杂志在台湾发行,锁定较被

---

①　编辑部:《1999 年台湾杂志媒体广告营收》,《动脑杂志》2000 年第 290 期。

台湾本土财经杂志忽略的小企业、个人企业、传销体系和台湾 60 多万的商号，提供整理好的各种行业轻薄短小的实用资讯，全方位探讨事业成功的奥秘。该杂志创刊之初，以介绍直销线上成功人物来吸引直销商的目光，创刊第一年，就有超过 1 万份的实销量[①]。

以香港为根据地的《亚洲周刊》，也积极开拓台湾市场。该刊在台湾地区的总经销是台湾英文杂志社。在台湾当时的杂志市场上，《亚洲周刊》是极少数以中文报道亚洲事务，具有国际观点的新闻周刊。其内容涵盖经济、政治、社会文化等各个领域，是国际华商的资讯平台，其杂志的广告语是"全球视野，本土情怀"。据 1994 年《动脑》杂志推估，该刊每期在台发行量约 2 万份[②]。

六、财经杂志开拓中南部市场

台北一直是台湾的政治、经济、文化中心。早期台湾媒体不重视台北以外的中南部地方新闻，大多盯紧台北市都会区的读者群。随着"报禁"解除，媒体之间的竞争日趋激烈。90 年代，为了争夺中南部新闻报道，媒体纷纷增加中南部新闻报道，在中南部设编辑部。台湾财经杂志也加入开拓中南部市场的竞争中。1995 年 1 月，《天下杂志》在高雄成立南部新闻中心，打破"重北轻南"的情况，拓展中南部市场。《天下杂志》发行人殷允芃解释道："最近几年高雄各方面都有长足的进步，而且有很强烈的企图心，这是大家有目共睹的，如果媒体报道一直以台北式的思考模式来看问题，对于南部的人来说，是一件不公平的事，也无法准确掌握一些变化，这是我们考虑要在南部成立新闻中心的目的，让资讯能快速交流。如果我们的报道南部人不感兴趣，再怎么扩展也争取不到读者，所以基本上我们还是以南部人关心的话题来服务南部人"[③]。

第二节 财经杂志内容的变化

"解严"后，因应社会环境的大变革，以《天下杂志》《商业周刊》为代表的财经杂志的内容也发生变化，主要表现在：财经杂志不仅积极为台湾经济转型提供观念和资讯支持，还从专业角度出发，理性判断当局的经济政策；财经杂志

---

①② 李埔梅：《消费者购买财经杂志决策因素之研究》，南华大学硕士论文 2002 年，第 6 页。

③ 张梦瑞：《纵横"天下"有所必为》，《民生报》1994 年 12 月。

积极为台湾当局的意识形态建构台湾历史;财经杂志反映改革的声音,增加对国民党当局的批评,以相对中立的态度增加对民进党的报道;政商秘闻、政商内幕报道增多;精确新闻报道在财经杂志中广泛应用;财经杂志重视环境议题和教育议题。

一、支持经济转型,理性判断经济政策

为应对台湾岛内外经济环境的变化,从 80 年代中后期起,台湾当局制定了"加速经济升级,积极发展策略性工业"的策略,努力促使传统的轻纺和石化工业转向发展技术密集型企业,以新兴的电子信息工业为主导产业。为配合经济转型,促进产业升级,台湾岛内经济体制从管制、集中和垄断性经济逐步走向自由化、国际化和制度化;在现代商品经济发展日趋成熟的基础上,台湾的产业结构开始向服务性经济过渡。

在这一经济转型期,台湾财经杂志积极为企业的产业升级提供新的观念和资讯支持,增加对企业成功经验的报道。如《天下杂志》就新增"政经分析""趋势""观念趋势""企业战略""产业变局""行业变局""技术升级""产业升级""科技岛""资讯新世纪"等栏目,报道台湾经济转型趋势,关注企业在经济转型中转变观念,取得竞争优势。1993 年 4 月《天下杂志》的封面文章《变形虫组织——看不见的优势》为台湾中小企业寻找定位,探讨台湾中小企业纵横大企业间的生存之道,进一步明确台湾在世界经济版图的优势位置,该篇报道荣获"花旗银行亚洲财经新闻奖"首奖[①]。1996 年《天下杂志》的报道《网路世纪——资讯改造台湾》披露台湾启动"资讯通信基本建设 NII",互联网的发展给台湾社会带来的变化,该报道获"花旗银行亚洲财经新闻奖"优等奖。1998 年,《天下杂志》刊发《再造风城》一文,以新竹科技园区为报道重点,报道"新科技移民走入风城,从'过客'变'归人';在世纪交会的时刻,园区、民间团体与地方政府联手,借由科技与人文的对话,激荡出新竹的文艺复兴"[②],获新竹科技文化报道奖佳作的文章。

对外贸易一直是台湾经济发展的动力和生命线,从 80 年代中期起,随着岛内外经济环境的变化,台湾对外贸易开始进入转型期。由于对美贸易出超不断扩大,引发国际贸易保护主义,遭遇美国的强烈反弹,导致新台币升值,出口成本不断攀升,岛内厂商开始向岛外寻找新的加工出口基地。台湾经济对

---

①　花旗集团于 1982 年创办全球性的杰出财经新闻奖,该奖在财经传媒界享有盛名。

②　邱花妹:《再造风城科技过客变归人》,http://www.cwk.com.tw/cw/search/preview1.asp? articleID=2004062516204744428341984,1998 年 8 月 1 日。

外扩张从商品输出转向资本输出,出口商品从轻工消费产品转向生产设备、半成品及零部件等生产资料,出口市场从美洲为主转向亚洲为主。与之相适应,以《天下杂志》为代表的财经杂志继续积极以"国际视野"处理财经新闻。"放眼天下"是《天下杂志》的主要编辑精神之一,强调,"台湾不能自外于外界,我们必须知道世界发生了什么事,台湾怎么跟世界接轨"①。《天下杂志》每年定期制作大型海外财富专辑,为台湾民众介绍世界不同地区和国家发展的经验,使这一时期亟需寻找出路与借鉴的台湾有继续打拼的远景。这一时期,《天下杂志》有关国际财经新闻报道的栏目主要有"国际竞争""放眼天下""他山之石""越洋专访""世界之窗""国际趋势""同步国际""前瞻国际""新知与国际"。《天下杂志》还经常独家专访海内外各界领导人,马来西亚总理马哈地、泰国副总理蓬·色拉信等国际政要都接受过该刊物的独家专访,透过《天下杂志》和台湾的读者直接沟通。1991年,《天下杂志》的《东南亚震撼》专题荣获"花旗银行亚洲财经新闻奖"。

值得一提的是,"戒严"时期,财经杂志拥护台湾当局的经济政策,积极宣传当局政策;"解严"后,财经杂志也能从专业角度出发对台湾当局的经济政策进行理性判断。在积极支持台湾当局提出的"加速经济升级,积极发展策略性工业"的经济策略的同时,对台湾当局的一些经济政策也提出不同观点。

以90年代台湾当局实施的第三次土地改革为例。第三次土地改革之前,台湾当局为了保护农地,对农地的使用与转移实行严格的管制,台湾"土地法"第30条规定:"私有农地所有权之转移,其承受人以能自耕者为限,并不得转移共有,但因继承而转移者,得为共有。违反前项规定者,其所有权转移无效。"1990年,台湾当局对此条款进行修订,调整私有农地所有权转移受让人必须为自耕农的限定,从而为土地流转制度的改革扫清法律上的障碍。1993年8月台湾"农业委员会"批准"台湾农地释出方案",规定"特定农业区为配合政府之重要建设需要,亦得变更使用。"②1997年,台湾当局进一步解除对土地的管制,农田全面放开自由买卖,非都市土地变更,不再用硬性的分区管制而采用开放许可制,民间可主动申请变更。台湾全面实行土地市场化,土地从台湾当局管制改由市场决定。对于此次土地改革,台湾财经杂志从专业角度出发,对土地改革中的问题提出批评。如1992年9月1日,《天下杂志》刊登封面文章《土地之怒》,对日趋恶化的台湾土地问题,分析其历史根源与法令缺失,深入报道与之相关的台湾当时的金权挂钩、贫富不均的现象。1993年11

---

① 《天下》杂志编辑部:《编者的话》,http://www.cw.com.tw/article/catalog/editor.jsp? PID=350,1982年7月1日。

② 李非:《台湾经济发展通论》,九州出版社2004年版,第261页。

月,《天下杂志》的封面文章《土地与财富的争夺》披露台湾地方县市长选举背后的土地利益争夺问题,指出:"在许多地方,县市长的选举,骨子里其实只不过是一场土地与财富的争夺战。得胜的一方及其背后支持的利益集团,将掌握了地方上土地重划的独占霸权,及随之而来炒作土地获取的数以百亿计的暴利。"①1997 年,《天下杂志》刊登《第二波土地改革——炒作噩梦又起》一文,对台湾当局的土地市场化政策提出一连串质疑,指出:"五十年来第一次台湾释出农地之多,几乎相当于目前所有可建用地,对土地态度翻转,从政府管制改由市场决定。但政客财团交相逼,土地改革会不会只让财团更富、人民更穷? 涵养水土的农田大片消逝,空气和水会不会更加脏污? 滨海工业区陆续开发,台湾将成为没有海岸的海岛? 缺乏整体政策配合,土地可能沦为股市炒手的新筹码?"②这三篇文章分别获得第八届、第九届和第十二届"吴舜文杂志新闻奖"。

在现代经济发展进程中,台湾社会经济体制是从公营资本高度垄断与独占的集中经济体制(1960 年以前),逐步发展到公民营资本双轨并存的混合经济体制(1961—1987 年),再向民营资本自由竞争的市场经济体制(1988 年以后)过渡。在台湾于"解严"后实施的公营企业民营化改革过程中,以《天下杂志》为代表的台湾财经杂志也发挥媒体尽言善论的职责,反映公营企业民营化改革过程中的问题,产生一定的影响。1995 年 1 月 1 日,《天下杂志》刊登《财团瞄准金色猎物——公营事业落入私囊》一文,作者追踪调查,揭露台湾威京集团利用股市操作,鲸吞台湾当时"中国石油化学工业开发公司"与"中华工程公司"的手法,批评"'国营'事业民营化的远大目标,在'行政院'和'立法院'的较劲下,被简化为'限期卖出二分之一的股票'。在'经济部'、'财经部'、'交通部'、'经建会'、'审计部'各行其是的本位作风下,使'国营'事业以超低的价格逐一落入财团掌控"③。文章对台湾"中国钢铁公司"可能遭到相同命运提出警告。该报道刊登后,不但适时阻止威京集团的企图,使台湾"中国钢铁公司"免于落入财团之手,也因此促使台湾当局修正公营事业股票出售方式,台湾民众因而得到参与台湾"中国钢铁公司"民营化的机会,为其他公营事业民营化

---

① 《天下杂志》编辑部:《编者的话》,http://www.cw.com.tw/article/catalog/editor.jsp? PID=215,1993 年 11 月 1 日。

② 杨玛利、郑一青:《第二波土地改革炒作噩梦又起》,http://www.cwk.com.tw/cw/search/preview1.asp? articleID=2004060310384343698537 34,1997 年 4 月 1 日。

③ 《天下杂志》编辑部:《编者的话》,http://www.cw.com.tw/article/catalog/editor.jsp? PID=201,1995 年 1 月 1 日。

开出一条新路①。动机、胆识、道德勇气及展现的专业能力与后续影响力,使这一报道获"吴舜文杂志新闻奖"。

随着"戒严"的解除,1987年11月2日,台湾当局宣布允许台湾同胞经第三地转赴祖国大陆探亲,这一政策为台湾商人到祖国大陆投资创造了有利条件。在这一背景下,财经杂志日益重视两岸关系的报道。关于两岸关系变迁与台湾财经杂志报道变化,将在第五章着重论述。

二、用台当局的意识形态来建构台湾历史

在资本主义社会中,大众传播是一种产业,追求利润的本性决定了它并不消极被动地为政治力量所利用,而会通过与政治经济权力机构的相互作用主动地服务于控制者的利益。

"戒严"时期,国民党当局用威权统治控制民众的言论自由,压制人们的思想。随着"戒严"的解除,舆论大开,禁锢的思想得以解脱,游行、示威、罢工等抗议活动不断。民众重新审视"戒严"时期国民党的威权统治,出现重写台湾历史的风潮。

《天下杂志》创刊伊始,即将角色定位为"政府与工商界沟通的桥梁",与台湾当局一直保持良好关系,创刊之初即邀请国民党政要担任"社务顾问",多次采访包括蒋经国在内的国民党高层人士,《天下杂志》发行人兼总编辑殷允芃曾担任重要公职。《天下杂志》积累了良好的政治人脉,并将之转化为《天下杂志》兴起与持续向上发展的政治资本。面对"解严"后民众对以往国民党威权统治的质疑,《天下杂志》积极建构符合台湾当局意识形态的台湾历史。

1988年1月30日,蒋经国逝世。1988年2月,《天下杂志》随即推出纪念蒋经国逝世的专辑《走过从前回到未来》并拍摄成纪录片。该专辑及纪录片回顾1949—1989年台湾的历史,记录"台湾如何从战后破败离乱,孤立无援走到繁荣富足"。纪录片长4个小时,包含100位历史人物专访和记录,在各界精英的回忆中重构台湾1945—1988年的历史,《天下杂志》将之称为"台湾四十年建设史"。出版该专辑的目的是"尝试一起回顾过去那段蒋中正、蒋经国和我们一起走过的岁月。珍视过去建立的基础,面对需要大家齐力共创的未来"②。在该专辑中,《天下杂志》将战后台湾发展归因于台湾当局领导人带领

---

① 吴舜文新闻奖助基金会:《第十届新闻奖》,http://www.vivianwu.org.tw/02-10.php,2008年5月12日。

② 《天下杂志》编辑部:《编者的话》,http://www.cw.com.tw/article/catalog/editor.jsp?PID=283,1988年2月1日。

财经官员和民间企业家的共同努力,多篇幅强调四十年台湾发展中的土地改革、九年国民教育、保钓运动、留学生回流、十大建设、产业升级等。"整个专辑的基调是保守且感恩的,将台湾奇迹归于已逝故人与菁英,将'解严'后的'社会失序'归于无名大众的不知感激"①,《天下杂志》对历史的建构回返到对执政者的歌功颂德,希望民众不再"短视、急功近利、粗暴不安",而知"珍惜、尊重"并懂得"感激",这一立场与台湾当局稳定政局的立场一致。

王菲菲将《天下杂志》的《走过从前回到未来》专辑和《人间》杂志 1988 年 11 月三周年特别企划的《让历史指引未来》专辑进行要点对照,对照内容包括:(1)对台湾当局及官僚之评价:《走过从前回到未来》强调台湾当局和财经官员对台湾建设之重要贡献;《让历史指引未来》认为腐化官僚忠奸颠倒。(2)对美援评价:《走过从前回到未来》亲美;《让历史指引未来》强调美援使台湾成为美帝附庸。(3)对"二二八事件"与"美丽岛事件"的陈述:《走过从前回到未来》"二二八事件"出现自外国学者分析土改成功因素中,"美丽岛事件"则被认为党外人士未体认台湾政治困境,台湾政治发展不正常时期,民众不幸与军警发生冲突导致,此外的民主运动与"白色恐怖"只字未提;《让历史指引未来》则指陈"戒严令""惩治犯罪条例""动员戡乱时期检肃匪谍条例"及冷战体制下国民党为争取美方支持所进行的社会控制,如"雷震事件"。(4)对纺织业发展之陈述:《走过从前回到未来》强调台湾产品行销国际;《让历史指引未来》指陈纺织女工、农村妇女之被剥削。(5)《走过从前回到未来》具有的内容而《让历史指引未来》未提者:蒋经国亲民爱民、与民同乐的形象,第一代资本家如何辛勤研发;资本家在台湾当局护翼下进行资本积累,即使在台湾退出联合国后,资本家仍能从台湾当局为稳定人心的进场股市干预中赚一笔;资本家在台湾当局的管教下如何听话,为台湾经济发展而协力同心,为台湾之繁华而携手同心。与《人间》对照下,更显《走过从前回到未来》立基于"资产阶级/统治阶级/汉族中心/男性/"的立场,协助台湾当局争功透过②。

1991 年 11 月,《天下杂志》再次涉足台湾历史的建构,推出《发现台湾》专辑。《发现台湾》选取 1620—1945 年,以浅显而充满情绪性修辞的文字、清楚的史事脉络,追溯台湾三百年政经发展史,探讨台湾现代化的条件。有研究者认为:"《发现台湾》错杂地综合了中国民族主义、崇拜日本情结和新兴的台湾优越感。而这些刚好是台湾主流大众文化近几年新旧篇幅下最具'意识形态'的代表性修辞论述……《发现台湾》最大的意义,当然是把台湾史带入主流意

---

①②　王菲菲:《媒体建构的中产阶级形象之研究——以〈天下杂志〉为例》,台湾政治大学硕士论文 1994 年,第 122～123 页。

识里。"①

《天下杂志》用国民党当局的意识形态来建构台湾史的做法得到国民党当局的肯定。《天下杂志》不仅于1991年和1993年获得台湾新闻主管部门颁发的"最佳杂志金鼎奖",《发现台湾》专辑还获得台湾新闻主管部门颁发的"公共服务金鼎奖"。台湾当时主政者李登辉亲临参观《发现台湾》延伸出的巡回摄影展五十分钟,"称许《天下杂志》做了很好的起步"②。除巡回摄影展外,1991年,《发现台湾》系列活动还包括一系列演讲,演讲人员包括高育人、赵少康、朱高正、吴敦义、李远哲、席慕蓉、罗益强等八人,这是一份政界过半,保守温和的名单。摄影展与系列演讲的主办单位都是国民党当局的外围传播组织及财团,包括华视文教基金会、裕隆企业集团、太平洋建设集团等。《发现台湾》的动员规模尚不止此,至1993年,以"自省的台湾"为名的企业捐书活动开始,八家企业(产经开发、廖继诚基金会、统一企业、信义房屋、美格科技、宏碁电脑、永丰余企业等)合捐《发现台湾》20 000套给台湾高中、高职历史与中文教师③,进一步扩大了《发现台湾》的影响力。

1998年1月,《天下杂志》创刊200期时,《天下杂志》推出《影响200》特刊,动员了3/4的编辑部人员,报道对台湾400年的发展最有影响的200个人物,从刘铭传到施振荣,从张爱玲、柏杨到龙应台,"企图以各类不同领域的人物,来尝试为台湾的过去留下痕迹、记录,也期盼能唤起或多或少的共同记忆,凝集共同的情感,激起再出发的力量和希望"④。1998年,《影响200》获台湾新闻主管部门"公共服务金鼎奖"。1999年4月,《天下杂志》发行纪录片《为台湾筑梦的人》,纪录60位在不同领域为台湾注入生命力的人物。该纪录片获第四届台湾新闻主管部门举办的金鹿奖"人文社教类"及"企划类"优等奖。

尽管台湾社会中不乏与国民党当局的主流意识形态相去甚远的声音,但《天下杂志》积极用国民党当局的意识形态来建构台湾历史,赢得国民党当局的青睐。

---

① 杨照:《台湾历史与主流社会读天下杂志〈发现台湾〉特刊》,《岛屿边缘》1992年第3期。

② 《天下杂志》编辑部:《编者的话》,http://www.cw.com.tw/article/catalog/editor.jsp? PID=238,1991年12月1日。

③ 王菲菲:《媒体建构的中产阶级形象之研究——以〈天下〉杂志为例》,台湾政治大学硕士论文1994年,第124页。

④ 《天下杂志》编辑部:《编者的话》,http://www.cw.com.tw/article/catalog/editor.jsp? PID=154,1998年1月1日。

三、反映改革的声音,增加对当局的批评

1989 年 1 月,台湾当局公布实施"动员戡乱人民团体组织法",这标志着台湾当局在"法律程序"上正式解除"党禁",台湾结社组党合法化,国民党"一党执政,多党竞争"的新政党政策正式确立①。随着经济的富裕,教育的普及,台湾民众的权利意识日益高涨,形成台湾近四十年来的民众政治参与热潮。台湾在野政治势力进一步成长,台湾进入泛政治化的时代,言论日益自由,被压抑的社会力量多方向地同时释放,对台湾当局的批评日渐增多,改革呼声日益强烈。

"解严"后,言论开放,反映在传播媒体上,是 Call in(扣应)节目或读者投书版面泛滥。自从 TVBS 电视台"2100 全民开讲"首开电视"扣应"节目先河,受到热烈回响之后,广电节目纷纷开播与受众互动的节目。报纸、杂志等平面媒体互动性远不如广电媒体,也充分利用印刷媒体适合阅读的特性,让读者针对时事话题撰文发表评论。财经杂志也不例外,不断增加反映民意的内容。《天下杂志》在原来"民意调查"栏目的基础上增加"话题政治""开放论坛""意见专访"等栏目来反映民意,让民众通过杂志的专栏畅所欲言;《商业周刊》开设"台北耳语""火线话题"栏目表达民众的心声;《远见》设立"民意桥"栏目,该栏目宣传语为"这是特为读者保留的意见空间,欢迎你用各种角度,横切纵剖当今社会不同的话题。我们相信,意见可以不同,但尊重不同意见发表的权利是相同的"②。

"戒严"时期,台湾媒体对于既存政治权力中心或人物,习惯以肯定、赞许、歌颂来进行报道。"解严"后,言论禁锢解除,媒体则开始对政治权力中心或人物进行批评、质疑,财经杂志也增加了批评国民党当局的相关内容,言辞较为犀利。1988 年 1 月《天下杂志》第 80 期刊出封面故事《台湾财富重分配》,指出:"在'央行与财政部'的疏于防范(或导演?)投机者的推波助澜之下,整个社会在进行一场财富大搬家,得利的是有钱、有办法、声音大的人,失利的是没钱、没办法的沉默大众。贫富差距必将更形拉大。"③1988 年 4 月 1 日,《天下杂志》第 43 期刊出封面文章《当政府跟不上时代:行政不行、立法无法》,指出:"无可否认的,目前台湾所面临的外部的大环境都发生空前剧烈的变化,政治、

---

　　①　刘国深:《台湾政治概论》,九州出版社 2006 年版,第 123 页。

　　②　《远见》编辑部:《民意桥》,http://www.gvm.com.tw/Board/content.aspx? go＝cover&ser＝5311,1995 年 12 月 1 日。

　　③　《天下杂志》编辑部:《编者的话》,http://www.cw.com.tw/article/catalog/editor.jsp? PID＝284,1988 年 1 月 1 日。

经济和社会的变动巨浪,一波波地同时袭击而来。但是若干决策者却并未能体会及认清这些变化。由于不了解客观环境的变革,便无法提出令众人皆服的长程目标。由于目标不明,也因而无法制定可行的策略方案。原有的政府组织结构已无法因应巨大的环境变革,而破绽百出、摇晃不安,几至停顿。原有的菁英人才,或垂垂老矣,或逐渐流失,形成青黄不接的困境。原有的规章制度,或过时,或残缺,无法有效地控制考核。更引以为忧的是,原有的价值体系被破坏,原有的伦理被推翻,杂说纷纭,莫衷一是,社会上尚未建立起新的规范与共识。政府,无论是行政部门、立法部门或司法部门,表现出来的是跟不上时代的变革。"[1]1992年9月,《天下杂志》136期刊出封面文章《土地之怒》,为台湾财富重新分配把脉,指出台湾土地制度的残破与管理体系的紊乱,引起社会广大回响,荣获"最佳杂志金鼎奖""吴舜文新闻报道奖[2]"。1996年9月9日,《商业周刊》第459期刊出封面文章《国民党高官是中兴工业亏损八十一亿的幕后黑手》,披露"一宗捷运北淡线工程弊案,侦办的检调人员意外发现中兴电工'台南、嘉义焚化炉工程'承包商行贿的账册,由于受贿者直指国民党中央高官,大惊失色的检调人员一时手足无措,只有将相关资料束诸高阁,事发一年仍不敢采取任何行动"[3]。1997年5月12日,《商业周刊》刊登李敖、元丰瑜写的《揭发李登辉"鸿禧山庄"贪污舞弊案》,文章导语写道:"经过两年的调查,数十趟的实地勘访,李敖与元丰瑜完成这份调查报告,并交由本刊独家发表。根据这份报告,李登辉不但'以贪污舞弊手段取得房地产',而且'窃占国土大盖违建'。李敖与元丰瑜表示,愿为本文负完全责任。"[4]《商业周刊》因为这一时期经常报道有关李登辉的内幕新闻而被扣上"反李"的大帽子[5]。

四、对民进党的报道发生变化

1986年9月,党外人士趁国民党决定推行"以解除戒严""开放党禁"为主

① 《天下杂志》编辑部:《编者的话》,http://www.cw.com.tw/article/catalog/editor.jsp? PID=281,1988年4月1日。

② 吴舜文新闻奖助基金会:1986年,台湾著名女企业家吴舜文女士,有感于企业家的社会责任,特捐出新台币2 500万元成立"财团法人吴舜文新闻奖助基金会",以鼓励恪守新闻专业伦理,而对社会有重大贡献的从业人员,该奖在台湾有小普利策奖地位。

③ 董希杰:《国民党高官是中兴电工亏损八十一亿的幕后黑手》,http://www.businessweekly.com.tw/article.php? id=2429,1996年9月9日。

④ 李敖、元丰瑜:《揭发李登辉"鸿禧山庄"贪污舞弊案》,《商业周刊》1997年第494期。

⑤ 金惟纯:《需要我们道歉吗?》,http://www.businessweekly.com.tw/article.php? id=4507,1997年10月13日。

要内容的"政治革新"之际,抢滩成立首个反对党——民主进步党。为了突显该党的政治诉求,强大其组织力量,民进党采取激烈的群众运动和议会抗争路线,迫使当时执政的国民党承认其政党地位,与民进党沟通。民进党针对当时台湾政治结构的不合理现象,要求加快政治改革速度,回应社会大众长久以来对国民党当局的不满情绪,因而获得民众认同,其反对党的地位更加稳固。

民进党成立之前,台湾财经杂志习惯以二分法将国民党与其他党派(含无党籍)人士分开,通常以"党外人士""无党籍人士"称呼民进党。民进党成立后,财经杂志大多以民进党称之,但通常对民进党这三个字加引号,表示对其法定地位的存疑。在"解严"之前,财经杂志对民进党的报道较少,报道态度也以否定为主。以《天下杂志》为例,笔者在"天下知识库"①中以"民进党"三个字进行搜索,在1981年6月1至1987年12月1日,"民进党"三个字出现在文章标题中的只有一篇,即于1987年4月1日的《"民进党"出的财经难题》,报道指出:"'民进党'立委与执政党增额立委在财经政策的立场上并无多大差别。但它的特色是强调批判立场而给执政党出难题。例如'民进党'立委尤清、邱连辉一方面主张政府不应该有赤字,一方面又要政府扩大公债发行。事实上,这是一种'两难式'的矛盾主张,因为政府若无赤字,根本不必发行公债。"②

随着"戒严"的解除及随后的"党禁"解除,台湾结社组党合法化,民进党的地位提高。财经杂志在使用"民进党"这三个字不再有偏见,不再使用引号标注,其用词一如在使用"国民党"或"执政党"时的心态一般。以《天下杂志》为例,笔者在"天下知识库"中以"民进党"三个字进行搜索,从1988年1月1日至1999年12月1日,"民进党"三个字出现在文章标题上的有四篇文章,都出现在《天下杂志》的"政经"栏目中。1991年4月刊登的《民进党是水国民党改革派是船》一文,采访民进党中央党部秘书长张俊宏,写道"在《天下杂志》的专访中,张俊宏对两岸统一前途、民进党在政党政治中的角色和如何结合两党改革派的力量,仍然有一些积极的观察"③,肯定张俊宏。1993年3月1日刊登《执政曙光挑战民进党》一文,报道说:"在二届立委选举中大胜的民进党要如何把握眼前转型契机,迅速蜕变为娴熟两党政治的成熟政党,进而踏上看似不

---

①   天下知识库是《天下杂志》于2004年8月正式成立的线上资料库查询服务,包括《天下杂志》自1981年创刊至今的所有文章。

②   《天下杂志》编辑部:《"民进党"出的财经难题》,http://www.cw.com.tw/article/catalog/editor.jsp? PID=293,1987年4月1日。

③   林意玲:《民进党是水国民党改革派是船》,http://www.cwk.com.tw/cw/search/preview1.asp? articleID=200405191032443633266687,1991年4月1日。

远,实则挑战重重的执政之路"①,对民进党持中立态度。1993 年 7 月刊登《国民党革新,没信心　民进党执政,不放心》一文,《天下杂志》对民众进行民意调查,了解民众对国民党和民进党的态度,尽管文章对国民党和民进党各打"五十大板",都持批判态度,但已经把民进党看成与国民党对等的政党实体。1993 年 7 月刊登的《假如民进党上台》一文写道:"不管民进党的精英是否准备好,民进党可能执政的说法已愈来愈流行。从未执政过的民进党一旦执政,可能对台湾造成什么样的冲击?"②尽管用假设语气,却实实在在探讨民进党可能执政的问题。

以《天下杂志》为代表的财经杂志越来越重视民进党的地位,以相对中立的态度增加对民进党的报道,其主要原因是:"戒严"后,民进党和国民党一样都是政治上重要的角色,也有一定的支持者。"中立""向中间靠拢"乃是最好的策略,不得罪任何一方,最大范围地扩大读者群。

五、政商内幕报道增多

"解严"后,许多政治禁忌被打破,财经杂志逐渐挑战政商名流的隐私禁忌,增加政商秘闻、政商内幕报道。这些报道牵涉性、金钱、权力,有的牵涉绯闻,有的牵涉丑闻,有些内幕是被人挖掘出来的,有些却是当事人主动揭发的。

《财讯》主要刊登股票分析文章,其辛辣的政经内幕报道也让台湾政商名流又爱又恨,又喜欢看。紧抓时事发展的"政坛风云秘探""财团透视""内幕追踪"等栏目已成为《财讯》的卖点。《财讯》总编辑曾嬿卿介绍,《财讯》最大的嗜好是收集政商名流的讣文,通过长时间连结讣文中密密麻麻的家属列表,可以看出政商名流的关系,发现蛛丝马迹,利用这个庞大的关系表来找新闻。台湾每个代表性的企业,在《财讯》的资料库里,都有一本厚厚的档案,以便在新闻来时进行最深入的报道。举例来说,1991 年发生的台湾华隆公司低价出售"国华人寿"股票案(每股 2 800 新台币的股票只卖新台币 120 元),《财讯》怀疑交易涉及不当利益输送,从资料库查出买者张家宜是当时"交通部长"张建邦的女儿并及时写出报道。这篇报道在台湾股市及政坛引起轩然大波,出刊一星期后,张建邦黯然下台。"政府公报"也是《财讯》的发现新闻线索的来源,《财讯》曾报道台湾企业家拥有自耕农身份的内幕,就是因为《财讯》的总编辑

---

① 李明轩:《执政曙光挑战民进党》,http://www.cwk.com.tw/cw/search/preview1.asp? articleID=20040525103609371　7344999,1993 年 3 月 1 日。

② 吴迎春、姜雪影:《国民党革新,没信心　民进党执政,不放心》,http://www.cwk.com.tw/cw/search/preview1.asp? articleID=20040521101249781286 0012,1993 年 7 月 1 日。

谢金河在"政府公报"中发现台湾企业家王永庆有自耕农身份后,请记者到"地政事务所"一笔一笔翻资料,找出台湾所有具有自耕农身份的企业家,写出该报道。《财讯》在报道时,多用描述性的语言,为的就是让消息来源能够尽可能多地讲出事实①。辛辣的政商内幕报道,让《财讯》声名大噪,成为台湾最知名的"修理业",专门修理台湾的政商。

　　90 年代崛起的《商业周刊》也积极以政商秘闻、政商内幕制造话题,打响知名度,扩大销售量。1995 年,台塑董事长王永庆之子王文洋与其学生吕安妮师生恋曝光,《商业周刊》分别刊登三篇封面文章《王文洋为吕安妮闹翻台大风波内幕》《吕安妮:王永庆给王文洋三条路走》《吕安妮羡慕的台塑豪门与三娘面纱》,其议题炒作一如八卦杂志一样,为《商业周刊》创下销售高潮。1996 年 9 月 19 日《商业周刊》在台湾的电视上刊登了一个有趣的广告,一个衣冠楚楚的男士坐在摇椅上,慢慢地露出狐狸尾巴,画面上显示字幕"政商现形记",揭示《商业周刊》以政商秘闻、政商内幕占领市场的企图。根据笔者统计,从《商业周刊》刊登广告后的 1996 年 9 月 23 日至 1999 年 12 月 27 日,《商业周刊》共刊登 171 期杂志,其中有 25 期杂志封面故事以政商秘闻、政商内幕为主要内容,占这一时期的杂志期数的 14.6%,如表 2-6 所示。这一时期《商业周刊》既报道豪门望族内部的纷争,也报道政治人物之间的争夺及台湾的"黑金"政治。台湾当局领导人蒋经国、李登辉也是《商业周刊》爆料的对象,《蒋纬国临终揭秘:蒋经国不是蒋介石的儿子》的封面故事一经刊登,立即成为台湾社会各界热烈争议的话题。为此《商业周刊》不仅委托哈里士国际调查公司制作问卷调查《民众"蒋经国身世之谜"之看法调查》,还请台湾专家学者就问卷调查结果发表评论,连续三期刊登有关"蒋经国身世之谜"议题的内容,将此议题做足做透,带动杂志发行量上扬。对于这一时期《商业周刊》政商内幕增多,《商业周刊》的发行人金惟纯在 2007 年回顾《商业周刊》成长历程时解释道:"大爆内幕是必要的,这是见仁见智,《天下杂志》没有大爆内幕,《财讯》大爆内幕比较多,我们以前也有,现在越来越少,打游击战的时候可以这样做,正规的时候就要慢慢减少,因为你打正规战打不过人家,只有打这样的游击战,这在短期是有用的。"②

---

　　①　《动脑杂志》编辑部:《政商秘闻撑起财讯一片天》,http://www.brain.com.tw/News/NewsNotPay.aspx? ID=7151,2007 年 7 月 1 日。
　　②　周廷军、金惟纯:《台湾〈商业周刊〉成功凭什么》,http://home.donews.com/donews/article/1/109405.html,2007 年 1 月 25 日。

表 2-6 1996 年 9 月 23 日—12 月 27 日《商业周刊》政商内幕的封面文章

时间	封面文章题目
1996 年 09 月 23 日	中时报系家变内幕
1996 年 11 月 04 日	"上市买路钱"秘闻大公开
1996 年 11 月 11 日	王永庆怒逐王文洋内幕
1996 年 12 月 09 日	豪门亲情危机
1996 年 12 月 30 日	吴东道、翁大铭的"大哥危机"
1997 年 12 月 24 日	邱创焕公开与李登辉的恩怨情仇
1997 年 03 月 31 日	翁大铭二个月还债三十亿内幕
1997 年 04 月 21 日	宋楚瑜首度告白:我哪里对不起李登辉?
1997 年 05 月 12 日	揭发李登辉"鸿禧山庄"贪污舞弊案
1997 年 07 月 21 日	曾振农有密道直通泰国总理府
1997 年 07 月 28 日	宋楚瑜:我被监听
1997 年 10 月 06 日	蒋纬国临终揭秘:蒋经国不是蒋介石的儿子
1997 年 10 月 13 日	再探蒋经国身世事件
1997 年 10 月 20 日	许远东修理外汇投机客内幕
1997 年 11 月 24 日	财团包养各国"驻台"使馆内幕
1997 年 12 月 08 日	金泳三愚弄李登辉内幕
1997 年 12 月 15 日	严凯泰泪洒三义真相
1998 年 01 月 02 日	王令麟、辜启允频道大战秘录
1998 年 02 月 09 日	今夜,我俩不谈政治
1998 年 05 月 04 日	刘泰英独家透露安排李登辉退路全盘计划
1998 年 05 月 11 日	王令麟安排陈水扁"大胆西进"内幕
1998 年 06 月 22 日	林瑞园拖欠台北银行五亿元内幕
1998 年 07 月 06 日	台湾高铁神秘合约大公开
1998 年 07 月 13 日	中共武力攻台"历史密件"大曝光
1999 年 02 月 15 日	"立委"金权关系全面解剖

资料来源:笔者整理《商业周刊》历年刊物得出。

政商内幕报道揭露当时台湾盛行的黑金政治,发挥了媒体"第四权"的监督作用。《商业周刊》也因为这一时期经常报道有关李登辉的内幕新闻而被扣上"反李"的大帽子①,与这一时期台湾新闻主管部门设立的"杂志金鼎奖"无缘。但政商内幕报道不能只停留在片面、即兴、八卦的层次上,否则热闹有余

---

① 金惟纯:《需要我们道歉吗?》,http://www.businessweekly.com.tw/article.php?id=4507,1997 年 10 月 13 日。

却专业不足,不但发挥不了正面功能,反而混淆焦点,伤害财经杂志的专业尊严。

六、增加精确新闻报道

"精确新闻报道"是融社会学科研究方法与传统新闻报道技巧为一体的新闻报道手法,使用民意调查法、内容分析法、实地实验法等社会科学研究方法。与传统的新闻报道手法比较,新闻媒体使用这些科学方法搜集资料、报道新闻,使新闻内容更能正确地反映与解释社会现象。民意调查与精确新闻报道具有因果关系,前者为因,后者为果,先有民意调查,才有精确新闻报道。

精确新闻报道风气是由美国北卡罗莱纳大学新闻系教授迈尔开创的,他于1967年担任《底特律自由报》记者时,遇到底特律市发生严重的黑人暴动,他和另外两位社会科学家采用随机抽样法,在暴乱地区抽选了437位黑人进行访问。随后,他们把访问得到的资料输入电脑,以统计方法仔细分析黑人暴乱的原因并依据研究结果为《底特律自由报》写了一系列的报道。迈尔对底特律黑人暴乱的系列报道,不仅为《底特律自由报》赢得普利策奖,也使精确新闻报道名声大噪,逐渐受到美国及世界各国新闻界的重视。1968年、1972年的两届美国总统大选,精确新闻报道都得到广泛运用。到70年代,精确新闻报道已经成为美国新闻界普遍重视的新闻报道方式。

"戒严"时期,以《天下杂志》为代表的台湾财经杂志就开始了早期的民意调查与精确新闻报道。1981年4月和5月,《天下杂志》在台湾大学200位学生和狮子会扶论社53位会员中进行问卷调查,了解他们对当时财经、社会与生活方面的看法,形成文章《工商界大学生看当前经济问题》,刊登在《天下杂志》1981年6月的创刊号上。虽然这次调查未经过严密科学化的抽样程序,但却是《天下杂志》最早的民意测验与精确新闻报道。这样做,目的是"希望这些结果一方面可以提供有关部门作为政策拟定、实施的参考;另一方面也是在响应政府扩大工商参与之呼应"①。1984年11月,《天下杂志》增设"独家调查"栏目,专门刊登精确新闻报道。1981年6月1日至1987年12月1日,笔者以"民意调查""独家调查"为关键词,对"天下知识库"进行搜索,结合文章内容进行判断,共搜索出8篇由《天下杂志》实施的民意调查形成的精确新闻报道。由于处于国民党的威权统治时期,精确新闻报道的内容以经济问题为主,如调查在台外商对台湾投资环境的评估,调查企业需要什么样的人才,调查新

---

① 《天下杂志》编辑部:《工商界大学生看当前经济问题》,http://www.cwk.com.tw/cw/search/preview1.asp? articleID＝200404291017429869644641,1981年6月1日。

一代年轻人的工作观,调查台湾民众对"十信弊案"处理结果的态度,调查民意代表对台湾经济政策的看法等,敏感的政治、社会议题如"官员声望""两岸关系""统独问题""族群问题"等并不涉及,民意调查的主要目的是为台湾当局、企业和个人的决策提供参考,扮演好台湾当局与企业和民众沟通桥梁的角色。

随着"戒严"解除,"报禁"开放,台湾当局对言论和新闻媒体的控制大大放松,为民意调查的成长开拓了空间。这一时期,台湾岛内政治风气大开,民众自主意识兴起,为了迅速、精确地反映"解严"时代民众的心声,台湾媒体多进行民意调查,通过精确新闻报道呈现重大新闻。财经杂志也加大了通过民意调查来形成精确新闻报道的次数和种类,民意调查有的由杂志社自己执行,如《天下杂志》成立"民意调查中心",有的由杂志社和民意调查机构合作进行,《商业周刊》就多次与哈里士国际调查公司、TVBS民调中心等民意调查机构合作,制作精确新闻报道。精确新闻报道的议题不再局限于经济问题,而更加多元化,突破以往关于"官员声望""两岸关系""统独问题""族群问题"的政治禁区。笔者以"民意调查""独家调查""本刊调查"为关键词,搜索1988年1月至1999年12月"天下知识库"和1995年6月26日至1999年12月27日的"商周知识库"[①],结合文章内容进行判断,共检索到通过民意调查形成的精确新闻报道44篇,其中,《天下杂志》34篇,《商业周刊》10篇。这一时期,财经杂志精确新闻报道的议题主要有七类。

(1)经济议题,这是财经杂志精确新闻报道的重点,共有13篇,比例为21%。如《天下杂志》每年都会对1000大制造业的负责人进行问卷调查,了解其投资意愿,评估台湾投资环境。1996年,《商业周刊》与TVBS民调中心共同制作问卷调查,了解台湾民众对股票上市公司营运的态度,形成精确新闻报道《七成民众认为,政治干扰股市,五成民众认为,黑道影响股市》。

(2)台湾政情议题,共有10篇,比例为16%。这类调查既有了解民众对整个台湾政治、经济等各方面的评价,也了解民众对台湾各地方县市的评价。如《天下杂志》从1992年开始,每年推出一次"天下调查",了解台湾民众对一年来台湾在政治、经济、社会公平、环境品质等各方面发展的感受,了解读者对多项足以影响台湾未来发展的议题的看法。1993年《天下杂志》针对台北市以及高雄市其他21县市进行电话访谈,了解台北和其他各县市的民众,对自己的生活、当局的表现以及统"独"问题的看法,究竟有多大差距,形成精确新闻报道《主观距离不在城乡在上下》;1993年,为了解台湾各地民众对岛内地方政治文化、地方政治生态演变的看法,《天下杂志》特别针对全台湾21县市的选民,进行一次电话民意调查,形成精确新闻报道《地方三害:炒地皮、贪污、

---

① 商周知识库收录《商业周刊》从1995年6月26日至今的所有文章。

黑道》。

（3）选举调查，共有 6 篇，比例为 9.7％。这类调查既包括对台湾选举风气、选举生态的调查，也包括对各政党、台湾地区领导候选人支持度的调查。如 1989 年《天下杂志》进行"选举风气"民意调查；1992 年《天下杂志》对台湾 21 岁的选民进行"金权政治意见调查"；1995 年《商业周刊》进行"族群问题大调查"，这些都属于对台湾选举风气、选举生态的调查。1993 年《天下杂志》调查了解民众对国民党和民进党的态度；1995 年台湾第一次直选台湾地区领导人之前，《天下杂志》展开调查，了解各候选人的支持度；1999 年《商业周刊》对国民党全体党员作"2000 年台湾地区领导候选人支持程度"问卷调查，这些就属于对台湾各政党、台湾地区领导候选人支持度的调查。

（4）民生问题，共有 6 篇，比例为 9.7％。如 1988 年《天下杂志》对台北市、高雄市 2 000 多户家庭的主要工作人口进行民意调查，探求在社会急速变迁的挤压下，台湾中产阶级对局势与个人前途的看法与反应，形成精确新闻报道《中产阶级要出走》；1994 年《天下杂志》针对全台湾地区民众，进行"成功价值观"电话民意调查，形成精确新闻报道《台湾人快乐吗》；1995 年《天下杂志》开展"全民健保民意调查"，形成精确新闻报道《你办事，我不放心》；1996 年 5 月《商业周刊》委托哈里士国际调查公司，针对大学应届毕业生进行"大学毕业生就业意愿调查"，形成精确新闻报道《李远哲的"中研院"、王永庆的台塑，是今年大学毕业生的最爱》；1996 年 12 月，《商业周刊》与 TVBS 民意调查中心联合开展"台湾居住安全感大调查"，形成精确新闻报道《民众只给五十二分，台湾"生活安全"不及格》；1998 年，《天下杂志》开展"北高市民生活品质满意度调查"，形成精确新闻报道《城市不美，市民不乐》。

（5）官员声望调查，共有 3 篇，比例为 4.8％。财经杂志突破"戒严"前对官员声望调查的禁忌，通过民意调查的形式，了解民众对官员的评价。如 1993 年《天下杂志》就"人民心中的理想阁揆人选是谁""民众对台湾领导人的各项条件又有何评价"展开全台湾民意调查，形成精确新闻报道《谁最适合领导台湾？》；1995 年，《商业周刊》对国民党中央委员会进行问卷调查，了解在国民党中央委员心中对连战能力的评价及对他的支持程度，形成精确新闻；1996 年《商业周刊》委托哈里士国际调查公司对行政首长进行调查，形成精确新闻报道《马英九、陈水扁、王建煊是民意最爱，徐水德、宋楚瑜未受青睐》。

（6）社会热点议题，共有 3 篇，比例为 4.8％。1989 年，《天下杂志》对台湾法务部门负责人萧天赞涉及第一高尔夫球场关税案的影响展开民意调查，形成精确新闻报道《国民党选票流失》；1994 年，为深入了解台湾民众对当时台湾司法公正性的看法，对抓贿选等重要司法行动的评估，对司法革新的期待，《天下杂志》针对台湾民众进行一项"司法革新民意调查"，形成精确新闻报道

《红包当道,青天让路》;1998 年,《商业周刊》委托哈里士国际调查台湾分公司了解交通部"处理华航坠机事件"的态度,形成精确新闻报道《独家调查:53％民众认为蔡兆阳发言不当》。

(7)两岸关系调查,共有 3 篇,比例为 4.8％。这类调查主要是了解台湾企业家对祖国大陆投资情况的评价、祖国大陆经济情况,以及台海关系。1992 年,《天下杂志》对 1 000 家制造业的负责人进行问卷调查,了解他们对企业未来投资意向的看法,形成报道《大陆成最爱,台湾渐失竞争力》。1993 年,《商业周刊》与台湾精宝行销顾问公司联合制作"九三年大陆行销行为大调查",形成封面文章《大陆人多有钱? 怎么花》。1996 年,《商业周刊》委托哈里士国际调查公司独家针对美国人民就台海危机进行意见调查,形成报道《中共武力犯台,65％的美国人不赞成出兵保台》。

精确新闻报道使记者能采用系统性的科学方法,主动收集新闻资料,进而挖掘隐藏的真实,弥补传统新闻报道缺乏代表性,过分依赖消息来源的缺失。作为探求民意的手段,精确新闻报道采用的民意调查方法具有议题设定作用,能吸引民众注意,提高媒体影响力。

"解严"后,媒体的言论禁锢解除,为台湾财经杂志精确新闻报道提供了空间。与民意调查相配合的精确新闻报道,为台湾企业和民众的经济决策提供参考,发挥媒体环境监视功能,起到反映民意、监督当局运作、评估施政得失的作用。

特别值得关注的是,财经杂志关于"官员声望"和"选举议题"的精确新闻报道和台湾"解严"后独特的选举文化相关联。"解严"后不久,"党禁"解除,台湾结社组党合法化,国民党"一党执政,多党竞争"的新政党政策正式确立,台湾进入泛政治化时代。选举制度也发生变化,到了 90 年代,台湾当局大幅进行"宪政"改革,公职选举基本放开,1996 年,台湾进行首次台湾地区领导人直选,"标志着台湾再无选举禁区,台湾进入全面选战的年代"①。由于政治环境的变迁,选举方式的改变等因素,台湾选举的竞争程度大大加强,各类选举频繁,竞争激烈。各候选人为了在选举中胜出,相互"抹黑"(给对手制造黑金案或人身攻击)、"抹黄"(以绯闻攻击对手)、"抹红"(随意给对手贴上"中共同路人""卖台""台奸"),选举如同永不落幕的电视连续剧,高潮迭起,选举成为台湾民众茶余饭后津津乐道的话题。台湾财经杂志一方面通过民意调查批判不良的选举风气,形成《端正选风谁来负责》《政治生态恶化谁负责》这样的精确新闻报道;另一方面,在商业利益的驱动下,为了吸引民众注意,制造新闻效应,也针对官员声望、政党形象、候选人形象等展开多方位民调,积极预测选举

---

① 刘国深:《台湾政治概论》,九州出版社 2006 年版,第 177 页。

结果;候选人和政治人物为了得到民调高分,采取各种方法提高个人声望,这是导致台湾政治人物热衷"作秀"的重要原因。

七、关注环境议题

台湾从 60 年代开始经济起飞,创造了经济高速成长的奇迹,但也遭遇环境污染问题。在 1950—1980 年的经济发展过程中,台湾形成以钢铁、水泥、石化等高污染工业为骨架的产业结构,在环保上采取低标准"立法"与"执法"。到 20 世纪 70 年代,高污染工业导致的公害问题相当严重。由于民众环保意识比较薄弱以及国民党当局的高压统治,不允许民众集会游行,环境污染很少被告发或引发争议,为数不多的反公害行动只局限在当地而很少为外界所知。随着"戒严"的解除,言论禁锢解除,台湾的环保运动迎来无所顾忌、无所畏惧因而风起云涌的高潮时期,表现有三:(1)由于国民党的威权统治削弱,台湾民众不怕了,敢于对环境污染进行揭露,公害陈情案件急剧上升。在公害陈情案件方面,1992 年年底,共有77 547件,其中废弃物污染的陈情案件高达29 805件,噪声污染有20 328件。(2)反公害运动在民进党的推动下成为社会关注的焦点。这个阶段,几乎大多数的环保抗争运动都借由民进党的政治人物组织、动员、参与,坏保组织与民进党的关系相当密切,甚至被认为是外围组织,民进党、环保团体会声援彼此的运动,两者的共同敌人是国民党当局。据环保主管部门统计,1988—1992 年台湾的公害纠纷事件共 277 件,动静闹得很大,往往是村、乡、县等地方性环境污染抗争运动,最后成为全台湾地区关注的焦点。(3)各环境保护组织与团体如雨后春笋般地冒了出来。1971—1986 年,台湾的环保团体平均每年增加 0.73 个,从 1987 年开始,台湾的环保团体年均成长数量为 8.4 个,为"解严"前的 11.5 倍[①]。1993 年后,以"自力救济"为核心的台湾环保运动开始出现转型,环保团体结合各种政党、利益团体,以各类不同手法进行串联的模式成为主要方式。环境问题成为台湾政治与社会问题的焦点。

在这一背景下,台湾财经杂志刊发了许多与环境议题有关的文章。林美霞抽取 1988 年台湾岛内 11 家财经杂志中的 132 册,找到 333 篇有关环境问题的报道,平均每册 2.52 篇,平均篇幅 7.19 页。在言论倾向方面,"维护环境为主"居多,"人口与环境卫生""资源和生态关系"是报道主题[②]。

---

① 严泉、陆红梅:《台湾的中产阶级》,九州出版社 2009 年版,第 70 页。
② 林美霞:《台湾财经工商杂志有关环境问题报道之内容分析》,台湾师范大学硕士论文 1988 年,第 1 页。

财经杂志的领导品牌《天下杂志》对环境议题的报道表现尤为突出,根据笔者统计,"戒严"时期的1981年6月至1987年12月,总共79期《天下杂志》,以环境议题有关的栏目只有"生活与环境",该栏目只出现4期,无相关专辑。"解严"后的1988—1999年,随着台湾民众对环境议题的重视,《天下杂志》增设"环境空间""人与环境""环境""环境与生活""环境台湾迎未来"等与环境有关栏目,并以专辑的形式提醒台湾民众在经济成长之外重视永续的生活环境,体现《天下杂志》对台湾经济成长的反思。

1996年6月1日,《天下杂志》创刊十五周年,《环境台湾》专刊推出,详细记录世界与台湾生态与污染的变迁,分析这些变迁对人类健康与生活品质的深刻影响。《环境台湾》特刊获"花旗银行环境新闻奖"首奖,该特刊的报道《美丽之岛痛山水》以丰富的资料、实地的采访,从各个层面深入探讨台湾环境所面临的严重冲击,分析性高,说服力强,具有前瞻性与关怀性,获"吴舜文杂志新闻奖"。《环境台湾》还制作成纪录片,获台湾新闻主管部门第一届"金鹿奖——优良记录报道节目奖"。1996年《天下杂志》拍摄了题为"看河"的纪录片,让民众了解台湾高屏溪的重度污染问题,透过台湾流域最大的河——高屏溪,来探讨台湾在经济发展中面临的各种的环境破坏问题。"看河"纪录片随杂志附赠给《天下杂志》所有的订户,免费提供给电视台公开播映,引起全台瞩目,该纪录片入围"东京地球环境影展"观摩片。"看河"纪录片在台湾多家电视台公开播放后,高屏溪周边的居民受到强烈震撼,他们很感谢《天下杂志》把高屏溪的变化清楚地记录下来,相关单位也行动起来。环保主管部门负责人、官员们亲自到高屏溪视察,禁止业者在河床边养鸡养鸭,要求养猪场迁移,取缔砂石业者,重新掩埋垃圾场等。社区居民也开始认养河堤,建脚踏车步道,种花种草,甚至还利用生态池来净化水源。时任当时台湾环保主管部门负责人的郝龙斌表示,他就是因为看了《天下杂志》拍摄的"看河"纪录片,才决定排除万难,整治高屏溪。[1] 1998年,《天下杂志》刊出报道《气候风暴——台湾产业大地震》,从每个人都切身感受得到的气候变化问题切入,讨论《京都议定书》对台湾产业界的冲击,取材涵盖面广,报道深入,引导读者注意平常人忽略掉的重要问题,令人耳目一新,获"吴舜文杂志新闻奖"。1999年《天下杂志》刊发《废土内幕探索》一文,深入探讨台湾废土与工业废弃物之处理问题,提出兼顾环保与经济发展的解决方案,呼吁当局重视此一议题。该文获"吴舜文新闻报道奖首奖"。

对环境议题的关注,改善了《天下杂志》的品牌形象,成为《天下杂志》的内

---

① 林秀姿、许芳菊:《希望,永远在路上:〈天下〉的故事》,天下杂志出版社2012年版,第141页。

容特色之一,这一特色一直延续至今。2003 年,《天下杂志》推出《你的环境,你的健康》专题,2004 年企划《美丽岛为何变成战栗家园》专题、2005 年企划《鹿耳门悲歌》专题。2007 年与 2008 年,《天下杂志》持续推出《全球暖化——台湾不愿面对的真相》与《破碎的农地 消失的粮食》等系列报道,2011 年 3月,《天下杂志》推出《消失的生命之河》的报道,再次记录在 2009 年"八八"风灾后重建的高屏溪。通过这些环境议题的报道,《天下杂志》不断提醒在人们没有永续的环境,就没有经济。

八、重视教育议题

"戒严"解除,政治体制转型,言论自由,社会各界纷纷提出改革诉求。在教育方面,"戒严"时期,台湾教育长久以来一直被文凭主义、升学主义所影响,造成考试领导教学,校园内学生偏差行为频传。"戒严"解除后,民间教改团体陆续成立,为教育问题提出建言,台湾的教育进入风起云涌的阶段。1994 年 4月 10 日,台湾数个民间团体发起大游行活动,提出包括落实小班小校、广设高中大学、推动教育现代化、制定教育基本法在内的四项教改诉求,他们成立"四一〇教改联盟",持续推动,引发社会各界广大回响。此次大游行后来被视为台湾教改的起点,四项诉求也成为后来教育改革的主轴。这一时期,台湾当局先后成立"教育改革会议委员会""教育改革推动小组",有关教育改革的"总咨议报告书""教育改革行动方案"也陆续出台,教育议题成为民众热议话题。

《天下杂志》积极探讨教育议题,发行人殷允芃认为"未来的社会是终身学习的社会,因此《天下杂志》才会兴起探讨台湾教育的看法"①,对教育议题的深入探讨成为《天下杂志》的特色。

根据笔者统计,在"戒严"时期的 1981 年 6 月至 1987 年 12 月,《天下杂志》未设置与教育有关的栏目,也未制作相关专辑。"解严"后的 1988—1999年,《天下杂志》设立"永续教育绽希望""文化与教育""未来教育""教育与生活"等有关栏目,从 1996 年开始,每年制作教育特刊。

1996 年,台湾"教改咨议报告书"即将出炉,牵动台湾未来十多年学子命运的教改即将启动。《天下杂志》发行人殷允芃当时也参加了教改会,在多次的会议中她发觉,尽管关于教改的论述百家争鸣,但对于教改真正应有的课程内涵与行动,对于老师的角色是什么,却很少有人探讨。因此,她决定带领天下的编辑开始研究联合国教科文组织与纽奥登国家正在推动的教改内涵,希

---

① 《天下杂志制作教育纪录片》,《联合报》1996 年 11 月 8 日。

望为台湾教改找到借镜①。1996 年 11 月,《天下杂志》推出《海阔天空》特刊,全面深入探索教育体系的运作与管理,引介海外趋势观念,引起台湾教育界重大回响。1997 年 1 月,《天下杂志》的"天下影视中心"推出教育纪录片《海阔天空的一代》,为台湾看全球教改趋势,越洋采访日本、澳洲、美国、加拿大、瑞典,实地报道各国教育的第一现场,为台湾教育改革借鉴世界经验。活泼生动的纪录片,深受台湾教育界重视,该电视纪录片获台湾新闻主管部门的社会建设奖。此后,《天下杂志》每年都会根据国际趋势与台湾需要,企划制作教育专题特刊。如 1997 推出《追求专业——谈专业技术教育》,讨论专业技术教育问题;1998 年推出《希望工程师》,探讨未来老师的角色,获花旗教育新闻首奖,同时成立"海阔天空学习网站";1999 年推出《从 0 开始》,探讨幼儿教育问题。对教育议题的关注,成为《天下杂志》的内容又一特色,这一特色一直延续至今,进一步改善了《天下杂志》的品牌形象,增强了《天下杂志》的影响力。1996—2014 年,《天下杂志》共推出 18 本教育专刊,分别获得 2 次亚洲出版协会(SOPA)卓越特刊奖,1 次花旗教育新闻奖首奖,1 次金鼎奖②。2002 年,天下杂志成立"天下杂志教育基金会",其成立的目的"除了希望用热情点燃社会对教育的参与,更能用行动实践教育改革的理念,也以此履行《天下》对社会的公民责任"③。2004 年,有鉴于世界各国各地区纷纷以推广"阅读"来打破先天或后天的不平等,"天下杂志教育基金会"结合了多家标杆企业,共同启动"希望阅读"计划,号召企业与大学志工,到台湾偏远小学说故事,带动阅读,以实际行动促动社会大众对台湾偏远地区教育的关注,希望借由播撒阅读种子,缩短因城乡差距带来的知识落差,实践企业对社会的公民责任。直至 2011 年,"希望阅读"计划已联络了台湾 200 所偏远地区联盟小学,培训老师与志工,带领两万名孩童亲近书本,累计捐赠超过 13 万册最新出版的儿童读物④。

---

① 林秀姿、许芳菊:《希望,永远在路上:〈天下〉的故事》,天下杂志出版社 2012 年版,第 224 页。

② 笔者根据《天下杂志》网站的资料统计得出。

③ 林秀姿、许芳菊:《希望,永远在路上:〈天下〉的故事》,天下杂志出版社 2012 年版,第 231 页。

④ 林秀姿、许芳菊:《希望,永远在路上:〈天下〉的故事》,天下杂志出版社 2012 年版,第 231~232 页。

第三节　财经杂志经营新特点

这一阶段,为了在激烈的媒体竞争中立足,台湾财经杂志经营企业化,经营手段各式各样。有时是某一财经杂志积极创新,取得良好效益后,其他杂志模仿跟进;有的是财经杂志结合自身特点的独特经营手段。笔者结合文献进行梳理,呈现这一时期台湾财经杂志的经营特点,主要包括:将公司"目标管理"方式引入杂志经营;杂志经营集团化、多角化;推广"服务行销"理念,采用多样化的促销手段;采用多种方式来拓展广告营收;注重改善杂志的品牌形象。

一、引入公司"目标管理"

"目标管理"(management by objectives,MBO)理论,是现代管理理论学家德鲁克(Drucker)提出的,他倡导管理者与员工之间的交流。在一个 MBO 系统中,管理层为每一个人确定目标并与每一部门及员工共享这些目标和期望。这些目标被用来指导个体或部门,管理层也利用这些目标监测和评估进程。MBO 的一个重要方面在于:员工与管理者之间关于作业时间的一个共识(如 90 天、180 天)。在完成目标的过程中,管理者保持外部控制,而员工执行自我控制。

面对"解严"后激烈的媒体竞争,台湾杂志业进一步加强企业化管理,杂志经营管理人员的地位空前提高。这些经营管理人员普遍接受过商学院的训练,拥有深刻的市场理念和丰富的公司运作管理经验,他们以公司运作的方式来管理杂志业,把公司"目标管理"理论引入杂志业经营。

以《商业周刊》为例,创办早期《商业周刊》采用文人办杂志的方式,平均每年亏损金额2 400万新台币,到 1992 年,五年的累积亏损超过 1 亿2 000万元新台币。1992 年,来自金融业的俞国定接任《商业周刊》总经理,与文人出身的《商业周刊》创办人金惟纯和何飞鹏形成良好的互补,《商业周刊》的发展也进入转折点。

针对《商业周刊》士气低落、工作效率低、组织松散、财务状况恶化的情况,俞国定将"目标管理"理论引入杂志业经营,"达到损益平衡,建立最适营运规格"成为首要目标。将此目标化解成可量化的数字,化整为零,分摊到每一部门、每一员工身上。让每一位员工都清楚《商业周刊》的大目标大策略,也清楚自己在大目标大策略的位置和自己分配到的小目标。编辑部对产品负责。产品能否切合市场需求,反映在每期零售数字上,总编辑对零售数负责,每年年终检验,达不到目标就下台。发行部对订户数和零售数负责。订户依照来源分为"自然订户""专案订户""团体订阅""电话行销""续订户"等,有多条不同生产线,每一生产线有工作目标、标准作业程序,定期将不同行销事件投入各生产线中,促进订户增长;零售上要求月月有促销活动以促进零售。广告部对广告客户负责。广告部要了解有预算的客户在哪里,哪些企业的预算在变化,将目标客户依产业特质分别交给业务人员列为"管区",每周做客户上稿比较,漏稿客户追踪管理。广告业务员清楚划分责任区,建立严密客户管理网络,谁漏客户谁负责补回①。

通过在杂志经营中引入"目标管理",让新设立的工作目标和新工作方法在杂志社成员中形成普遍共识,严格执行,《商业周刊》逐渐走出经营困境。《商业周刊》的发行量开始大幅成长,广告随之成正比成长。1995年,《商业周刊》扭转为盈,走出困局;1998年,《商业周刊》的营业额达到3亿新台币,1999年,《商业周刊》完全偿清旧债,进入新的发展阶段②。

二、杂志经营集团化、多角化

规模扩张是企业发展的必然结果,当企业拥有一定的实力且看好了经营发展势头的时候,势必要规模扩张,寻求更大的利润和更广阔的发展空间。西方国家和地区19世纪末20世纪初开始的报业集团化和垄断化正是这一结论的印证。台湾财经杂志经营也遵循这一发展规律。

"解严"前,开设杂志社资本仅需10万新台币,编制10人左右。"解严"后,随着市场经济的发展以及媒体竞争的白热化,创办杂志的资金门槛越来越高。到90年代,创办一本杂志动辄要数千万元新台币。鉴于媒体的竞争激烈,为了增强竞争能力,掌握更多的资源,财经杂志纷纷走向规模经营。基本方式是实行集团化、多元化经营,一方面可以将杂志品牌原有的业务和产品延伸到新业务或产品上,实现品牌延伸,另一方面可以在更大的范围和空间里,更加灵活、合理地配置资源,扩大盈利空间,降低经营成本与风险,在传媒市场上掌握主动权。天下集团、商周媒体集团、财讯文化集团是这一时期财经杂志

---

① 俞国定:《知识内容产业的成长策略——以商业周刊媒体集团为例》,台湾政治大学 EMBA 硕士论文 2002 年,第 40 页。

② 俞国定:《知识内容产业的成长策略——以商业周刊媒体集团为例》,台湾政治大学 EMBA 硕士论文 2002 年,第 38 页。

经营集团化、多角化发展的代表。

(一)天下集团

随着发展的加快,《天下杂志》不自限于平面媒体,开始往电子媒体发展。1988 年,《天下杂志》成立"天下影视中心",结合杂志内容,制作纪录片。1988 年 2 月,《天下杂志》将《走过从前回到未来》专辑拍摄成纪录片《一同走过从前》,在台视播出并编辑成书,制作成中英文录音带发行。1994 年,《天下杂志》于创刊十三周年时,制作纪录片《向世纪挑战——台湾竞争力的故事》,以"献给全台湾工作中的人"为编导核心,采访台湾数百位中小企业业主和员工,透过影像真实记录台湾企业深耕本土、征战国际的奋斗历程。1996 年 9 月,"天下影视中心"与中视、慈济共同制作了五集纪录片《环境台湾》,获新闻主管部门设立的第一届"金鹿奖——优良记录报道节目奖"。1997 年 1 月"天下影视中心"配合《海阔天空》特刊,推出教育纪录片《海阔天空的一代》,该电视纪录片获台湾新闻主管部门所设立的"社会建设奖"。

《天下杂志》还将其杂志刊载内容编辑成书。1989 年,《天下杂志》连载的《孙运璿传》出版,当年成为畅销书。从 1989 年开始,《天下杂志》每年增加两期特刊,所有年底特刊皆成为一册或数册专书出版,其中,《1000 大特刊》于 1991 年起加以磁盘发行。《天下杂志》的这些做法成为台湾杂志经营范例,卓越与商业周刊等集团纷纷跟进。

1998 年,天下杂志群的第二本刊物《康健杂志》创刊。作为台湾第一本健康管理的杂志,《康健杂志》以回归个人心灵、普及健康知识为理念。

(二)商周媒体集团

随着《商业周刊》从亏损走向盈利,商周媒体集团也逐渐发展壮大。

1991 年,商业周刊顾问公司成立,从事客户行销及公关顾问。由于将媒体资源转化为行销公关公司的过程不如预期顺利,1998 年改组为编辑顾问公司,专门做刊物代办业务,帮企业或当局组织承办内部刊物制作。商周媒体集团拥有的专业编辑人才及大量原创内容,成为商周编辑顾问的核心资源。

1993 年,商周出版公司成立,出版包括财经书籍在内的畅销书。商周出版公司在创立初期即获得好的营运绩效,1994 年年底的《1995 润八月》、1996 年的《理财圣经》,都是年度畅销书排行榜第一名。商周出版公司每年都有盈余,为商周集团提供了现金。

1997 年,《商业周刊》结合媒体界、企业界集资 6 000 万新台币,成立生活情报文化公司,准备大张旗鼓地推出多本杂志。首先出场的就是 1998 年 6 月创刊的《TO'GO 旅游情报杂志》,定位为以旅行者角度编辑的旅行刊物,创刊当年的发行量在旅行杂志中排名第一,在当年度金石堂十大畅销杂志中排名第七。

1999年,商周媒体集团用换股的方式,并购台湾本土最大的女性杂志集团——侬侬集团80%股份。并购之后,除了扩充商周媒体集团营业额之外,也因为双方资本结合,带动两个集团之间人才交流、技术交流。由于合并后规模变大,商周媒体集团在采购议价获得更大的数量优势,其产品线也从单一财经领域跨入女性流行领域。

此外,商周媒体集团还积极投资其他出版社及媒体。如1997年,商周媒体集团投资城邦出版集团,成为当时最大的单一的股东,占整个城邦出版集团21%股份。1997年,商周媒体集团投资《PC home杂志》,成为该杂志创始的股东之一。1998年,商周媒体集团投资《健康PLUS杂志》。

截至1999年,商周媒体集团形态已初具规模,如表2-7所示。

表2-7 1999年商周媒体集团规模

该集团拥有的事业	《商业周刊》、《TOGO旅游情报杂志》、侬侬杂志集团属下《侬侬》、《美丽佳人》、《妈妈宝宝》、*Shape* 四本杂志,共六本杂志
	商周出版
	商周编辑顾问股份有限公司
	生活情报文化公司
该集团投资的事业	《健康PLUS》《PCHOME杂志》
	城邦出版公司

资料来源:俞国定:《知识内容产业的成长策略——以〈商业周刊〉媒体集团为例》,台湾政治大学EMBA硕士论文2002年,第68页。

(三)财讯文化事业集团

财讯文化事业集团以《财讯》为母体事业进行媒体版图的扩展。到1999年,财讯文化事业集团旗下包括《财讯》《股市总览》《先探投资》《财讯快报》《今周刊》《典藏》、财讯出版社、财讯传播公司,形成包括报纸、月刊、周刊、季刊、书籍、广播、电视在内的较完整的产品生产线,分占各阶层市场。其中,《财讯》为月刊,创刊于1974年,内容为报道全球经济趋势、探索政经热门话题、分析投资趋势、报道创意故事等。《股市总览》为季刊,内容包含上市上柜公司当季财务结算报告、公司简讯、产业分析等。《先探投资》于1980年创刊为周刊,每周五出版,以股市投资为主轴,提供投资顾问分析股市盘面信息、公司报告等资料。《财讯快报》于1988年创报,每日下午6点出刊,主要内容包括产业情报、股票分析、市场动态、岛内外金融汇市。《典藏》于 1992 年创刊,该刊强调从财经、政经及资金面流向评估艺术市场未来投资趋势,充分利用财讯集团的专业资源来发掘保值增值的艺术品投资标的。《今周刊》于 1996 年创刊,每周四出版,定位为"生活化的财经理财周刊",为读者提供无负担的阅读方式,轻松掌握财经资讯,享受理财乐趣。此外,1992 年成立的财讯传播公司主要为广播、有线电视制作节目。1996 年成立的财讯出版社主要出版财经专业丛书。

三、多样化的促销手段

与其他媒介产品一样,财经杂志业所处市场是典型的"二元产品市场",跨涉内容产品市场和广告市场,这种独特的运作方式被称为"双重出售"或"二次销售"。财经杂志业在这两个市场同时运作,产生所谓"发行量的螺旋"现象。市场中的广告客户常倾向于在发行量大的杂志上做广告,因此,市场中发行量居于领先地位的财经杂志,其广告额也名列前茅。为此,台湾财经杂志十分注重杂志的发行,不仅为获得发行收益,也为其拓展广告收益。

(一)"服务行销"理念在杂志发行策略中的运用

杂志发行一般有这样的经验:推广一个新订户的成本是留住一个续订户成本的三倍。"解严"后台湾市场环境改变,媒体竞争激烈,读者忠诚度降低,要维持原来的订户必须付出更大的代价,为此"服务行销理念"在杂志订户推广和维护中被广泛运用。

《天下杂志》行销副经理陈素兰表示:"天下非常重视订户,为维持高续订率,行销部已经做到滴水不漏,除了持续的 DM、电话提醒,读者服务被视为重要工作。以往被动式的只等待读者的意见或反应,已经不符合今天'服务行销'的理念。'没有服务就没有客户'天下读者服务的工作采取主动,强化'订单确认'、'订阅——寄书流程改善',详细记录读者的意见,并检讨作业流程。"①对于杂志寄送,《天下杂志》定有严格的品质标准。杂志出刊后第二天大台北地区订户要收到书,其他地区三天以内。《天下杂志》还设有十几位专业客服人员,专门处理订户的售后服务,包括更改地址、征询对内容的看法。《天下杂志》规定,订户如果收到破损的瑕疵杂志,客服人员接到电话后会立刻补寄杂志,不另外

---

① 《动脑杂志》编辑部:《台湾地区杂志印制量推估——财经管理类杂志首先登场》,http://www.brain.com.tw/news/NewsNotPay.aspx? ID=2397,2007 年 6 月 28 日。

收费;订阅期间,订户如果不满意杂志,随时可以退订并退费①。

《钱》杂志发行部设有读者服务、理财秘书及负责名单开发、新旧市场掌握的企划部。其中,专职的理财秘书为订户服务,除了解答各种个人理财问题,也和读者保持联系。对于即将到期、已经到期、中断订阅的订户,理财秘书持续以电话联络、提醒。1992 年 12 月,《钱》杂志动用 5 人连续 20 天进行密集电话行销,对象是半年内已经中断的订户,经过这波攻势,增加了 700 个订户②。

《商业周刊》也设有专门客服部门负责维持续订客户。即将到期的订户在到期之前,至少会收到《商业周刊》6 次电话或信函的联系、通知。只要负责的专职人员能将中断订户成功转为续订户,就可以获得奖金③。

(二)多样化的杂志促销手段

面对激烈的媒体竞争,为了扩大杂志发行量,在新订户的增加、旧订户的维持以及零售的拓展上,各家杂志使出浑身解数。杂志促销方式不仅多样化,还大手笔,动辄花费数百万新台币。这一时期杂志的促销手段呈现以下特点:

1. 超低价促销策略盛行

在台湾杂志市场上,一本印制精美的杂志成本一般高达七八十元新台币,为了争取更多的读者,促销零售,包括财经杂志在内的杂志经营业者却采取低价的行销策略。每本杂志只卖五六十元新台币,卖一本亏一本也在所不惜。因为杂志经营的目的是通过超低价获得更大的市场占有率,争取更多广告,用广告的收入来弥补发行的短缺。

如《商业周刊》为了占领市场,曾推出"3 期 49 元"的低价促销活动,并于1993 年以 5 折左右的售价开发长荣、国泰、华航等航空公司的团体订户。《今周刊》1996 年 11 月创刊时以 38 元进入市场,形成话题与销售热潮。1998 年创刊的《SMART 理财生活月刊》、*Money Guide* 都采取每本售价 69 元新台币的低价促销策略。

2. 重视直邮(DM)

直邮是向具体的人口群体销售订阅单,成功的直邮单有清晰固定的信息和格式,把杂志当作给予读者的福利好处。从逻辑上说,直邮是销售订阅杂志最普遍的途径。由于直邮有较为明确的目标销售群体,这一时期,各杂志社注

---

① 金玉梅:《以顾客为基础的品牌权益分析——以天下杂志为例》,台湾政治大学硕士论文 2007 年,第 25 页。

②③ 《动脑杂志》编辑部:《台湾地区杂志印制量推估——财经管理类杂志首先登场》,http://www.brain.com.tw/news/NewsNotPay.aspx? ID=2397,2007 年 6 月 28 日。

重通过直邮挖掘潜在客户。不过动辄 10 万、20 万份的直邮,成本相当可观,杂志社吸引订户的费用越来越高。

《天下杂志》1993 年年底的促销活动中,共寄出超过 20 万份的直邮,加上车厢、报纸广告,花了近千万新台币①。促销期间,总共增加新、续订户 15 000 位。1993 年,《商业周刊》透过世华、华信、花旗等银行的信用卡客户名单,展开直邮促销,前后共计寄出 10 万份左右的直邮,世华与华信的成交率在 4‰,花旗则有 2‰ 的成交率,大约增加 1 000 名订户。《钱》杂志也投入大批资源,运用直邮开发新订户。1993 年 11 月至 12 月间,《钱》杂志与花旗信用卡交换名单,加上原有旧订户名单,寄出 18 万份直邮,带来 5 491 份订户。1994 年上半年,《钱》杂志每月寄出 1 万份直邮,订阅率约为 1%②。

3. 杂志社与发行渠道合作举办促销活动

以往发行杂志一般通过邮局、书报摊、书店及杂志社自己建立的分支机构进行。这一时期,连锁书店、便利店兴起,遍布台湾,杂志发行增加了新的发行渠道。与发行渠道合作举办促销活动,也是杂志社经常采用的方法。

《商业周刊》每年 10 月都会与连锁书店,推出"五期不下市"活动,在合作连锁书店,读者可以看到 5 期的《商业周刊》杂志在架上,读者集满 5 期印花之后,可以免费获得 5 期 12 月的《商业周刊》杂志,以此增加杂志零售量③。

4. 通过抽奖活动吸引订户

订户读者可为杂志出版业者创造稳定的收益来源,对多数业者而言,研拟各种优惠或赠品策略吸引订户以及拓展与维持订户读者一直是台湾杂志业者亟于努力的目标。为吸引订户,杂志社也经常采用抽奖方式进行促销。

《钱》杂志在 1993 年年初调价前,曾花费 30 万元新台币举办"订钱送钱"的活动。由于可以参加现金摸彩,且特等奖是新台币 10 万元现金,相当吸引人,合计增加了 6 000 份的订户④。同时,以精致知性旅游作为订户抽奖已成为《天下杂志》的特色。

5. 利用各种大众传播媒介进行宣传

在各种大众传媒上刊登广告,突出杂志的特点,也是财经杂志吸引读者、扩大发行的有效方式。

《财讯》杂志一向以发掘政经内幕吸引读者,每次出刊,《财讯》都会透过报纸半版广告宣传当期"惊人"的要目,以吸引读者,刺激零售,1993 年,《财讯》

---

① 《动脑杂志》编辑部:《台湾地区杂志印制量推估》,http://www.brain.com.tw/News/RealNewsContent.aspx? ID=3053,2007 年 6 月 28 日。

②③④ 《动脑杂志》编辑部:《台湾地区杂志印制量推估——财经管理类杂志首先登场》,http://www.brain.com.tw/news/NewsNotPay.aspx? ID=2397,2007 年 6 月 28 日。

创造了财经类杂志 24% 的最低零售退回比例①。《商业周刊》曾于 1996 年配合其"3 期 49 元"的低价促销战略,花 2 000 万的广告预算,由奥美代理,在台湾平面媒体和电视媒体刊登广告宣传《商业周刊》。平面媒体的广告文案主要是"到全省便利商店或各大书局,站着看免费,带回家看只要 49 元"。电视媒体的广告文案是"看政商现形记,只要 49 元"。《商业周刊》副社长俞国定表示"此次活动的目的并不在于赚钱,而是在于扩大市场,将市场打开"②。《管理》曾于 1994 年买下 ICRT 每天的广播时段,制作简短的"最新管理智慧"节目。这项出现频率颇高的推广宣传节目每月约需 30 万元新台币的费用。《突破》和《管理》在每期出刊时,都会在《经济日报》《工商时报》刊登广告介绍当期要目③。

6. 转赠活动

针对财经杂志所具有的知识性的特点,财经杂志常推出转赠活动,以此带动杂志发行。

《天下杂志》常在毕业季或开学时请企业中高级主管的读者订阅《天下杂志》赠送给年轻人,当作礼物,以此刺激购买。《卓越》杂志于 1993 年推出"哺鲸计划"——寻求企业赞助购买再转赠。订购的杂志会在封面上贴上赞助企业名称,让读者体会"哺鲸计划"的精神,推出后有不少企业大批订购,增加杂志发行量。1997 年 6 月,《今周刊》推出以新台币 5 688 元,帮自己订阅一份及赠送一份给亲友的专案,对于订户来说,不但增进情谊,也提供彼此共通的话题,为《今周刊》开拓更多读者。

7. 各类赠品

买杂志送赠品也是杂志经常使用的促销手段,既可以拉近杂志与读者的关系,花费相对较少,且赠品愈少见,效果愈好。

如《管理》1994 年 4 月庆祝创刊 21 周年时,推出"团队优惠订阅"专案,并以大型精致的团队箴言海报作为赠品。《钱》杂志为拉近与订户关系,赠送订户生日卡(可享续订折扣)、以记账本或精致钱包做续订赠品④。1997 年《商业周刊》从 5 月中到 5 月底,连续送电影票,使得之前徘徊在周刊发行量的第二三名的《商业周刊》,一举攻占第一名的宝座。《SMART 理财生活月刊》创刊时以 69 元新台币的低价并送光盘及《共同基金入门》一书来吸引消费者。理财杂志 Money Guide 创刊时也是 69 元低价销售,还赠送光盘、家计簿等。

8. 联合推广

联合推广也是杂志促销方式之一,既可节约促销费用,又可利用合作方的

---

①②③④ 《动脑杂志》编辑部:《台湾地区杂志印制量推估——财经管理类杂志首先登场》,http://www.brain.com.tw/news/NewsNotPay.aspx? ID=2397,2007 年 6 月 28 日。

声誉扩大发行量。《远见》杂志经常与《天下杂志》进行联合促销、联合 DM 活动,借由《天下杂志》品牌带动发行。1994 年 9 月,《突破》与万通银行合作发行"突破杂志万事达卡",订阅杂志者免缴第一年年费可得万事达卡。

多样的促销手段虽然有助于订户与零售成长,但其中隐含泡沫。杂志的销售增长主要还是靠内容取胜,如果没有好的内容支持,再多的促销方式也无法支持发行持续增长。而且高频率大手笔的促销,使财经杂志面临巨大的财务压力,一旦广告收入没跟上,杂志社本身的资本又不足,就面临严重的亏损问题。

四、广告经营的新变化

在消费社会中,传播日益走向商品化,这不仅包括内容的商品化,还包括受众的商品化。学者斯密赛认为,"大众媒介的构成过程,就是媒介公司生产受众,然后将他们移交给广告商的过程。媒介的节目编排是用来吸引受众的,这与以前小酒店为了吸引顾客饮酒而提供的'免费午餐'没有太大的差别"①。"解严"后,台湾杂志市场日渐成熟,杂志的主要收入日益依赖广告。这一时期,财经杂志广告经营呈现以下新变化。

(一)注重与广告客户的沟通,加强服务

在台湾,尽管早在 60 年代,广告公司就正式踏入媒体代理的领域,但是,面对"解严"后激烈的媒体竞争,为了争取广告客户,几乎每一个台湾财经杂志都设有广告部,都有一支强有力的广告经营队伍。为了争取广告客户,杂志社的广告部注重与广告客户沟通,加强服务。

《天下杂志》广告部在杂志出刊后会立刻快递样刊给客户,定期制作读者意见和生活形态调查,让广告客户了解《天下杂志》的读者是否适合该客户的产品,广告是否有效等。为了让广告客户觉得受重视与肯定,《天下杂志》多次举办创意广告票选活动,让读者选出刊登在《天下杂志》的最具创意的广告,杂志社给予广告客户表扬,刺激读者关注《天下杂志》的广告。《天下杂志》还每年在台湾各地举办两三天的客户营,邀请国际级人文学者及行销专家为客户上课,提供进修与休闲的机会,也拉近杂志社和广告客户的关系。

《商业周刊》将目标客户依产业特质分交由广告业务员负责,负责金融类的广告业务员必须成为金融业专家,负责咨询业的广告业务员必须对咨询业

---

① 〔加〕文森特·莫斯可著,胡正荣等译:《传播政治经济学》,华夏出版社 2000 年版,第 144 页。

的信息了若指掌,只有这样,才能和客户有共同语言,提供专业服务。《商业周刊》还进行电脑化管理,及时清楚地掌握市场上的客户动态、服务频率,每周做客户上稿比较,漏稿客户追踪管理。《商业周刊》发行量从最初的15 000份爬升到500期的65 000份,为吸引广告主,1997年6月《商业周刊》在台北远东饭店举行"500期荣耀之夜",邀请与会的广告主、广告公司猜《商业周刊》500期的印制量,最大奖是台北—东京双人来回头等舱三名①。

《钱》杂志在该杂志101期时举办发行量公开亮相活动,邀请各广告公司的媒体部主管及客户,到《钱》杂志印制杂志的"中华印刷厂"见证实际印制量。通过此活动公开实际印制量,以昭媒体公信②。

(二)整合行销战略在杂志广告中的初步运用

为了增强本身的竞争力,掌握更多的资源,财经杂志纷纷朝集团化、多角化方向发展,为广告经营拓展出整合行销的空间。

天下广告部就结合《天下杂志》制作的《海阔天空》教育专刊与"天下影视中心"制作的《海阔天空的一代》教育纪录片,进行整合行销。《海阔天空的一代》13集纪录片创下集集满档的42 000秒广告佳绩,使《天下杂志》在1996年台湾经济不景气的情况下广告营收成长8%③。《商业周刊》也经常采用平面广告和主题讲座相结合的方式,吸引广告主,提高广告营收。

(三)为广告主量身定做各类广告专辑、专刊

为了吸引广告主,增加广告收入,财经杂志发挥杂志特点,经常针对读者感兴趣的理财、房地产、金融服务、产品为广告主量身制作各类广告专辑。

财经杂志制作广告专辑的一般做法是找一个或多个有兴趣的广告主投资杂志专刊,内容是读者有兴趣的议题,采访的人则是该专刊的广告主。如《远见》广告部固定在每年的元月号(12月15日出刊)推出《风云产品优良专辑》,让广告主的产品与公司形象和读者一起迎接新的一年。1989年,《风云产品广告专辑》广告营收约500万元新台币,比平常成长50%。据该杂志广告部表示,该杂志在每一项产品类别中,会邀请最具代表性的厂商,以4~8页篇幅,运用公司专辑的形式,集中刊登于《1989年风云产品广告专辑》。每家厂

---

① 《动脑杂志》编辑部:《商周500期荣耀之夜邀广告主猜发行》,http://www.brain.com.tw/News/RealNewsContent.aspx? ID=3908,2007年6月28日。

② 《动脑杂志》编辑部:《钱杂志公开印制量》,http://www.brain.com.tw/News/RealNewsContent.aspx? ID=3335,2007年6月28日。

③ 《动脑杂志》编辑部:《1996年天下广告成长8%〈海阔天空一代〉电视广告》,http://www.brain.com.tw/News/NewsNotPay.aspx? ID=3709,2007年6月28日。

商所购买的版面有 1～2 页以文字报道,其余版面为广告创意表现。为了展现产品的气势与完整性,该杂志规划了 8 页、6 页及 4 页三种方式提供客户选择①。

制作广告专辑,财经杂志有不同的做法。有的杂志社刻意模糊广告专辑和杂志内容的区别,形成报道式广告,尽管杂志广告营收增加,却损坏了读者利益,不利于长期品牌经营。作为财经杂志的领导品牌,《天下杂志》对"广告专辑"就格外谨慎。为了让读者清楚区分广告和内文,凡是刊登在杂志之内、由广告部门所制作的专辑,不论是版型、美术设计、内文所使用的级数等,都严格要求与内文区隔②。《天下杂志》的这一做法,赢得广大读者的信赖,也获得广告客户的认同。

(四)选举广告拓展杂志广告营收

"戒严"期间,台湾当局不允许媒体刊登竞选广告。直到 1989 年,报纸和杂志刊登竞选广告才合法,各类竞争激烈的选举为媒体带来丰富的选举广告收入。

以 1993 年的台湾"省市长"选举为例。由于竞争激烈,此次选举广告的花费超过以往,选举广告费近四亿新台币,平面媒体和电子媒体都深受其惠。在平面媒体方面,报纸是此次选举广告的大赢家,特别是《民众日报》《台湾时报》,每逢选举就将广告定价定在一般产品广告的三倍而大赚钱。其他各报的选举广告也是平时的一两倍。杂志的选举广告仅限于少数论及政治的刊物,以《新新闻》的 300 万新台币的选举广告最多,财经杂志由于有涉及政治内容,在此次选举中也分了一杯羹。《远见》以广告专辑方式争取到国民党"省市长"三位候选人的广告,共 18 页,该刊选举广告达 200 万新台币;《天下杂志》此次获得的选举广告也达 140 万新台币③。

(五)和零售渠道合作,提高广告营收

为了增加广告收入,杂志社还经常和零售店、连锁书店合作,延长展售时间,增加杂志和读者接触的机会,以此吸引广告主。

1998 年 6 月出版的《天下 1000 大特刊》,在零售店展售三个月吸引广告

---

① 《动脑杂志》编辑部:《远见杂志推出风云广告产品广告专辑》,http://www.brain. com.tw/News/RealNewsContent.aspx? ID=1006,2007 年 6 月 28 日。

② 战则生:《只在乎媒体公正天下杂志以谨慎专业满足客户的心》,《动脑杂志》2001 年第 121 期。

③ 《动脑杂志》编辑部:《各媒体选举广告大丰收》,http://www.brain.com.tw/ News/NewsNotPay.aspx? ID=3235,2007 年 6 月 28 日。

主,促使该特刊当时广告收入再破纪录,达2 400万新台币①。《商业周刊》经常和连锁书店合作,推出"零售五期不下市"活动,提高广告营收。

五、重视提高杂志品牌形象

根据美国营销协会的定义,品牌指一种名称、术语、标记、符号或设计,或是它们的组合运用,借以辨认某个销售者或某群销售者的产品或服务,并使之同竞争对手的产品和服务区别开来。简单说,品牌就是在某些方式下能将它和用于满足相同需求的其他产品或者服务区别开来的产品或者服务的特性②。

随着"解严"后媒体竞争的日趋激烈,媒体不仅通过报道内容打造其品牌特色,也积极借助各自的传播优势和影响力举办各类讲座,参加公益活动,以此凝聚受众注意力,提高杂志品牌的美誉度,扩大影响力,获得竞争优势。

这方面,《天下杂志》表现尤为突出。

《天下杂志》拥有财经资源,与财经业界、学界都有很紧密的联系,经常邀请岛内外著名专家学者开各式各样的论坛和讲座。这些论坛和讲座吸引台湾岛内许多CEO参加,更吸引岛内很多平面、电子媒体的报道,增加杂志的曝光率,也吸引许多广告客户。

1989年10月,《天下杂志》创刊十周年之际,《天下杂志》联合七家企业认养松江诗园。松江诗园不定期举办艺文表演活动,逐步落实"艺术文化生活化"的理想,得到各界愈来愈多的认同,已成为一个善意大磁场,吸引企业及表演团体参与。联合企业出钱出力经营公园的方式,亦为台湾民众树立了"公益联盟"的典范。1993年,松江诗园被台湾"文建会"评为"1993环境与艺术优良美化空间"。

1996年,为了配合《环境台湾》特刊及《看河》纪录片发行,推动环保议题,《天下杂志》举办"绿色竞争研讨会",连续三年发动全省性的"美丽台湾、清净家园"扫街活动,号召台湾全省数十个企业、社会团体及政府单位在同一天清扫住家及工作场所附近环境,唤起大众对爱护环境的重视。

---

① 《动脑杂志》编辑部:《天下当期广告2400万1000大特刊再破纪录》,http://www.brain.com.tw/News/RealNewsContent.aspx? ID=4298,2007年6月28日。

② [美]菲利普·科特勒:《营销管理》,上海人民出版社2006年版,第304页。

第四节 财经杂志发展变化的政经分析

"解严"后,国民党当局调整了管控杂志的相关法规政策和行政单位,包括杂志在内的台湾财经媒体的独立自由度相对提高。国民党当局对杂志的管控由过去的高压手段转而注重策略手法。财经杂志与国民党当局的关系也从"侍从"转变为"净友",以相对中立的态度增加对民进党的报道。台湾经济的转型和发展,促进了财经杂志的进一步发展,杂志经营集团化、多元化,中产阶级上升为台湾社会主体,成为财经杂志稳定增长的读者群,财经杂志的内容反映了中产阶级的政治理念、价值取向和文化品位。市场竞争在促进财经杂志提高内容质量、经营水平的同时,也给财经杂志的发展带来隐忧。

一、相关法规政策和行政单位的调整

(一)取消"戒严"

1986 年 10 月 15 日,时任国民党主席的蒋经国在国民党中常会上表示:"时代在变,环境在变,潮流也在变;因应这些变迁,执政党必须以新的观念,新的做法,在民主宪政的基础上推动革新措施,唯有如此,才能与时代潮流相结合,才能与民众永远在一起。"①取消"戒严"是国民党当局别无选择的结果。1987 年 7 月 14 日,蒋经国签署命令,宣告台湾地区自 7 月 15 日零时起"解严",自此,台湾结束长达 30 多年的"戒严体制",废除了"台湾地区紧急戒严令"及相关的 30 多种法规和条例。"戒严"期间绝对禁止的结社、集会、游行、罢工等"民权"得以恢复,开放"报禁""书禁",办理新刊物登记,开放 23 种外文出版品的进口等②。随着"戒严"的取消,国民党当局对图书、出版、新闻和舆论界的政治控制大为削弱,包括杂志在内的台湾新闻媒介的独立自由度相对提高。

(二)解除"报禁"

1988 年 1 月 1 日,台湾当局解除"报禁",对于报纸和杂志在内的平面媒

---

① 王天滨:《台湾报业史》,亚太图书出版社 2003 年版,第 32 页。
② 黄瑚:《中国新闻事业发展史新世纪版》,复旦大学出版社 2000 年版,第 80 页。

体,台湾当局解除各种管制,完全由市场调节。"报禁"解除是台湾新闻传播史上至为关键的重大事件,以往加在媒体身上的种种政治的禁锢消失,一夕之间,媒体开禁,舆论大开,民众看到在刊物上畅所欲言的希望。开放"报禁"第一年,新报纸共增加85家,新杂志增加610家①。媒体此后不再受无形的保护伞呵护,而要各凭本事,靠着真才实学,真枪实弹地接受市场挑战,媒体生态局势从此改观,媒体环境出现巨大变化。

(三)"杂志设记者"争议的落幕

1952年7月4日,台湾当局明文规定"杂志不得设记者",杂志的采访工作受到巨大干扰。1988年"报禁"解除后,台湾内外环境面临重大转变,"杂志不得设记者"的规定逐渐出现转机。1988年台湾新闻主管部门负责人邵玉铭提出专题报告,针对此问题表示三点看法:原则上杂志可设记者;杂志若散布不实报道与言论,现行法律足够约束;杂志可以纳入新闻评议范围内。1990年1月7日,新闻主管部门在"台湾新闻联系会报"中决议,对于杂志设记者之事,该部门在政策上不做公开式肯定的宣布,但杂志社需要派人采访新闻资料,各级政府新闻单位将给予协助。同年1月29日,新闻主管部门举行台湾岛内出版业新闻联谊酒会时,邵玉铭当面告知"台湾杂志事业协会"理事长,证实"杂志社不得设记者之禁令"已解除。但是直到1996年9月2日,台湾新闻主管部门才正式发函"台湾杂志事业协会"告知此一函释停止适用,有关"杂志不得设记者"的规定才正式获得官方解除。

(四)废除"出版法"

"出版法"在台湾一直是"文字狱""禁书""查封杂志"的代名词。"戒严"时期,无数图书、报刊、图书出版、新闻机构深受荼毒。1999年1月12日,台湾立法主管部门通过"废止'出版法'案",这条被媒体工作者与反对运动人士视为钳制新闻自由、言论自由、出版自由的"恶法",从此走入历史。"出版法"实施近70年,以管制出版业为主要政策导向,其中包括明定出版品不得"触犯或煽动他人触犯内乱、外患罪""触犯或煽动他人触犯妨害公务、妨害投票罪或妨害秩序罪""触犯或煽动他人触犯亵渎祀典或妨害风化罪"等;规定出版品如违反本规定,主管官署得以禁止出售、散布、进口或扣押、没入,甚至撤销登记②。随着"报禁"的开放,"出版法"已不合时宜,当时的"立委"叶菊兰表示:在威权

---

① 赖永忠:《台湾地区杂志发展之研究——从日据时期到1992年》,台湾政治大学硕士论文1992年,第602页。

② 王天滨:《台湾新闻传播史》,亚太图书出版社2002年,第508页。

时代,无数出版者动辄挑拨政府与人民之间的感情,被没收出版品,甚至失去生命。废止"出版法"将是历史的一刻,还给台湾言论自由真正的面貌①。"出版法"废除后,那些配合其实施而颁布的近30种相关法令也随之废止或予以修正,台湾杂志出版业务不再受特别法令限制,这对台湾杂志的自由化具有相当重要的指标意义,杂志出版公司登记回归到一般公司行号登记制度的规范,营利的杂志发行公司只需取得一般行业营利执照即可。废除"出版法"后,台湾杂志出版业的开放程度已近完全的自由化。

(五)行政主管单位的变化

随着"戒严"的解除,由"国防部"拟定的"警备司令部"执行的"台湾地区戒严时期出版物管理办法"也随之失去效力,"警备司令部"查禁书刊的权力也自然解除。台湾新闻主管部门成为包括杂志在内的平面媒体管理的最高机构。执政党通过在台湾新闻主管部门安排本党党员或理念与本党相近的人事担任领导职务,从而有效控制包括杂志在内的平面媒体。

二、台当局管控杂志方法的变化

解除"戒严"之后,台湾新闻媒介的独立自由度相对提高,国民党当局放弃高压手段而注重策略手法。台湾新闻主管部门负责人宣称,新闻主管部门功能一是服务,二是沟通,第三才是管理。实际上,其管理媒体的基本策略是微观放活,宏观控牢。一方面加强对新闻媒介负责人的控制,一方面强调"依法行事":除了一般的法律条文之外,在1999年废除之前,"出版法"是管理媒体的主要法律依据。这些法律条文不甚明确,适应范围很活,当局完全可以在认为必要时做出自己的解释而实施制裁。另一方面,国民党当局也广泛采取奖励、广告、公关、操控消息来源等软性手段影响杂志,同样在于传递台湾当局的政策、观点与意识形态。

(一)奖项鼓励

由台湾新闻主管部门设立的"金鼎奖"和由台湾教育主管部门设立的"优良期刊奖"是台湾当局设立的奖励突出杂志及其从业人员的奖项。这些奖项的评比标准隐含着台湾当局的意识形态,因此与台湾当局立场一致,对其友好的杂志较容易得奖,反之则与奖项无缘。这一时期,财经杂志《天下杂志》《远见》《卓越》因其对台湾当局相对友好的态度而多次获得"金鼎奖"和"优良期刊

---

① 陈嘉宏:《"立院"昨通过无异议废止,"出版法"走入历史》,《联合报》1999年1月13日。

奖"①。同时期迅速崛起的《商业周刊》则因经常报道与李登辉有关的内幕新闻而被扣上"反李"的大帽子,与这些奖项无缘。

(二)积极"公关"

国民党当局充分利用其执政资源做好与媒体的公关。台湾新闻主管部门经常邀请杂志社发行人、总编辑以及"台湾杂志事业协会"成员参加台湾岛内出版业新闻联谊酒会等各类联谊活动,与他们沟通、交流,适时传递国民党当局的政策意图。各杂志总编辑发行人也经常被邀请到国民党新闻党部开会,特别是在选战的紧要关头,时任国民党主席的李登辉会亲自拜托"新闻从业同志",要求他们"……身为本党与民众的桥梁,一定要深入民众……争取民众的信赖,达到本党永远与民众在一起的目标,完成本党所赋予各位的使命"②。

(三)提供消息来源

新闻报道是一种例行性活动,记者每天都必须在截稿的压力下采访足够的新闻。经由适当且方便的方式获取信息,往往是其关注的焦点。消息来源能减轻记者新闻工作的时间压力,相对的,其信息被采纳的机会便增加许多。消息来源也能够在和媒体的互动过程中对媒体施加影响,供应自己的消息。

政府机关是新闻媒体主要的消息来源,"解严"后,国民党当局改变传统的被动"等待"记者采访的方式,积极向媒体提供消息以影响媒体内容。国民党当局建立发言人制度,定期召开记者会,不但帮助新闻媒体获取有利于国民党当局的新闻资料,也为新闻发布建立统一的口径。除了正式的发布新闻机制外,政治人物还经常透过非正式形式选择性地"透露"信息给记者,李登辉就经常邀请记者到其别墅喝茶聊天,选择性地"透露"信息给记者③。

李普曼指出,"由于象征具有非凡的现实重要性,没有任何一个成功的领袖会忙得顾不上培育那些能把他的追随者组织起来的象征"④。接受友好杂志的采访,通过杂志媒体传递自己的政见理念,提高个人声望,是台湾各政治人物经常采用的方式。《天下杂志》就曾于 1990 年 3 月独家采访副领导人候选人李元簇,刻画其"淡泊、好静、要求效率"的形象;1997 年,台湾省长宋楚瑜

---

① 《天下杂志》1991—1998 年连续获得"金鼎奖",1991 年获"优良期刊奖";《远见》1995 年获"金鼎奖公共服务奖""金鼎奖杂志报道奖";《卓越》获 1990 年"金鼎奖"。

② 林丽云:《台湾威权政体下"侍从报业"的矛盾与转型》,《台湾产业研究》2000 年第3 期。

③ 施飞:《台湾政党与大众传媒关系研究》,厦门大学硕士论文 2003 年,第 53 页。

④ [美]沃尔特·李普曼著,阎克文、江红译:《公众舆论》,上海人民出版社 2002 年,第 188 页。

接受《商业周刊》独家专访，于是年 4 月 21 日刊登封面文章《宋楚瑜首度告白：我哪里对不起李登辉》。

(四)通过广告经费的投放控制杂志

"戒严"解除后，台湾杂志业面临激烈的媒体竞争，大部分杂志作为企业在市场上自负盈亏。广告费用是杂志盈利的主要来源，也成为台湾当局控制杂志的软性手段。

国民党当局通过广告经费投放控制杂志包括三种方式。

1. 刊登选举广告

自从 1989 年国民党当局开放报纸和杂志刊登选举广告以来，选举广告就成为杂志广告收入的重要来源。通过在杂志刊登选举广告，各候选人可以借由杂志的影响力塑造正面形象，打响知名度。

2. 购买杂志版面刊登政策宣传的广告

新闻主管部门每年都编制宣传经费预算，专门负责进行政令宣传，作为执政党的国民党就充分利用这笔资源与包括杂志在内的媒体建立关系。

3. 通过庞大的政商关系网控制广告

国民党一向以拥有庞大的政商关系著称，岛内各大政商家族与其皆有深厚的渊源。例如，和信集团辜氏家族的辜振甫曾是国民党中常委；"三重帮"林氏家族的林荣三是李登辉密友，曾任台湾监察主管部门负责人；力霸集团王氏家族的王又曾多次连任国民党中常委；高雄陈氏家族的陈田锚曾是国民党中常委，连任多届高雄市议会议长……除了政商家族，岛内的大财团如长荣、台塑、义美、统一等也与国民党交往密切。国民党当局通过此庞大的政商关系网控制包括杂志在内的各类媒体生存和发展的命脉——广告。

三、从"侍从"转变为"诤友"

"戒严"解除，"党禁"开放，台湾进入"一党执政，多党竞争"的政党政治时期。言论日益自由，被压抑的社会力多方向同时释放，批评台湾当局的言论日渐增多，改革呼声日益强烈。财经杂志回应这一社会需求，其与国民党当局的关系由"侍从"转变为"诤友"，勇于提出尖锐的批评，发挥媒体"第四权"的监督作用。

第一，财经杂志改变"戒严"时拥护国民党当局的经济政策并积极做政策宣传的做法，能从专业角度对当局的经济政策提出不同观点。如在 90 年代台湾当局实施的第三次土地改革中，《天下杂志》就多次撰文就土地改革政策中的缺失提出批评。

第二,财经杂志改变"戒严"时以肯定、赞许、歌颂的内容报道台湾政治权力中心或人物的做法,多次刊登文章尖锐批评国民党当局,揭露国民党的"黑金政治"。《财讯》和《商业周刊》以政商秘闻、政商内幕报道来制作话题,打响知名度,扩大销售量。

第三,"解严"后的财经杂志更加注重反映民意。不仅增设反映民意的栏目,还广泛使用精确新闻报道。财经杂志精确新闻报道的议题不再局限于经济议题,而更加多元化,包括经济议题、选举议题、官员声望调查、台湾地方政情、民生问题、社会热点议题以及两岸关系议题,在一定程度上反映民意、监督当局运作、评估施政得失。

第四,财经杂志所报道的题材更加广泛,"戒严"时因国民党当局的高压统治所未提及的环保议题、教育议题,也因为台湾民众普遍关注而成为财经杂志的主要报道议题。

第五,随着台湾政党政治的形成,财经杂志不再像"党禁"时期那样,用引号标注来称呼民进党,而以相对中立态度增加对民进党的报道。

"解严"后,台湾当局管控杂志法规政策的松绑,对杂志的控制也削弱。尽管如此,对财经杂志而言,与国民党维持好的关系仍有好处。首先,在长期的关系下,有的杂志发行人与国民党高层有共同的意识形态及良好的私人情谊,如《天下杂志》从创刊伊始就邀请国民党政要担任"社务顾问",多次采访包括蒋经国在内的国民党高层人士,积累了良好的政治人脉;其次,国民党仍是执政党,主导政策,也是重要的消息来源,所以,与国民党维持好的关系有助于财经杂志积累更多的政治与经济的资本。相对的,国民党也将重要财经杂志的发行人纳入其政权体系,《天下杂志》发行人兼总编辑殷允芃曾担任台湾"国统会"委员。

财经杂志和国民党当局维持好的关系主要表现为两点:

第一,财经杂志积极配合国民党当局制定的"加速经济升级,积极发展策略性工业"的经济策略,积极为企业的产业升级提供新的观念和资讯支持。

第二,积极用台湾当局的意识形态建构台湾历史。"解严"后,台湾社会经历快速转型时期,台湾社会各种意识形态、省籍、族群的对立情结逐渐浮现台面,街头上各种社会运动风起云涌,以《天下杂志》为代表的财经杂志积极用国民党当局的意识形态建构台湾历史。《天下杂志》推出的纪念蒋经国去世的专辑和纪录片《走过从前回到历史》,讲述半世纪以来台湾政经社会变迁的故事,将战后台湾发展归因为台湾当局领导人带领财经官员和民间企业家努力而成,还发行英文版,成为当时有影响力的经典纪录片。此后《天下杂志》刊出的历史专辑《发现台湾》《影响200》以及纪录片《为台湾筑梦的人》也都延续这样一个与台湾当局意识形态相符的重构台湾历史的风格,这些历史专辑也多次获台湾当局"金鼎奖"。

四、经济发展,促进财经杂志的进一步发展

作为文化工业的大众传播业是资本主义社会的生产机构,必然要受到资本主义生产方式的制约。加海姆认为,这种制约主要表现在"传播业所能使用的资源量一般由经济剩余量所决定……处于市场环境下的媒介经济增长量一般由可支配收入及其决定的消费支出的水平和广告支持的水平所决定"[①]。传播业生产所需要的资源受到经济发展水平的制约。

从 1988 年起,台湾现代经济发展面临新的转型期:生产形态从传统产业转型为以电子信息为代表的高科技产业;经济管理体制逐步从管制经济走向自由经济;产业结构开始向服务型经济过渡,逐步迈向后工业社会。在台湾经济的发展和转型过程中,服务业取代工业占据台湾经济的主导地位。不仅商业、餐饮、运输、仓储、通讯等流通领域的传统服务业蓬勃兴起,金融、保险、房地产、资讯、经纪、大众传播以及其他新兴服务业的发展空间也日益增大。这些新兴的服务业推动了杂志收入的增长,如表 2-8 示,杂志广告收入在报纸、电视、杂志、广播四大媒体中排名第三。财经杂志的主要读者群一般是对金融、保险等财经资讯感兴趣的有较高消费能力的工商业者和知识分子,报道也以金融、保险等财经资讯为主,且印刷精美,可以让广告"淋漓尽致"地展现,能够有效吸引这些新兴的服务业刊登广告,由此推动广告收入的成长。《天下杂志》的广告收入就从 1988 年的 1.05 亿新台币[②]增加到 1998 年的 2.2 亿新台币[③]。

表 2-8 　1988—1999 年台湾媒体广告收入

单位:千元新台币

年份	报纸	电视	杂志	广播	广告总额
1988	15 936 317	1 135 470	2 643 271	1 914 501	31 848 559
1989	20 839 554	14 139 893	3 072 111	2 275 939	40 327 497
1990	19 750 390	15 878 794	3 239 421	2 469 888	41 338 493

---

① ［加］文森特·莫斯可著,胡正荣等译:《传播政治经济学》,华夏出版社 2000 年版,第 144 页。

② 王菲菲:《媒体建构的中产阶级形象之研究——以〈天下〉杂志为例》,台湾政治大学硕士论文 1994 年,1994,第 39 页。

③ 《动脑杂志》编辑部:《98 台湾杂志媒体广告营收》,http://www.brain.com.tw/News/RealNewsContent.aspx? ID＝4479,2007 年 6 月 28 日。

续表

年份	报纸	电视	杂志	广播	广告总额
1991	21 250 427	17 900 303	3 550 162	2 666 258	45 367 150
1992	27 735 142	22 681 625	4 355 753	2 718 288	57 490 808
1993	27 748 909	24 983 797	4 687 525	3 164 327	60 584 558
1994	28 139 407	29 062 474	4 661 590	3 400 170	65 263 641
1995	38 237 782	28 947 768	5 000 587	3 968 543	76 154 680
1996	12 799 833	24 306 864	3 987 375	4 365 397	45 459 469
1997	18 063 130	25 685 245	4 837 189	4 801 937	53 387 501
1998	21 157 218	34 832 139	5 886 786	5 282 131	67 158 274
1999	18 858 303	32 234 840	6 099 264	2 146 309	59 338 716

资料来源:郑自隆、陈清河:《加入世贸组织(WTO)后广告市场潜量分析》,有线宽频视讯委员会委托研究报告 2002 年,第 72 页。

台湾经济的转型和发展,使台湾民众对财经资讯的需求更为迫切。民众不仅需要电视、报纸提供及时的财经资讯,还希望了解有关财经资讯的来龙去脉和发展趋势,进一步深度剖析,这为财经杂志改进报道形式,拓展报道内容提供了新的发展空间。

传播政治经济学认为,"传播系统和传播技术的应用拓展了所有的劳动商品化的过程,其中包括传播产业的劳动商品化。传播手段使雇主提高了灵活性和控制能力……劳动是在生产货物和劳务商品的过程中被商品化的"[①]。经济的发展,财经杂志实力增强,呈现"强者愈强,优胜劣败"的走向,天下集团、商周集团、财讯集团出版形成。在集团化形成过程中,台湾财经杂志业者运用大量的组织计划和预先处理,通过机械流程来收集、整理并分发新闻与信息,杂志经营日益标志化、程序化,权力从专业新闻工作者转移到控制技术系统的经理阶层手中,体现财经杂志产业劳动商品化的过程。

五、财经杂志所反映的中产阶级形象

1979 年,中国的台湾与香港地区、韩国、新加坡等被国际经济组织列入新兴工业化社会,世人称为"亚洲四小龙"。1992 年台湾国民生产总值达到 2 000亿美元,跃居世界第 20 位,人均国民生产总值超过 1 万美元,居世界第 25 位。到国民党下台的 2000 年,台湾国民生产总值突破3 000亿美元,人均

---

① [加]文森特·莫斯可著,胡正荣等译:《传播政治经济学》,华夏出版社 2000 年版,第 155 页。

国民生产总值超过 1.4 万美元①。经济的发展,促使中产阶级人数迅速上升,90 年代台湾的中产阶级成为台湾社会的主体。根据台湾师范大学教育系盖浙生教授的研究,台湾中产阶级的人口比例在 1986 年时是 45%,到了 1994 年则上升到 55%②。

中产阶级成为台湾社会的主体,为财经杂志提供稳定增长的读者群,奠定财经杂志持续发展的基础,以《天下杂志》为代表的台湾财经杂志以中产阶级为主要目标读者,内容也迎合中产阶级的政治理念、价值取向和文化品位。

(一)成为反映中产阶级政治理念的发声管道

作为中产阶级的发声管道之一,财经杂志的报道体现中产阶级两面性,充当执政者"诤友"。

1987 年台湾解除"戒严",言论自由,对国民党当局的批评日渐增多,改革呼声强烈。台湾中产阶级处于社会的中间,其在社会价值与政治经济事务上的参与目标也有双重性。一方面,中产阶级遭受来自上层阶级的盘剥,他们的升迁遭遇各种阻力,强烈要求改革现行制度,打破社会权力结构的不公平,反对政治独裁、捍卫法治,向往民主,积极推动各种政治改革运动。随着"戒严"的解除,言论日益自由,中产阶级对国民党当局的批评日益增多,更加呼唤改革。另一方面,中产阶级的崛起也受益于台湾经济的发展,他们在经济上有一定的资产与实力,有较高的学历与较突出的专业技能,从事较有社会声望的职业,拥有高于社会平均水平的比较稳定的收入,大多是社会庞大科层制中的一员,享有台湾当局给予的社会地位和利益,对台湾当局有较强的依赖性。他们更愿意维持现存制度,改革而不是废除现存制度,他们追求的政治民主是依附于执政的国民党政体的政治自由化,要求台湾当局在维持稳定的社会秩序的基础上开放政治民主,持续实现开放政策,社会动荡同样威胁他们的利益。

一方面,财经杂志反映中产阶级改革呼声,对国民党当局的批评报道更为犀利。《财讯》以其辛辣的政商内幕报道成为台湾最知名的"修理业",专门修理台湾的政商。《商业周刊》也以政商秘闻、政商内幕打响知名度,1997 年 5 月《商业周刊》刊登《揭发李登辉"鸿禧山庄"贪污舞弊案》一文,引起很大反响。这一时期,《天下杂志》也刊登多篇以"中产阶级"为主题的封面文章和专辑。

---

① 凤凰资讯:《国民党创造经济奇迹:带领台湾成为亚洲四小龙之首》,http://news.if-eng.com/special/gmd60years/60years/200803/0318_2873_447492.shtm,2008 年 3 月 18 日。

② 周晓虹:《台湾中产阶层》,http://vip.book.sina.com.cn/book/chapter_39546_24325.html,2005 年 10 月 9 日。

1988年9月,《天下杂志》刊出《中产阶级的愤怒》一文,文章叙述了在股票炒作金钱游戏盛行下,台聚资讯经理和明志玻璃总经理两人代表中产阶级对于台湾"踏实勤奋价值观"的沦丧,以及对台湾当局对此放任行事的强烈不满。1988年11月,《天下杂志》刊登《中产阶级心事》专题,该专题由《中产阶级的心事》《拒绝再沉默》、一份民意调查及一篇译文《美国中产阶级已无梦》四部分组成。专辑从台湾中产阶级对台湾社会现象异口同声抒发不满起始,写到"从'解严'以来,混合着兴奋、期待、不安和茫然的心情,中产阶级一直以'过渡'的心情等待改革后的阵痛恢复。但是愈来愈失控的社会秩序,与社会正义的失落,让中产阶级的愤怒与不耐已经达到临界点……他们异口同声,拒绝再沉默……"专辑佐以民调证实中产阶级的不满,"对财富分配的不满达53.7%,对权力分配的不满达43.7%"[①]。民调显示中产阶级的心事主要是:"台湾没指望,对台湾失望;社会乱、环境糟、生活品质差,公共设施差、捷运渺茫;投机,财富集中;执政者无能,对国民党不满,不想留在台湾。"[②]

然而,中产阶级毕竟是现有制度的既得利益者,他们更愿意改革现存制度而不是彻底摧毁它。在台湾社会面临转型的时期,以《天下杂志》为代表的财经杂志积极用国民党当局的意识形态来建构台湾历史,稳定社会情绪,维护现存制度。其中以1988年《天下杂志》推出的蒋经国逝世的专辑《走过从前回到历史》最具有代表性。当时台湾经济实力已跃居"亚洲四小龙"之首,政治上,随着蒋经国的去世,强人领导的时代已逝,台湾社会面临转型时期的激烈动荡时期。《走过从前回到历史》回顾了1945—1988年的台湾经济与社会的发展史,披露了许多鲜为人知的温馨小故事,包括李登辉学击剑、赵少康(台湾地区前政治家)逃难、康宁祥(台湾"党外运动"领导人)当加油站工人、林洋港(国民党著名政治人物)做科员、纪政(台湾著名运动员)当养女、马英九丢鸡蛋抗议与日本"断交",以及陈定南(台湾政界人士)小时候吃番薯稀饭等点滴台湾精英人物对台湾社会发展的回忆,在一定程度上起到稳定台湾社会秩序,凝聚共同的感情,激发台湾民众热爱台湾的作用。

(二)台湾财经杂志的人物报道以精英阶层为主

财经杂志除提供财经、政经新闻外,也提供人物特写,《天下杂志》就开设很多以人物为中心的专栏,包括"独家专访""工商者语""人物素描""人物特

---

① 吴迎春:《中产阶级的心事》,http://www.cwk.com.tw/cw/search/preview1.asp? articleID=200405171157317310572266,1988年11月1日。

② 李瑟:《中产阶级要出走》,http://www.cwk.com.tw/cw/search/preview1.asp? articleID=200405171158037111762166,1988年11月1日。

写""人物传真""人物追踪""人物""人物专访""天下人天下事""人物侧写""企业决策者""企业家谈管理""人与事"。台湾学者郑钟林曾指出"《天下杂志》实为一本财经界的'人物'杂志"。《天下杂志》认为,新闻原则的第一条就是"人对人最感兴趣",《天下杂志》希望借写人物来反映问题,阐述观念,这样,传达的讯息较能为一般读者接受①。因此,《天下杂志》要求记者在写稿时注意要以"人"为重心,有故事性,有现场感。王菲菲曾对《天下杂志》从1981年创刊到1994年所报道的人物进行统计,发现其报道主体近九成集中于台湾产官学界的精英(包括台湾当局官员、台湾公营企业高级主管、台湾民间企业主及高级主管、学者等),普通民众则较少成为被报道的主体,只有在特殊情况下普通民众才有被报道的机会,如,提及普通民众作为有利于政策辩护的举证、报道尽管工作辛苦仍孜孜不倦努力工作的普通劳动者②。杂志选择哪些人物进行报道,可以呈现出杂志的言论场域以何种逻辑运作,在该场域中并非人人有权发言,其体现的是偏向精英话语权的失衡的权力关系。

(三)财经杂志以中产阶级向上发展的意愿为直接诉求点

中产阶级介于上层阶级和普通民众之间,主要从事脑力劳动,知识和技术不仅是中产阶级取得身份、地位的基础,也是他们继续向上发展的资本,这就促使他们有较强的学习、更新动机,通过获取新的技能、文凭等提高文化资本竞争优势。因此,台湾财经杂志以中产阶级向上发展的意愿为直接诉求点,将杂志定位为中产阶级自学上进的过程中,帮助他们获得更多知识的修业教材。以《天下杂志》的自荐广告为例,在1985年1月的自荐广告中,《天下杂志》描述道:"当电梯打开时,上司正巧在里面……这个时候,你是打个招呼就无话可说,还是——谈些能表现你观念进步的话题?《天下杂志》——沟通观念进步的共同语言。"③在1985年7月的自荐广告中,《天下杂志》写道:"当你面对自己,自我评估时……你是肯定自己,乐观进取,不断成长,还是……在追求成长,自我提升的过程,天下进步的观念与新知,让你胸有成竹,观念领先,掌握未来!"④这些自荐广告彰显出,在产官学精英的围绕下,中产阶级有向上跃升的愿望和地位忧虑,直接诉诸中产阶级希望在有限的升迁管道中更早获得新知,取得上层阶级赏识和提拔,得到较快升迁机会的愿望。

① 郑林钟:《天下成功的奥秘》,《新书月刊》1985年第2期。
② 王菲菲:《媒体建构的中产阶级形象之研究——以〈天下〉杂志为例》,台湾政治大学硕士论文1994年,第1页。
③ 《天下杂志》编辑部:《天下自荐广告》,《天下杂志》1985年第44期。
④ 《天下杂志》编辑部:《天下自荐广告》,《天下杂志》1985年第50期。

(四)财经杂志广告内容体现了中产阶级的消费文化

美国学者伯德里亚尔认为,现代社会的消费已经超出需求的满足而具有符号意义,符号化的服务蕴含"意义"消费,由物质的消费变成精神的消费,人们购买商品或服务不是为了实现其实用价值,而是为了寻找"感觉",体验"意境",追求"意义"[①]。由于消费对象所具有的象征意义,人们借由对消费对象的使用来区分自己的地位与阶级属性。伯德里亚尔指出,消费者品位的差异代表一种阶级的区分标准,品位(taste)建立并确立了差异性的存在,此种差异提供了消费者的认同,让消费者知道自己的定位,品位也同时创造不同的分类,透过这些分类或相关分类体系之使用,而产生出一种所谓行动者的习性(habitus),借此区分消费者的地位与阶级之属性[②]。

中产阶级群体强烈地关注和学习品位,会在日常生活中有意无意地流露出品位标志,一方面是为了突出个性特征;另一方面则是想显示出身份的"区隔",显示出与其他阶级(特别是下层阶级)的不同。台湾财经杂志以中产阶级为主要读者群,其广告内容也体现中产阶级的消费文化。

财经杂志上处处可以看见充满符号消费意涵的广告。如《天下杂志》尊皇表广告:"风云如您,独一无二的贵族风范、帷幄运筹的睿智聪明、显贵至尊,无人能比的二百年来深受瑞士皇家钟爱的尊皇表,尊贵隽雅的气势就和您一样,是众人竞相追踪的目光焦点,在您功名成就,即将再度叱咤风云之际,何不选个光芒、气度都足以与您匹配的尊皇,奖励自己。"《天下杂志》BMW 新 7 系列广告:"不论是掌握方向盘感受那股源源不绝的敏锐动力,或是从后座体会那份轩昂的雍容华贵,你都会讶异 BMW 新 7 系列诠释王者之尊的尺度,的确面面俱到的高人一等,让你自然挥洒出与众不同的风范和别人难以追及的自信……BMW 新 7 系列用宏观的尺度来丈量自我的精益求精,为能让你在众人的眼光中,是个十足的巨人。"

上述两则广告所描述的商品已超越其产品的使用价值,强调商品的符号意涵——"睿智聪明""功名成就""叱咤风云""雍容华贵""高人一等",广告的语境符合中产阶级对身份和地位的期许。个人本身不具任何符号意义,须经由附属物的选择(豪华手表、高级轿车)加以定位,使人们可以从附属物猜测其社会地位。

冯国兰对《天下杂志》1981—1997 年广告进行内容分析发现,在以中产阶

---

① 郭庆光:《传播学教程》,中国人民大学出版社 1999 年版,第 55 页。

② Bourdiew,P. Distinction: *A Social Critique of the Judgement of Taste*. Cambridge: Harvard University Press,66.

级为主的消费文化中,以象征与认同为主体的非资讯型广告是主要的广告模式①。

六、财经杂志发展的隐忧

随着"报禁"的解除,媒体市场开放,经济利益成为财经杂志最主要的考虑因素。为了在激烈的媒体竞争中立足,财经杂志使出浑身解数来吸引读者,扩大发行量,增加广告收入。市场竞争在促进财经杂志提高杂志报道内容、经营管理水平的同时,也给财经杂志的发展带来隐患。

(一)政商秘闻、政商内幕报道增多,有损财经杂志的专业尊严

"解严"后,很多政治禁忌被打破,财经杂志增加了政商秘闻、政商内幕报道,以此作为财经媒体打响知名度,扩大发行量和影响力的利器。政商内幕报道在一定程度上揭露了台湾盛行的黑金政治,但很多此类报道并不深入挖掘政商勾结背后的体制因素,而只是停留在片面、八卦、炒作的阶段,有损财经杂志的专业尊严,没有真正发挥媒体"第四权"的监督作用。

(二)过度促销的经营方式,带来了许多"后遗症"

"解严"后,媒体竞争激烈,为了强化媒体的影响力,扩大发行量,增加广告收入,财经杂志采用各种方式进行促销,动辄花费数百万。促销所需费用远远超过发行收入,使得财经杂志对广告收入的依赖加重,隐含危机。动辄数百万新台币的促销费用提高了财经杂志运营的门槛,新进场的财经杂志没有大的财团支持其大手笔促销就无法立足,实力较弱的财经杂志也在频繁的大手笔促销战中被淘汰出局,不利于财经杂志多元化发展。正如丹尼斯·麦奎尔所说:"运作成本的逻辑系统地发挥作用,巩固了已经在主要媒介市场确立起来的集团的地位,并且将那些缺乏成功进入市场必需的资金的集团排除在外。因而得以幸存的声音大致属于那些最不可能批评现存的财富和权力分配制度的声音。相反,那些最可能挑战这种格局的人,因为不能控制向广大受众进行有效传播所必需的资源,难以宣传他们的异议和反对"②。

---

① 冯国兰:《台湾中产阶级的消费文化品位研究——以〈天下〉杂志广告为例》,世新大学硕士论文1999年,第1页。

② [荷]丹尼斯·麦奎尔著,崔保国、李琨译:《麦奎尔大众传播理论》,清华大学出版社2006年版,第70页。

(三)过度依赖广告收入对财经杂志新闻专业主义的冲击

广告收入有利于拓展财经杂志的资金来源,壮大杂志的经济实力,过度依赖广告收入则严重冲击财经杂志的新闻专业主义。首先,台湾各政党会通过刊登选举广告、购买杂志版面刊登政策宣传广告、通过庞大的政商关系网控制广告等方式来影响财经杂志的言论,不利于财经杂志发挥媒体"第四权"的监督作用;其次,为了维持和广告客户的良好关系,财经杂志一般不会刊载批评广告客户企业的内容,当经济不景气,各杂志争夺有限的广告份额时,这一情形尤为明显。最后,为广告主量身定制的各类广告专辑,如果不谨慎处理,让读者清楚分辨出何者为广告、何者为内文,而是刻意模糊,形成报道式广告,尽管广告营收增加,却损坏了读者利益和杂志的专业尊严,也不利于品牌经营。

第三章 21 世纪的台湾财经杂志

进入 21 世纪,台湾的社会环境发生新的变化。政治上,台湾实现两次政党轮替,泛蓝泛绿两大阵营之间的权力争夺和政治斗争构成 21 世纪以来台湾岛内政治生活的主线。经济上,从 21 世纪初开始,由于岛内外市场需求不振,台湾经济长期不景气,从"中增长"阶段转入"低增长"阶段,2007 年以来席卷全球的次级债危机,加重台湾经济的不景气。此外,网络普及改变了受众的阅读习惯,导致传播途径和手段的变化。面对 21 世纪新的社会环境,财经杂志积极创新,稳步发展。

第一节 财经杂志发展概况

2000 年至今,台湾财经杂志依旧是主流杂志。这一阶段,财经杂志出版周期缩短,《商业周刊》成为财经杂志第一品牌,周刊形态的财经杂志较受欢迎,财经杂志业者开拓祖国大陆市场,财经杂志数字化发展。

一、财经杂志依旧是主流杂志

台湾是发达的商业社会,民众对财经资讯一直有较高的需求。随着社会经济生活的日益复杂化,人们不仅希望知道今天世界发生了什么事,更希望了解事件发生的背景和动向,了解媒介所作的分析和判断,以资思考和判断。财经杂志的时效性不如报纸、广播、电视、网络等其他媒体,但出版时间较为充裕,可以较为全面系统地记录某一事件,解释事件发生的背景和动向,提供更多思考余地和更广阔的观察视角,因而深受读者青睐。根据尼尔森的调查,2005—2008 年,杂志以其深度专题报道及专业的分析内容,维持其财经资讯霸主的地位。2008 年,财经杂志的读者达 377.9 万人,相较于 2005 年,增长 56.9%①。相应的,其广告份额也水涨船高。2007 年、2008 年,台湾财经杂志的广告量在台湾财经媒体中分别占 45% 和 44%,居四大财经媒体之首,接下来依序是财经报纸(37% 和 34%)、电视的财经分析节目(13% 和 14%)、广播的财经分析节目(5% 和 8%)②。

2000 至今,财经杂志依旧是台湾杂志的主流类别。台湾文化主管部门《2011 年杂志出版调查研究报告》显示,在受访的 318 本杂志中,刊物主题以流行时尚杂志最多(11.6%)、其次为财经企管类(8.2%),再次为艺术设计类(7.5%)及生活/嗜好类(7.2%)。根据金石堂公布的数据,如表 3-1 所示,财经类杂志在历年的杂志销售中比例在 11%～19%,销售排名在第三名到第五名之间。根据《2007 年台湾杂志出版产业调查研究》的资料:贩售杂志的连锁便利商店销售量前五种杂志类型中,财经类杂志排名第二;书店销售前五名杂志类型中,财经杂志也排名第二;受访者最常阅读的杂志类型中,财经杂志排名第一③。台湾世新大学的调查研究结果④显示:以《商业周刊》《天下杂志》为代表的财经杂志在台湾各类杂志中拥有较高的阅读率,民众对其的评价也较高,如表 3-2 所示。台湾《出版年鉴》的数据显示,这一时期,月刊类型的财经杂志主要有《天下杂志》《财讯》《SMART 智富》《经理人月刊》《快乐工作人》。周刊类型的财经杂志主要有《商业周刊》《万宝周刊》《今周刊》《非凡新闻 e 周刊》《理财周刊》,如表 3-3 所示。

---

① 王馨逸:《台湾财经资讯阅听市场的转变》,http://www.brain.com.tw/news/NewsNotPay.aspx? ID=11923,2009 年 1 月 27 日。

② 《动脑杂志》编辑部:《2008 台湾财经媒体广告量表现》,http://www.brain.com.tw/news/NewsNotPay.aspx? ID=11888,2009 年 1 月 10 日。

③ "中华征信所企业股份有限公司":《2007 年台湾杂志出版产业调查研究》,"行政院新闻局"2007 年版,第 245 页。

④ 台湾世新大学新闻传播学院从 2004 年起每年针对全台湾 15～64 岁的民众通过面对面的家户访问进行大规模的媒体使用行为及评价调查研究,调查内容主要针对台湾地区报纸、杂志、广播、电视及网络五大媒体进行各项指标性排名,并调查民众对媒体品质及媒体对个人及社会影响力的评价,调查结果形成"世新媒体风云排行榜"。

表 3-1　2001—2009 年金石堂杂志七大类销售占比及排名

年份＼类别	财经类	新闻类	科技生活类	生活休闲类	文史艺术类	语言类	流行时尚类
2001 年	11.16% 第五名	7.54% 第六名	18.57% 第二名	26.83% 第一名	2.63% 第七名	14.2% 第四名	17.33% 第三名
2002 年	13.19% 第五名	7.67% 第六名	17.58% 第二名	26.8% 第一名	2.38% 第七名	14.17% 第四名	17.21% 第三名
2003 年	11.29% 第五名	7.54% 第六名	15.7% 第三名	26.57% 第一名	2.86% 第七名	14.06% 第四名	20.35% 第二名
2004 年	12.49% 第四名	7.00% 第六名	15.83% 第三名	26.52% 第一名	4% 第七名	12.36% 第五名	21.79% 第二名
2005 年	11.52% 第四名	6.38% 第六名	16.04% 第三名	28.12% 第一名	3.19% 第七名	11.41% 第五名	23.33% 第二名
2006 年	11.63% 第四名	6.31% 第六名	16.83% 第三名	11.25% 第五名	3.22% 第七名	27.3% 第一名	23.45% 第二名
2007 年	19.4% 第三名	1.39% 第七名	12.81% 第四名	21.62% 第二名	3.66% 第六名	12.43% 第五名	28.68% 第一名

资料来源：笔者根据 2002—2008 年台湾《出版年鉴》统计得出①。

表 3-2　2004—2014 年世新媒体风云排行榜

年份	杂志名称	阅读率排名	对杂志的评价
2004 年	壹周刊	1	在"内容最丰富的杂志"指标上依次为《时报周刊》《壹周刊》《天下杂志》《商业周刊》；在"对个人影响最大的杂志"指标上依次为《壹周刊》《商业周刊》《时报周刊》；在"最优质的杂志"指标上依次为《天下杂志》《时报周刊》《商业周刊》；在"对社会影响最大的杂志"指标上依次为《壹周刊》《时报周刊》《天下杂志》《TVBS 周刊》；在所有杂志中，对《天下杂志》的评价较为正面。
	时报周刊	2	
	TVBS 周刊	3	
	商业周刊	4	
	独家报道	5	
	天下杂志	6	
	远见	7	

① 根据 2001 年台湾《出版年鉴》的资料，2000 年金石堂将杂志分为六大类进行销售占比排名，财经类杂志销售占比为 15.12%，排名第三。2009 年以后的《出版年鉴》，没有金石堂不同类别杂志销售情况的资料。

续表

年份	杂志名称	阅读率排名	对杂志的评价
2005 年	壹周刊	1	在"最能提供专业知识""最好/优质"两项指标上,《天下杂志》位居第一;在"内容最丰富""最能提供专业知识""最好/优质"三项指标上《商业周刊》位居第二;在"对个人影响程度"指标方面,《壹周刊》《商业周刊》《时报周刊》位居领先群,《天下杂志》则在月刊中表现最好;在"提供各类资讯"的表现上,台湾民众认为《财讯》是最能提供理财资讯的杂志。
	时报周刊	2	
	商业周刊	3	
	天下杂志	4	
2006 年	壹周刊	1	在"内容最有深度""最具国际观"两项指标上《天下杂志》位居第一。
	时报周刊	2	
	商业周刊	3	
2007 年	壹周刊	1	在"专业知识"及"对个人影响力"两项指标上《商业周刊》居第一名;在"内容深度""具国际观"以及"最优质"三项指标上《天下杂志》居第一名。《远见》在"具国际观"指标上排名第三名。
	时报周刊	2	
	商业周刊	3	
	天下杂志	4	
2008 年	壹周刊	1	在"内容深度""最优质""提供专业知识""最具国际观"及"对个人影响力"五项指标上,《商业周刊》位居第一。
	商业周刊	2	
	时报周刊	3	
	天下杂志	4	
2010 年	壹周刊	1	在"最能提供专知识""最能提供理财/财经资讯"等指标的表现上《商业周刊》位居第一,同时,该刊也是高收入民众获得财经资讯的首要选择;在"内容最具深度""最能提供教育/文化资讯""最具国际观""最具公正客观"及"最好/优质"五项指标上,《天下杂志》排第一。
	商业周刊	2	
	时报周刊	3	

续表

年份	杂志名称	阅读率排名	对杂志的评价
2012 年	壹周刊	1	在"内容最具深度"指标上,《商业周刊》排第一,《天下杂志》排第二,《远见》排第三;在"最值得信任"指标上,《商业周刊》排第一,《天下杂志》排第二;在"最好、最优质"指标上,《商业周刊》排第一,《天下杂志》《远见杂志》排第三、第四。在"最具国际观"指标上,《商业周刊》位居第一,《天下杂志》排第三。在"最能提供科学/教育/文化资讯"指标上,《商业周刊》排第一,《天下杂志》排第三;在"最能提供理财/投资/财经资讯"指标上,《商业周刊》排第一,《今周刊》排第二、《理财周刊》第三、《财讯》排第四。
	商业周刊	2	
	ViVi 唯你时尚	3	
	女人我最大	4	
	今周刊	5	
	天下杂志	6	
2013	壹周刊	1	在"内容最具深度"指标上,《商业周刊》排第一,《远见》排第二,《天下杂志》排第四;在"最能提供科学/教育/文化资讯"指标上,《商业周刊》排第一、《远见》排第二、《天下杂志》排第四;在"最能提供理财/投资/财经资讯"指标上,《商业周刊》排第一、《远见》排第三、《非凡商业周刊》排第四;在"最具公正客观"指标上,《商业周刊》排第一、《天下杂志》排第二,《远见》排第三;在"最好最优质"指标上,《商业周刊》排第一、《天下杂志》排第二,《远见》排第三。
	商业周刊	2	
	时报周刊	3	
	天下杂志	4	
2014	商业周刊	1	在"内容最丰富多样"指标上,"战后婴儿潮"的民众认为《天下杂志》排第一;在"最能提供'新闻资讯'及'生活/消费资讯'上,"X 时代"及"战后婴儿潮"的民众认为《商业周刊》排第一。
	天下杂志	2	

资料来源:笔者根据 2004—2014 年世新大学所发表的媒体风云排行榜新闻稿所统计得出。2009 年和 2011 年的资料缺失。

表 3-3   2002—2012 年财经杂志销售排行

年份	杂志名称	月刊排名	周刊排名	财经类排名	新闻类排名
2002 年	天下杂志	第十名	——	第一名	——
	SMART 智富	第十二名	——	第二名	——
	远见	第十五名	——	第三名	——
	商业周刊	——	第二名	——	第二名
	万宝周刊	——	第四名	——	第四名
	就业情报	——	——	第四名	——
	财讯	——	——	第五名	——
2003 年	天下杂志	第九名	——	第二名	——
	财讯	第二名	——	第四名	——
	商业周刊	——	第二名	——	第二名
	万宝周刊	——	第三名	第一名	——
	今周刊	——	第五名	——	第四名
	先探投资	——	——	第三名	——
	SMART 智富	——	——	第五名	——
2004 年	天下杂志	第十二名	——	第二名	——
	SMART 智富	第十六名	——	——	——
	财讯	第十八名	——	——	——
	商业周刊	——	第二名	——	第二名
	今周刊	——	第三名	——	第三名
	万宝周刊	——	第四名	第一名	——
	钱潮周刊	——	第五名	第四名	——
	先探投资	——	——	第三名	——
	理财周刊	——	——	第五名	——
2005 年	天下杂志	第十二名	——	第二名	——
	财讯	第十五名	——	第三名	——
	SMART 智富	第二十名	——	第四名	——
	商业周刊	——	第二名	——	第二名
	今周刊	——	第三名	——	第三名
	理财周刊	——	第四名	第一名	——
	万宝周刊	——	——	第五名	——
	先探投资	——	——	第六名	——
	经理人月刊	——	——	第七名	——
	就业情报	——	——	第八名	——
	快乐工作人	——	——	第九名	——
	住展杂志	——	——	第十名	——

续表

年份	杂志名称	月刊排名	周刊排名	财经类排名	新闻类排名
2006 年	SMART 智富	第九名	——	第六名	——
	财讯	第十三名	——	第七名	——
	天下杂志	第十六名	——	第八名	——
	商业周刊	——	第一名	第一名	——
	今周刊	——	第三名	第二名	——
	理财周刊	——	第五名	第四名	——
	非凡新闻周刊	——	——	第三名	——
	万宝周刊	——	——	第五名	——
	先探投资	——	——	第九名	——
	租赁报导	——	——	第十名	——
2007 年	SMART 智富	第一名	——	第三名	——
	天下杂志	第六名	——	第七名	——
	财讯	第十三名	——	第十名	——
	理财家	第十九名	——	——	——
	商业周刊	——	第一名	第一名	——
	今周刊	——	第三名	第二名	——
	万宝周刊	——	第四名	第四名	——
	理财周刊	——	第五名	第五名	——
	非凡新闻周刊	——	——	第六名	——
	先探投资	——	——	第八名	——
	SMART 密技	第十二名	——	第九名	——
2008 年	SMART 智富	第三名	——	第三名	——
	MONEY 钱	第八名	——	第四名	——
	天下杂志	第九名	——	第五名	——
	财讯	第十五名	——	第六名	——
	商业周刊	——	第二名	第一名	——
	今周刊	——	第四名	第二名	——
	非凡新闻周刊	——	——	第七名	——
	万宝周刊	——	——	第八名	——
	先探投资	——	——	第九名	——
	住展杂志	——	——	第十名	——

续表

年份	杂志名称	月刊排名	周刊排名	财经类排名	新闻类排名
2009 年	商业周刊	——	第二名	第一名	
	天下杂志双周刊	第十四名	——	第二名	
	财讯月刊	——	——	第三名	
	经理人月刊	——	——	第四名	
	远见	——	——	第五名	
	数位时代	——	——	第六名	
	30 杂志	——	——	第七名	
	今周刊	——	第三名	——	
	非凡新闻周刊	——	第五名	——	
	经理人月刊	——	——	第八名	
	哈佛商业评论全球中文版	——	——	第九名	
	动脑杂志	——	——	第十名	
2010 年	今周刊	——	第一名	第一名	
	商业周刊	——	第二名	第二名	
	先探投资周刊	——	第六名	第三名	
	万宝周刊	——	第八名	第四名	
	非凡新闻周刊	——	第九名	第五名	
	财讯双周刊	——	——	第六名	
	理财周刊	——	——	第七名	
	热股双周刊	——	——	第八名	
	天下杂志（双周刊）	——	——	第九名	
2011 年	今周刊	——	第一名	第一名	
	商业周刊	——	第二名	第二名	
	万宝周刊	——	——	第三名	
	先探投资周刊	——	——	第五名	
	财讯双周刊	——	——	第六名	
	天下杂志	——	——	第八名	
	SMART 智富月刊	——	——	第 10 名	
2012 年	今周刊	——	第 1 名	——	— — —
	商业周刊	——	第 2 名	第三名	
	万宝周刊	——	第 3 名		
	先探投资周刊	——	第 10 名		
	财讯双周刊	——	第 8 名		
	远见	——	——	第 2 名	— —

资料来源:笔者根据 2003—2013 年台湾《出版年鉴》资料整理得出。①

————————

① 2002 年 7 月《天下杂志》改为半月刊,2006 年《天下杂志》改为双周刊,金石堂出版情报仍将《天下杂志》归入月刊类别进行销售排行统计,《商业周刊》《今周刊》在 2000—2005 年是划入"新闻类"杂志进行销售排行,2006 年划入"财经"类进行统计。

二、财经杂志缩短出版周期

由于工商业社会步调加快,台湾民众对于财经资讯时效性要求提高。同时,网络发展也促使大众重视信息时效。在这一背景下,一些主要的月刊类财经杂志改版,缩短出版周期。

(一)《天下杂志》由月刊改为半月刊,后改为双周刊

《天下杂志》从创刊以来一直是月刊。2002 年 7 月,《天下杂志》由月刊改为半月刊,每逢 1 日、15 日各出刊一次。原本 250 页左右的月刊,改版后维持近 200 页的篇幅。为了便利读者阅读、携带,《天下杂志》减轻了纸张的质量,改用与海外重要财经杂志相同等级的圣经纸,印刷质感不变,但更轻薄,可以卷起并易于携带,方便读者随时随地阅读。

关于此次改版的原因,天下杂志群总经理金玉梅指出:“其实《天下杂志》刚创刊时就曾预备走半月刊的形式,但因当时的政经环境变动及资讯的流通速度缓慢,让《天下杂志》临时踩刹车,决定出刊以深度介绍产业结构的月刊。如今,市场环境变化,《天下杂志》改为兼具周刊速度、月刊深度的半月刊,除可提升影响力,也圆了当时梦想。”①在这次改版中,《天下杂志》发行人殷允芃重新担任该刊物总编辑,她表示:“正由于世界的急速演变,台湾的停滞不前、企业的快速发展和企业人士的全球奔波征战,促使《天下杂志》决定由月刊改为半月刊,希望能增加和读者的沟通频率,携手因应这多变的世界,发挥积极的影响力,共同参与并推动台湾的改变。”②“与世界同步跃升”是《天下杂志》这次改版的大方向。金玉梅解释:“一个好的媒体,应该带给读者正面且具参考价值的资讯,并帮助大家提升能力;而面临全世界的竞争,眼界也必须更宽广,因此新《天下杂志》的内容增添了国际性(包括两岸)的观点、金融/保险/证券业的创新服务和消费、健康、旅游等软性、实用的报道,希望一改以往《天下杂志》予人硬邦邦的感觉;当然,介绍台湾产业的优势与精彩人物,更是每期《天下杂志》的重点。而因出刊频率的缩短,编辑群也从 20 人扩编至 26 人。”③改为半月刊之后,《天下杂志》的订户增加三成,获利成长一倍,有效改善营收。

---

① 王韵茹:《天下当前锋　数位紧相随　摩拳擦掌——探半月刊市场》,http://www.brain.com.tw/News/RealNewsContent.aspx? ID=11106,2002 年 7 月 8 日。

② 殷允芃:《创新与世界同步跃升》,《天下杂志》2002 年第 254 期。

③ 编辑部:《争取议题时效性　天下半月刊 7 月登场》,《动脑杂志》2002 年第 314 期。

2006 年 1 月 4 日,"为了更贴近读者的阅读习惯,更快速反应重大议题"①,《天下杂志》将半月刊改为双周刊,每月固定第一、三周的星期三出版。

(二)《数位时代》改版为双周刊

《天下杂志》改版后,由多位"前天下人"创办的《数位时代》也于 2002 年 7 月改版为双周刊。《数位时代》的总编辑詹宏志表示,"现在是知识加速的时代,读者对财经杂志的需求更为强烈,促使媒体跟随这个节奏寻找生存空间……我很佩服《天下杂志》肯做这样大的决心,毕竟《天下杂志》在月刊界已有一定的影响力。既然《天下杂志》这位 21 岁的老大哥都选择了改变,才 3 岁的《数位时代》没有不变的道理"。关于改版后《数位时代》内容的变化,詹宏志解释:"《数位时代》双周刊的经营理念不变,仍会持续追踪和发掘'新环境、新人物、新观念',担任探索未来的搜索兵,也会加强关心科技力量深入各领域,乃至生活面的影响……我们重视的是社会环境的'新'与'变',希望能为读者一一描述产业结构的变化,这是和其他杂志最大的不同点。广告方面,则会注重和广告主的深度沟通。"

(三)《财讯》改为双周刊

2009 年 10 月,拥有 36 年历史的《财讯》,经过五年以上的内部讨论后,决定在 2009 年 10 月 28 日改为双周刊。希望快速掌握到时事的脉动,兼顾专题深度报道,以满足读者需求。《财讯》副社长曾嬿卿分析:"做月刊的总是在看趋势,看得比较远,但缺点是常常没办法顾虑到正在发生的新闻……月刊对投资人来说是真的太慢了,速度对他们而言,有时候就成了获利的关键……况且,有不少读者在问卷中反映,目前杂志的文字太多,图文比例落差太大,更坚定他们改版的念头。"②《财讯》改版后,除了报道时效性增强以外,文章字数也减少,图片增加,版面看起来更轻松,报道方向也增加软性的民生消费性议题,来扩大读者群。

————————

　　①　《天下杂志》编辑部:《编者的话》,http://www.cw.com.tw/article/catalog/editor.jsp? PID=365,2005 年 12 月 15 日。

　　②　邱家纬:《财讯月刊改双周　平面媒体新生机?》,http://www.brain.com.tw/news/NewsNotPay.aspx? ID=13144,2009 年 9 月 30 日。

三、财经杂志周刊市场热络

(一)《商业周刊》成为财经杂志的第一品牌

如表 3-4、表 3-5 所示,从 2002 年下半年开始,《商业周刊》在杂志阅读率和单期平均零售指数两方面都超过《天下杂志》,成为台湾财经杂志的第一品牌。

表 3-4　2000—2007 年《商业周刊》和《天下杂志》的阅读率

时间　　　杂志名称	天下杂志	商业周刊
2000 年 07 月—12 月	3.5%	3.3%
2001 年 01 月—06 月	3.2%	3.6%
2001 年 07 月—12 月	2.9%	2.5%
2002 年 01 月—06 月	2.8%	2.4%
2002 年 07 月—12 月	1.8%	2.9%
2003 年 01 月—06 月	2.0%	2.4%
2003 年 07 月—12 月	1.8%	3.0%
2004 年 01 月—06 月	1.6%	2.7%
2005 年	2.2%	3.2%
2006 年	2.2%	4.3%
2007 年	2.7%	5.8%

2000—2004 年的资料来源:王文静:《从断裂型创新检测台湾财经杂志市场的演进》,台湾大学硕士论文 2005 年,第 34 页。2005—2007 年的资料来源:傅修平:《财经杂志品牌忠诚度指标建构》,台湾政治大学硕士论文 2008 年,第 1 页。

表 3-5　1999—2004 年《天下杂志》与《商业周刊》单期平均零售指数比较

时间　　　杂志名称	天下杂志	商业周刊
1999 年	610	710
2000 年	528	1 092
2001 年	474	1 136
2002 年	576	1 649
2003 年	707	2 053
2004 年	638	2 249

资料来源:王文静:《从断裂型创新检测台湾财经杂志市场的演进》,台湾大学硕士论文 2005 年,第 35 页。

　　王文静引用哈佛大学商学院教授 Clayton M.Christensen 的断裂性技术理论,以台湾的杂志产业为例,研究"先占"企业《天下杂志》如何被"后进者"《商业周刊》超越。她的研究认为,《天下杂志》凭借其制作深度的技术日益纯熟,不断推出严谨而有深度的报道,也完成许多高难度的国际采访。然而,CEO 毕竟是金字塔顶端的少数,不是每一个财经知识的需求者都是 CEO,都需要了解各国家的竞争力或管理大师的理论。《天下杂志》忽视了低阶市场的顾客需求,这些低阶市场的顾客指非主管的职员,这群低阶消费者希望有朝一日成为 CEO,有梦想,但他们更关心切身的问题。《天下杂志》将组织资源投资在深度的技术创新上,标榜"观念领先",制作高品质的财经杂志,但这项技术创新却导致杂志陷入成长的困境——主流顾客的需求并未赶上它的品质改进程度,《天下杂志》落入主流技术"性能过度"的陷阱。虽然《天下杂志》有所警觉,而将月刊改为半月刊,但仍维持原先的品质,还要"迎战"《商业周刊》的挑战,确实陷入"创新者两难"①的困境。与之相比,《商业周刊》的选题更重视有时效的知识。《商业周刊》的售价只有 99 元,杂志厚度 150 页,与月刊形式的《天下杂志》售价 220 元,杂志厚度 280 页相比,《商业周刊》更便宜、更轻薄,更贴近每个个人,争取到低阶市场的认同,拥有速度优势,《商业周刊》也模仿《天下杂志》不断深化内容,逐渐取得竞争优势②。

　　王文静的分析尽管是一家之言,但也从一个侧面反映了《天下杂志》和《商业周刊》之间的差异。

(二)周刊形态的财经杂志较受欢迎

　　对于杂志来说,周刊是最具时效性的产品形态,可针对财经资讯及新闻性题材提供较及时的报道。如表 3-6 所示,从尼尔森的媒体大调查历年资料看,台湾月刊杂志的阅读率逐年下降,从 2004 年的 28% 跌落至 2008 年的 21%,相比较而言,周刊的阅读率则没有太大变动。

　　商周集团总经理俞国定认为,2002 年 7 月《天下杂志》和《数位时代》相继改为半月刊和周刊,意味着周刊时代的到来③。在这一时期,广义的财经类市

---

　　①　创新两难:Christensen 教授的"创新两难"效应是指,每一个市场都有一定程度的改善空间,顾客能利用或吸收的产品改良绩效是有限的,但是技术创新的速度总是比顾客能吸收的速度还快,日新月异的技术常使企业提供超出主流顾客实际需求的产品。

　　②　王文静:《从断裂型创新检测台湾财经杂志市场的演进》,台湾大学硕士论文 2005 年,第 35 页。

　　③　编辑部:《2002 杂志广告营收调查　想赚广告费　先比企划案》,http://www.brain.com.tw/News/NewsNotPay.aspx? ID=10647,2007 年 6 月 28 日。

表 3-6　AC Nelsen 台湾月刊和周刊杂志阅读率

年份	过去一周有看周刊	过去一个月有看月刊
2003 年	18%	23%
2004 年	17%	28%
2005 年	17%	27%
2006 年	16%	23%
2007 年	17%	23%
2008 年	18%	21%

资料来源：浩腾媒体：《台湾杂志媒体有哪些最新发展》，http://www.brain.com.tw/News/RealNewsContent.aspx? ID=12420,2009 年 4 月 24 日。

场一半以上的产品是周刊规格。由于台湾工商社会生活节奏加快，台湾民众对于财经资讯的时效性要求提高，周刊的流通较月刊快速，因此较受民众欢迎。如前面的表 3-3 所示，根据金石堂的资料，在所有周刊类型的杂志中，以《商业周刊》《今周刊》《万宝周刊》《先探周刊》《理财周刊》《非凡新闻周刊》为代表的财经周刊类杂志的销售排名都居前。从 2007 年开始，金石堂将《商业周刊》《今周刊》纳入财经类杂志进行销售排行比较，2007 年、2008 年、2010 年《商业周刊》《今周刊》在财经类销售排名中都分别位于第一名、第二名，其余财经周刊类杂志在财经类杂志的销售排名也逐步提高。

四、财经杂志开拓祖国大陆市场

随着祖国大陆经济的崛起，其潜在的巨大的阅读市场一直是国际出版商希望开拓的市场。台湾与祖国大陆同文同种，台湾出版业者也积极拓展祖国大陆市场。由于祖国大陆并未开放台湾出版业者直接赴祖国大陆投资，目前，台湾出版业者进入祖国大陆市场投资方式包含授权出版、共组公司合作、借用刊号、广告代理发行、选择特定刊物合作内容以及其他合作模式。截至 2005 年，进入祖国大陆市场投资的台湾出版业者中，有 44.1% 的杂志出版业者表示，目前在祖国大陆的投资已达到损益平衡阶段；20.1% 仍在投入资金阶段，10.4% 已经开始进入获利阶段，如表 3-7 所示。台湾文化主管部门《2011 年杂志出版调查研究报告》的数据显示：有 9.4% 的台湾杂志出版业者在大陆营运或与之相关。与《2007 年台湾杂志出版产业调查研究》调查和《2005 年台湾杂志出版产业调查研究报告》比较，台湾杂志出版业者赴大陆合作经营的比例有下跌趋势，由 2005 年的 13.1%、2007 年的 12.3% 下降至 2011 年的 9.5%。

尽管如此，但大陆期刊市场庞大，加上潜在的阅读人口以及华文出版的语言优势，一直是台湾杂志出版业者冀望突破的市场，也因此有赴大陆经营合作的台湾杂志出版业者透过不同形式的合作，拓展杂志在大陆市场的能见度，以期待最终能取得发行刊号出版杂志。台湾文化主管部门《2011 年杂志出版调查研究报告》的数据显示，赴祖国大陆投资的杂志出版业者中，以"销售业务"为主，占 63.2%，次为"杂志发行出版"，占 31.6%，"贩售杂志版权"仅有 5.3%。

表 3-7　台湾出版业者在祖国大陆投资情况

	原始		推估	
	家数	百分比	家数	百分比
仍在投入资金的阶段	6	20.7%	7	20.1%
损益平衡阶段	13	44.8%	15	44.1%
开始有获利阶段	3	10.3%	4	10.4%
其他	7	24.1%	9	25.4%
总计	29	100.0%	35	100.0%

《商业周刊》总经理俞国定认为，"目前台湾阅读商业财经类刊物的市场人口，简单预估有 200 万人，台湾所有财经类刊物的总发行量约 40 万本，台湾人口外移至大陆约 70 万人，整个台湾财经杂志市场受人口外移的影响，只会萎缩不会变大，所以市场的竞争会更剧烈"[1]。商业周刊媒体集团总裁金惟纯也指出："大陆市场相当适合杂志发展，台湾应善用台湾媒体人才以及成功经验，并发展台湾的独特性、风格及创意，一定能在大中华市场占一席之地……台湾若不立足华文市场，将会被边缘化"[2]。随着台商纷纷西进投资祖国大陆，台湾财经杂志业者也积极开拓祖国大陆市场。

如 2001 年 12 月 11 日，商周媒体集团被香港和记黄埔集团旗下的 TOM 集团收购，商周媒体集团想借此走出台湾，立足香港，进军大陆市场。当时《商业周刊》已是台湾少数赚钱的财经周刊之一，2000 年每股盈余 2 元左右，2001 年上半年获利约 7 000 万元新台币。根据协议，TOM 集团以新台币 16.5 亿元购买商周集团所有股份，其中，一半以现金支付（新台币 8.25 亿元新台币），四分之一以 TOM 集团的股份支付，另外的四分之一则以 TOM 集团旗下平面

---

[1]　俞国定：《知识内容产业的成长策略——以商业周刊媒体集团为例》，台湾政治大学 EMBA 硕士论文 2002 年，第 29 页。

[2]　金惟纯：《台湾杂志的经营之道》，《出版参考》2001 年第 21 期。

媒体集团新歌公司上市时发行的新股支付①。商周媒体集团董事长金惟纯表示:"早在两年前,他就开始思考,如何加大商周集团的经济规模、走出台湾和进入国际资本市场。基于台湾和整体中文世界关系较为薄弱,而香港却在整个国际资本市场的能见度更高的考虑,他最后选择了商业形象良好,又有大陆市场长期耕耘背景的李嘉诚集团,作为商周走向中文世界的合作伙伴。"②金惟纯指出:"凭借 TOM 在大中华地区首屈一指的品牌,我们有信心把握中国市场未来的发展机会,我相信成为 TOM 的一份子,会为集团缔造新契机,商周十四年耕耘走出台湾"③。TOM 集团完成商周集团收购案之后,其集团总共拥有 42 本杂志,代表台湾总体印刷市场超过一半的份额,使得 TOM 集团在台湾杂志市场居领导地位④。2004 年 3 月 18 日,《商业周刊》的姐妹刊物《全球商业经典》在大陆创办。《全球商业经典》定位为乐意为那些繁忙而又需要知识的社会精英提供"最简单、最轻松"的阅读方式。《全球商业经典》采用《商业周刊》的主要编辑人才和管理人才(如《商业周刊》集团社长俞国定担任《全球商业经典》行销顾问、《商业周刊》副总编辑张毅君担任《全球商业经典》总编辑兼总经理),分享《商业周刊》的采访资源,将《商业周刊》的部分内容改写转化刊登在《全球商业经典》中。2007 年,《全球商业经典》祖国大陆发行量达 10.7 万份,已经被确定为国家行政学院指定的必读知识刊物⑤。

2002 年年初,台湾远见·天下文化事业群和祖国大陆现代传播集团、天津市新闻出版局所属报刊资讯咨询服务中心联合在祖国大陆创办《东方企业家》杂志,该杂志定位为"顶级的财经人物杂志,致力于用客观公正的价值观,呈现当代中国主流财经人物的精神世界和故事,记录这个时代的行进与变革"⑥。2003 年,现代传播集团和远见·天下文化事业群共同主办,《东方企业家》和台湾《远见》共同承办全球华人企业领袖峰会,这是大陆唯一囊括两岸三地企业家、财经领袖的财经盛会,2003—2011 年,该峰会已先后在上海、台北、北京等地连续成功举办八届。

---

① 王皓正:《商周集团数位周刊停刊,资产及订户并入商周,不影响 TOM.COM 并购计划》,《经济日报》200 年 3 月 29 日第 35 版。

②④ 赵慧琳:《金惟纯不舍卖掉商业周刊》,《联合报》2001 年 12 月 13 日。

③ 苏青:《3.7 亿港币"吞噬"商周集团 TOM 传媒帝国显形》,http://tech.sina.com.cn/i/c/2001-12-17/96256.shtml,2001 年 12 月 17 日。

⑤ 和讯视点:《对话财媒:从台湾〈商业周刊〉到〈全球商业经典〉》,http://old.tv.hexun.com/P1446.shtml,2009 年 9 月 1 日。

⑥ 东方财富网:《〈东方企业家〉2009 第七届全球华人企业领袖峰会》,http://topic.eastmoney.com/hrqylxfh/,2009 年 11 月 26 日。

2008 年年初,原富传媒股份有限公司在祖国大陆设立出版筹备处,蓄势进军祖国大陆市场。原富传媒执行长童再兴表示,将准备上亿资本在祖国大陆创办商业财经类杂志。基于以往台湾杂志业者到祖国大陆发行杂志的经验,童再兴指出,"他将会秉持'财务规划保守''延揽两岸顶尖人才'这两个致胜的关键"。"财务规划保守"指创刊资金的准备,根据以往经验,他们起码会准备新台币一亿的资金投入。"延揽两岸顶尖人才"指由于杂志内容要拼祖国大陆的题材,编辑人员会以祖国大陆人才为主,这样人脉就不需要从头积累,台湾将做技术支援的后盾。业务方面,台湾的广告经营已朝向综合企划发展,因此会引入台湾的经验,但以祖国大陆人才为经营主干①。

五、财经杂志数字化发展

1995 年 4 月 1 日,台湾的互联网正式向社会各界开放,网络开始在台湾兴起。到 21 世纪,台湾民众使用网络的人口大幅增长,网民数量从 1996 年的 70 万人增加到 2014 年的 1 163 万人,12 岁以下的上网人口数,共计有 1 622 万人,上网比例为 77.66%②。比较 2005—2008 年各财经资讯媒体的使用人数,网络财经资讯的使用人数成长幅度最大,在 2008 年达到 278.3 万人,相较于 2005 年的使用人数,成长率高达 121.6%③。

作为新兴的传播媒体,互联网具有传播速度快、范围广、信息容量大、可检索、可复制、交互性、超文本、多媒体、使用方便、效果好等特点。它可以超越时空,实现全球一网;它可以容纳无限信息,实行高效快速传递;它可以将多种传播方式融为一体,实现多媒体传播;它可以实现双向交互传播,使上网者拥有更大的选择性。由于具有这些特点,互联网的兴起对传统媒体造成极大冲击。尼尔森所做的台湾媒体大调查显示,台湾报纸媒体在 1991 年的阅读率是 76.3%,之后就逐年下降,到 2009 年已下滑到 42.2%。杂志和报纸一样,在 1991 年的阅读率是 40.5%,之后也每况愈下,到 2009 年已下滑到 28%。相对地,网络媒体的接触率却每年上升,从 2001 年的 18.4%,到 2009 年的 49.2%,已经超过报纸及杂志成为仅次于电视的第二大媒体。

新传播科技相继出现以后,既有的传播媒体并不会消失。新媒体若能

---

① 编辑部:《童再兴要花一亿在大陆创办杂志》,《动脑杂志》2008 年第 384 期。

② 台湾财团法人台湾网络资讯中心:《台湾网络资讯中的调查显示,行为上网大幅增加》,http://techrews.tva/2014/08/v/twnic-online-behavior-suruay-rnore-mobile-sulfing。

③ 王馨逸:《台湾财经资讯阅听市场的转变》,http://www.brain.com.tw/news/NewsNotPay.aspx? ID=11923,2009 年 1 月 27 日。

满足受众的需求，且较经济方便时，会部分甚至完全取代旧媒体，发生"功能性替换"的过程。既有的传统媒体，为了生存，必须重新调整，以适应新环境。

网络的兴起改变了受众的阅读习惯，也促使传播途径发生变化。为了适应网络时代民众的阅读需要，拓展杂志市场，台湾各主要财经杂志也积极进行数字化发展，利用网络技术改造和发展自己的传播手段。台湾文化主管部门《2011年杂志出版产业调查研究报告》显示，面对数字化发展的趋势，台湾杂志业者已采取因应措施，以避免丧失竞争地位，如加速集团间资源的整合以及投资新兴的数字出版模式等。

财经杂志将平面杂志的内容数字编辑成电子杂志，发挥电子杂志方便快捷不用邮寄的特点开拓台湾财经杂志销售市场，特别是海外和祖国大陆市场，目前，台湾主要的财经杂志大部分都已推出电子杂志。据台湾主管部门2008年所作的产业调查，电子杂志的订阅率为2.8%，按产品扩散理论推断，目前电子杂志尚处于创新初期，对于传统纸媒读者的兴趣开发，仍有较大发展空间。台湾文化主管部门的《2011年杂志出版调查研究报告》显示，台湾杂志出版业者已经将杂志出版品数字化，2005年杂志数字化的比例为7.4%，2007年提高至24%，2011年则升至38.1%，显示台湾出版业者无不思考网络多元化经营。所有业者发行的电子杂志中以财金企管类杂志最多，为13.2%。目前台湾电子杂志的订户量还不如纸本杂志，如《天下杂志》电子杂志发行量只占纸本杂志的10%，《财讯双周刊》电子杂志订户数只占纸本杂志的8%。

财经杂志依托自身强有力的新闻采编力量以及长期积累的传播信誉和社会影响力，自办网站，利用互联网技术打造自己的新媒体传播平台，通过多媒体的经营过程，复合利用财经杂志的内容资源，最有效地利用杂志的品牌资源。目前台湾的老牌财经杂志业多将已有的出版内容建构为资料库，读者若对于特定领域的资讯有需求，便可利用资料库取得。在获利模式上，多采用会员制，收取会费或资料检索费。《天下杂志》于2004年8月成立"天下知识库"，提供线上资料库查询服务，包含《天下杂志》自1981年创刊至今的所有报道，为《天下杂志》的订户提供免费搜索服务，非《天下杂志》订户可以通过购买获得"天下知识库"的相关资料。2010年天下杂志群扩充资料库内容，设立"天下杂志群知识库"，所收录资料包括天下杂志知识库（1981年迄今）、康健杂志知识库（1998年迄今）、Cheers（2000年至今）、亲子天下（2008年迄今）、天下英文知识库（2007年迄今）、天下调查中心知识库（1000大调查、县市调查）、精彩专特刊知识库七大方面内容，实行团体用户会员制，年费定价新台币

150 000 元①。《商业周刊》也设立商周知识库,收录《商业周刊》从 1995 年 6 月 26 日至今所有文章,目前资料库仅供《商业周刊》杂志订户会员使用(包括电子杂志订户)。订户会员完成登录后,可享有近两年《商业周刊》出刊文章浏览及查询,而订阅时间超过 5 年以上的订户会员则可不限年份查询。资料库文章可储存于会员中心的"喜好收藏",订户于有效订阅期间,均可重复阅读再阅读,每人储存文章上限为 100 笔②。

台湾实力较大的财经杂志集团还建立了数字平台,天下杂志群开设天下杂志群数位平台,该数字平台包括天下网站、康健网站、Cheers 网站、亲子天下网站这四大全方位知识互动平台;天下影音平台、天下英文网站、校园天下网站;设有天下 iPad 互动版(台湾第一本互动版 iPad)、天下手机网站(台湾杂志媒体中最先成立的手机网站)这两大行动装置平台;设有天下 Facebook、康健 Facebook、Cheers Facebook、亲子天下 Facebook 这四大天下社群媒体;设有"天下网络书店""天下新知识库""天下电子杂志"这三大天下电子商务加值平台。

但台湾财经杂志的数字化发展仍存在很多不足。台湾文化主管部门《2011 年杂志出版产业调查研究报告》显示,发展互动式的数字出版除了当期杂志内容需改编外,还需资讯技术的支援,开发资金所费较多,台湾杂志出版社大多规模较小,没有足够的资金发展技术,包括财经杂志在内的多数杂志出版业者在数字化出版上多半只停留在将传统产业升级的阶段,亦即将纸本的杂志进行电子化,编排格式上则与纸本完全相同,连 ISSN 编码都沿袭纸本,未进入发展互动式的新兴数字出版产业阶段。

第二节　财经杂志内容的新变化

这一阶段,台湾财经杂志的内容有许多变化,台湾财经杂志积极和海外著名财经刊物合作,加强海外财经资讯的报道,为台湾企业增强竞争力,拓展全球市场提供观念和资讯支持;台湾财经杂志关注个人竞争力议题,增加贫穷新闻报道和消费新闻报道;台湾财经杂志借由数字化发展,实现平面杂志与杂志

---

① 《天下杂志群知识库四大特色》,天下杂志网站,http://new.cwk.com.tw/cgi-bin2/Libo.cgi?,2009 年 7 月 1 日。

② 《〈商业周刊〉资料库服务说明》,《商业周刊》网站,http://www.businessweekly.com.tw/search/#site-search-service,2009 年 9 月 18 日。

网站的互动与分工,虚实结合,多平台呈现杂志内容。

一、加强海外财经资讯的报道

台湾是海岛型经济,对外贸易(特别是出口贸易)是其经济增长的重要引擎。2001 年 12 月 11 日,台湾以"缔约方"即以"台澎金马单独关税区"名义加入 WTO,台湾经济和世界经济的联系更加紧密。与此同时,进入 21 世纪以来,台湾经济面临新的困境和挑战:以信息电子业为主体的台湾高科技产业备受美国等国际市场不景气的冲击,面临的技术壁垒与反倾销等挑战也日益增多,开拓新市场,推动高科技产业的进一步发展与升级成为台湾十分紧迫的课题。同时,台湾的服务业自 20 世纪 90 年代中期起在台湾整体产业结构中比重超过 60%,成为经济体系的主干,但其发展水平与发达国家和地区相比尚有相当大的距离。而且,以内需为导向的服务业受制于狭小的岛内市场的矛盾也日益突出。

在这一背景下,台湾财经杂志加强海外财经资讯的报道,为台湾企业增强竞争力,拓展全球市场提供观念和资讯支持。

(一)积极和海外著名财经刊物合作,增加权威性和国际性

为了让读者及时掌握权威的世界财经资讯,拉近台湾与国际的距离,财经杂志积极和海外著名财经刊物合作。2005 年,《商业周刊》与英国《金融时报》[①]合作,独家刊载该报首席经济分析师马丁·沃夫(Martin Wolf)的分析文章。此后,《商业周刊》还与日本经营商务类杂志 Nikkei Business 合作,取得该刊在台湾独家翻译授权,每期刊登一篇精选的 Nikkei Business 文章。2007 年,《天下杂志》独家与英国《经济学人》合作,不仅每日精选刊登两三则《经济学人》以及《经济学人》的 EIU 资料库的新闻,还在《天下杂志》上开设"经济学人在天下"栏目,刊登《经济学人》最新财经分析文章。《今周刊》也在这一时期也与美国的《福布斯》(Forbes)、彭博(Bloomberg)和日本的《东洋经济周刊》合作,每周精选刊登这些刊物的精彩内容。远见·天下文化事业群与美国哈佛商学院的《哈佛商业评论》[②]合作,于 2006 年 9 月 1 日启动《哈佛商

---

① 《金融时报》创刊于 1888 年,是一家领先的全球性财经报纸,总部设于伦敦,于英国、欧洲大陆、美国及亚洲印有当地英文版本,共拥有 160 万名读者,其主要网站 FT.COM 更拥有每月多达 390 万名在线读者。

② 《哈佛商业评论》创刊于 1922 年,是美国哈佛商学院的标志性杂志,一直致力于创造和传播最新的管理思想和方法,被业界誉为"管理圣经"。

业评论》全球中文版的出版。

(二)加大赴海外采访力度,介绍先进经验,挖掘海外市场新商机

为了帮助企业拓展海外市场,开拓新的商机,财经杂志加大派记者编辑赴海外采访的力度,介绍海外先进经验,挖掘海外市场新商机。

这一时期,《天下杂志》有关国际财经新闻报道的栏目主要有"国际短波""国际专栏""国际现场直击""越洋报道""越洋采访""借镜国际""国际评比""国际现场""国际企业"。同时《天下杂志》以海外报道为主要内容的文章也频频获奖。如《天下杂志》2005年的《韩国,有梦所以跃升》一文探究韩国重振再起现象,剖析其因素与条件,获"吴舜文杂志新闻奖"。2008年的《不可思议的印度》专题跳脱企管类报道"啦啦队"的盲点,分析投资印度的热潮,报道印度的"心灵走廊",获第七届卓越新闻奖之国际新闻报道奖。2009年的《驶向绿色好生活》除报道台湾企业裕隆汽车发展电动车的故事外,也到日本和德国采访日产、丰田、三菱与BMW的电动车计划,采访发展新能源车的祖国大陆车厂,反思台湾在这个新趋势中能掌握哪些利基,获"卓越新闻奖之国际新闻报道奖"。2014年《天下杂志》的《以色列——逆境找解答》一文获"卓越新闻奖之电视国际新闻报道奖"。台湾世新传播学院所作的"台湾民众媒体使用调查"结果显示,如表3-2所示,2006年、2007年、2010年《天下杂志》在"最具国际观的杂志媒体"项目评比中都名列第一。

这一时期,《商业周刊》对海外的报道也增加了不少。2005年,《商业周刊》首度同时派出四组采访团队,横跨三大洲,分赴巴西、俄罗斯、印度及祖国大陆实地采访,连续四期专题介绍新兴市场,该系列报道获"卓越新闻奖之国际新闻报道奖"。2007年,《商业周刊》推出"客座总编辑"专题,耗时一年半,飞行6万英里,共邀请9位世界级领袖担任《商业周刊》客座总编辑,展现新时代的观点,带给台湾读者国际新趋势。2013年《商业周刊》的《一颗石头改变全世界》封面故事获第二十七届吴舜文新闻奖"国际暨大陆新闻报道奖"。台湾世新传播学院所作的"台湾民众媒体使用调查"结果显示,如表3-2所示,2007年、2008年和2012年,《商业周刊》在"最具国际观的杂志媒体"项目评比中,分别名列第二和第一。

每隔两三期,《远见》就会派杂志社记者飞往一个国家,带领读者深入探讨当地的政经、社会、人文、环境及国家竞争力。2007年,在台湾世新传播学院所作的"台湾民众媒体使用调查"中,如表3-2所示,《远见》在"最具国际观的杂志媒体"项目评比中,名列第三名。

(三)邀请国际知名学者来台进行主题演讲

财经杂志还积极邀请国际知名学者来台演讲,既使读者近距离聆听知名学者的见解,拓展他们的国际经济视野,也为广告赞助商与目标族群创造最佳的互动沟通平台。

如《天下杂志》于 2002 年 5 月举办"天下大学"系列课程,邀请跨国 CEO 为台湾岛内企业家有系统地讲述全球经营与策略;分别邀请美国当代最具影响力的创新大师克里斯汀生、全球品牌管理大师 Tom. Peter、哈佛商学院 MBA 生涯发展中心主任巴特勒、国际管理大师大前研一、国际行销品牌大师科特勒等国际知名专家来台进行主题演讲。

《远见》从 2003 年开始就广邀国际级的趋势观察家,推出一系列"大师级论坛"。《商业周刊》于 2009 年举办"关键四力启动金砖"国际论坛。

《今周刊》《Smart 智富》也在这一时期积极邀请国际级投资大师来台演讲,将最新的投资展望与未来趋势带进台湾。

二、关注个人竞争力,拓展读者群

进入 21 世纪,受世界经济增长趋缓,岛内外市场需求不振以及当时执政的民进党当局财经政策摇摆不定,甚至连连失误等因素的影响,台湾经济发展从"中增长"阶段逐步转入"低增长"阶段。2007 年以来席卷全球的次级债危机,加重了台湾经济的不景气。

与经济不景气相对应的是日益严重的失业问题。2001 年,台湾失业人数即递增至 45 万人,2002、2003 年更飙升至 50 万人以上,到 2004 年以后才有所回落,但仍维持在 40 万人以上。其中,高学历人群失业情况严重。据统计,从 2005 年开始,台湾大学生失业率即超过总失业率。2006 年,高学历失业人口较 2000 年增加一倍。即使是已就业者,职场环境也是今非昔比,且不说约有五成的大学以上学历的社会新鲜人从事着不稳定的工作,连在职场打拼多年的老职员,工作也不再有稳固的保障。据调查,2005 年台湾有 81.6% 的企业未调高薪酬,比 2004 年增加 3.3%。近年来台湾员工退休年龄逐年下降,2005 年退休员工平均年龄已降至 54.9 岁,比申请劳保老年给付的年龄限制(55 岁)还低[①]。

面对经济的不景气及日益严重的失业问题,生存与发展问题成为台湾民

---

① 张玉冰:《2000 年以来台湾社会分化现象浅析》,《台湾研究》2008 年第 2 期。

众关心的议题。随着时代的进步,越来越多的青年人希望透过杂志了解职业生涯规划有关资讯,为此,财经杂志加强了有关提高个人竞争力的报道,以此拓展读者群。

如 2001 年《商业周刊》重新调整报道范畴,从企业竞争力跨入个人竞争力的领域,获得极大的回响,《商业周刊》变成中产阶级的大众杂志①。陈君桦对《商业周刊》1999—2004 年抽出 79 篇封面故事进行统计分析,发现,1999—2001 年总共 38 篇抽样文章中,有关"职场规划""生涯规划"主题的封面文章仅有 4 篇,占抽样的 10.6%;2002—2004 年总共 41 篇抽样文章中,《商业周刊》有关"职场规划""生涯规划"主题的封面文章增加到 11 篇,占抽样的 26.8%②。"职场规划""生涯规划"关注个人竞争力的议题,告诉读者现今的就业市场哪种人才受重视,必须具备怎样的能力,如何晋升等。

《商业周刊》还以说故事的方式,报道成功者的故事,让读者在故事中解读"如何强化个人竞争力"。李昭安对 2003 年 3 月 24 日至 2005 年 3 月 28 日《商业周刊》的 39 篇以成功人物为报道主题的封面故事进行分析发现,这 39期封面故事中所报道的成功人物以台湾高科技制造业或服务业的男性高层决策者为主,报道内容主要为回溯成功人士的成长及打拼过程,描述其"经过什么样的历练或是挑战以获得今日的成就"③。

2003 年 10 月,《商业周刊》针对上班族读者推出"商周让菜脑袋不被淘汰"的电视广告,进一步强化其杂志提高个人竞争力的诉求,激发消费者的求知欲与订购欲。由于"如何强化个人竞争力"的议题和读者的个人发展密切相关,《商业周刊》拓展年轻读者和女性读者群,发掘专业人士之外的阅读市场,在零售市场上创造了纪录。根据铭传大学的调查,2012 年《商业周刊》成为新生最常阅读率的杂志第一名。

2000 年 9 月,天下杂志群创办《快乐工作人》,以年轻上班族为读者对象,主要报道职场新知与品位生活等议题。《快乐工作人》的读者年龄为 30～35岁,男女读者的比例为 5:5④,借由《快乐工作人》的创办,天下杂志群也成功

① 《动脑杂志》编辑部:《团结力量大　商业周刊为什么愈来愈赚钱?》,http://www.brain.com.tw/News/RealNewsContent.aspx? ID=7252,2005 年 12 月 1 日。

② 陈君桦:《台湾财经杂志封面故事及其叙事策略之分析:以商周、天下为例》,台湾中正大学硕士论文 2005 年,第 1 页。

③ 李昭安:《由〈商业周刊〉封面故事看财经杂志对成功者形象的再现》,"中华传播学会"2006 年会议论文。

④ 天下杂志企业专案组:《天下杂志群传播服务项目简介》,http://media.cw.com.tw/cw/cwdata/pdf/cw_mediakit_200906_01.pdf,2009-06-01.

地拓展了年轻读者群,特别是女性读者群。

此外,远见·天下文化事业群也于 2004 年 9 月创办《30 杂志》,定位为 25～35 岁的年轻读者,为他们提供多元化、前瞻实用的工作、理财、生活和进修的资讯与分析。

福柯指出:"话语是由系统组织起来的、反映某一社会集体的意义和价值观的话语……这些社会集体限定、描述、并控制关于它自身什么是可以说的,什么是不可说的,不管是边缘的还是中心的。"①台湾财经杂志以"专门报道成功企业与人物""掌握经济趋势与脉动"的专业姿态为读者提供有关如何提高个人竞争力报道的同时,也传达着特定的资本主义竞争理念。

(一)"个人归因偏向"来解决个人竞争力问题

以《商业周刊》第 819 期封面故事《学历 大贬值》为例。《商业周刊》先指出目前就业市场的严峻性,"台湾大学文凭满天飞,如同货币供过于求,造成学历通货膨胀……台湾将迈入学历大贬值时代",其解决方案是"杨基宽就建议现在的大学毕业生想要四年毕业后,顺利找到一份工作,最好的方法就是拥有三张证书:毕业证书、辅系证书,再加上一张专业证照证书,才能确保不会'毕业即失业'"②。作者将文凭比如货币一样,因为供过于求而贬值,解决学历贬值的方法是个人努力储备更多的文凭。这是典型的"个人归因"方法,先将问题归因到个人,再谆谆告诫"你"应该要怎样做才能走出困境,获得成功,规避了外在社会、当局所该担负的责任。

"个人归因偏向"的解决问题模式在财经杂志中屡见不鲜,这种模式要求个人应该尽量改变自己以适应急速恶化的就业环境(其中隐含着:如果你不适应,那是你自己的错),却不鼓励个人团结起来,发挥集体的力量去改善制度。常见的财经杂志"个人归因"的例子还包括:强调职场上员工应该具备哪些能力,忽略企业应该提供给员工的训练与教育;被裁员是因为个人能力不足,而不是公司经营有问题等。个人归因逻辑使得财经杂志既规避了政治的敏感,也不致得罪企业界,比其他媒体更加体现精英导向。

(二)将追求财富及身份地位视为个人成功的象征

在涉及提高个人竞争力议题时,财经杂志一般都会以说故事的方式,讲述

---

① Foucault,M.Orders of discourse. Social Science Information,1971,(2):7—30.

② 吴修辰:《学历 大贬值》,http://www.businessweekly.com.tw/article.php? id=16738,2003 年 8 月 4 日。

成功人士打拼成功的过程。知名的企业家、亿万富翁往往是财经杂志热衷报道的对象。如《商业周刊》2004 年的《灯泡富翁》封面故事，就讲述三兄弟如何靠着一颗售价不到新台币 1.5 元的小灯泡，每年创造百亿元新台币的营收，成为全球霸主。2005 年的封面故事《我的头衔叫 MONEY》报道底特律贫民窟长大的擦鞋童乔吉拉德，如何成为汽车史上最会卖车的人。

当财经杂志记者以专业力、说服力高的笔触来报道成功的企业、人物时，读者通常欣然接受，而忽略了杂志所构筑的报道情境——那是一个惯以财富衡量成败，以排名决定成就的世界。这些报道加深了民众对成功的刻板印象，将追求财富及身份地位视为个人成功的象征。

三、增加贫穷新闻报道

21 世纪以来，台湾经济发展从"中增长"阶段逐步转入"低增长"阶段，通货膨胀、失业率居高不下。在此过程中，台湾贫富差距愈拉愈大，1998 年，台湾最富的 5% 人口与最穷的 5% 人口的财富相差 32 倍；2007 年，这一差距攀升到 62 倍[①]。富人所得增长很快，穷人的所得却增长缓慢，低收入户数及人数明显上升。2009 年第四季落在贫穷线以下的家庭户数升至 10.5 万户，比 1998 年整整增加一倍，低收入人口首度升逾 25 万人，也是史上新高[②]。2011 年第二季落于贫穷线以下的家庭升至 11.4 万户，低收入家庭里的人口十年来由 17 万户升逾至 27 万人，皆创历年新高[③]。

随着低收入人口的增加，在失业率攀升的阴影中，穷人及失业者的故事成为媒体聚焦的话题。透过媒体报道，低收入者的故事被搬上台面，不断地在广大民众面前上演，包括财经杂志在内的媒体吹起一阵报道"贫穷议题"的风潮。

以这一时期新的财经杂志领导品牌《商业周刊》为例。2003—2007 年，《商业周刊》连续五年每年固定出版"一个台湾，两个世界"的社会关怀系列深度报道专题。"一个台湾，两个世界"专题报道探讨各种弱势议题，由于贫穷、失业而引发的议题是其主要报道内容。2003 年 3 月 24 日，封面故事《一个台湾，两个世界——等凤梨长大的女孩》讲述了南投凤梨田 6 岁小女孩无法上学

---

① 中国新闻网：《台湾贫富差距极度恶化　最富最穷相差 62 倍创新高》，http://www. chinanews.com.cn/tw/tw-jjwh/news/2009/06-20/1742268. shtml，2009 年 6 月 20 日。

② 联合早报：《台湾贫穷户创新高》，http://www.zaobao.com/special/china/taiwan/pages13/taiwan100222a.shtml，2010 年 2 月 22 日。

③ 中时电子报：《贫穷线以下家庭　飚破 11.4 万户》，http://tw.news.yahoo.B6-213000250. html，2011 年 9 月 19 日。

的故事,凸显台湾贫富差距日趋严重的社会问题。2003 年 3 月 21 日的封面故事《新穷人》,以经济结构改变而可能永久失业的一群人为报道主角,反映台湾高失业率。2004 年 5 月 27 日的封面故事《阿祖的儿子》,报道和阿祖在乡下相依为命的小男孩阿宏,反映日益严重的隔代教养问题。2005 年 5 月 20 日的封面故事《湄公河畔的台湾团仔》,报道外籍配偶家庭因为经济、婚姻的困境而把孩子送回越南,讲述了一个骨肉分离的故事。2006 年 4 月 13 日的封面故事《大象男孩与机器女孩》描写身心障碍儿童背后不为人知的辛酸。2007 年 6 月 18 日的封面故事《水蜜桃阿嬷》围绕经历媳妇、儿子、女婿相继自杀的台湾少数民族阿嬷与三位厌世大人留下的需要阿嬷抚养的七个孩子,探讨自杀率攀高背后的生命教育问题。

《商业周刊》"一个台湾,两个世界"专题报道频频得奖。2003 年《新穷人》荣获吴舜文新闻奖"杂志报道奖"首奖,2004 年《一个台湾,两个世界——等凤梨长大的女孩》封面故事获 SOPA 亚洲卓越编辑奖"最佳专题报道奖",2005 年《阿祖的儿子》获第 29 届金鼎奖"最佳专题报道",2006 年《大象男孩与机器女孩》获吴舜文新闻奖"杂志专题报道奖"首奖。

《商业周刊》"一个台湾,两个世界"专题报道,一方面赢得"关怀弱势群体"的赞誉;另一方面,也因简化问题而被有识者批评,认为"弱势专案"不过是在商业逻辑下,心安理得甚至带着道德自许地宣布:"我们不仅服务富裕阶层,我们也关心弱势群体。[①] 其中《水蜜桃阿嬷》引起的争议最为激烈。2007 年 7 月 11 日,台湾民意代表高金素梅与水蜜桃阿嬷的亲人在台湾立法机构举行记者会,质疑《商业周刊》设立城邦文化基金会的募款计划"民众每笔捐三千元认购一套'儿童生命教材',捐给台湾自杀率前五名县市的 366 所小学",是肥自己的荷包。因为所谓"儿童生命教材"包括绘本、儿童生命剧及水蜜桃阿嬷DVD,都由《商业周刊》或其所属的城邦集团所出版,"在一整套的商业及资本主义逻辑运作下,水蜜桃阿嬷只是被《商周》消费、剥削的对象,真正得利的只有《商周》"[②]。之后,《商业周刊》的总编辑王文静及发行人金惟纯向社会大众及高金素梅道歉,承认《商业周刊》虽立意良善,但在募款执行过程中的确有瑕疵。为了平息争议,《商业周刊》答应自掏腰包,另捐出新台币 200 万元作为阿嬷 7 个孙子的教育基金。金惟纯强调,"《商业周刊》以后报道的原则虽不会改

---

① 李娜:《爱心的消费,内部的殖民——由〈水蜜桃阿嬷〉看台湾》,http://www.nfc-mag.com/articles/109/page/3,2008 年 1 月 27 日。

② 林怡君:《高金素梅:商周涉三大道德缺失应对外说明》,http://www.abohome.org.tw/modules/news/article.php? storyid=1688,2009 年 6 月 1 日。

变,但会更加注意当事人募款的部分"①。

在"批判性话语分析"学者看来,新闻是一种话语,并且是一种再现的话语,任何对世界的陈述与书写都有特定理念立场,新闻中所谓的真实经"选择"后约定化,它们被选择并非本质上有新闻价值,而根据不同社会经济背景的意识形态建构②。

分析《水蜜桃阿嬷》的报道架构发现,其报道倾向用个人责任论来解释社会问题,忽略其后的社会结构因素。文章在报道水蜜桃阿嬷亲戚自杀原因的时候,采用简单化、单一化的归因方法,归因于个体"面对不顺遂的态度"不正确。如在报道阿嬷的媳妇自杀个案时,虽然提出其拥有"总计一百多万元的卡债与汽车贷款",也提到"水蜜桃阿嬷所处的部落的忧郁及高自杀率令人惊讶",然而在归因其媳妇自杀原因时,却以"百万负债是厌世的真正原因吗……逼视死亡是难,更难的是要逼视真止的原因。负债不是结束生命的关键,关键是人在面对不顺遂的态度"③来解释阿嬷媳妇的自杀原因。报道切断生理与社会层面的自杀原因和心理层面的自杀原因,不问阿嬷的媳妇有否忧郁症或其他生理上的疾病或面临社会困难,仅强调自杀原因只有一个——她"面对不顺遂的态度"不正确。台湾大学林文兰指出:"《水蜜桃阿嬷》没有探究水蜜桃阿嬷亲戚自杀之因,忽略个体所处的社会结构的困境,例如:高山蔬果的产销网络与层层剥削,导致生产利润尽失;部落缺乏工作机会,年轻人外出就业所产生的隔代教养现象;产业外移和关厂导致中高龄劳工集体失业;社会基层处处习见对于台湾少数民族的歧视和剥削……《商业周刊》选择忽略,是因为如果《商业周刊》把自杀原因归于负债,便必须挑战如底层家庭的命运如何被社会经济结构所决定,或台湾少数民族与汉族之间的贫富与城乡差距等更大的问题。"④

《商业周刊》是台湾最畅销的商业杂志,高调报道此议题,以噱头十足,煽情的方式呈现《水蜜桃阿嬷》的故事,沿用其习惯的煽情写作风格,以成功地吸引阅读率与话题讨论,其议题分析倾向简单化、单向化、去结构化和去历史化⑤。

① 姚盈如:《商周道歉 捐 200 万助水蜜桃阿嬷》,《中国时报》2007 年 7 月 12 日。

② 黄敏:《再现的政治:CNN 关于西藏暴力事件报道的话语分析》,《新闻与传播研究》2008 年第 3 期。

③ 成章瑜:《水蜜桃阿嬷》,《商业周刊》2007 年第 1021 期。

④ 林文兰:《喂,这是爱心连线……》,《中国时报》2007 年 7 月 6 日。

⑤ 张广文:《自杀新闻框架研究——以〈商周〉〈水蜜桃阿嬷〉为例》,台湾大学硕士论文 2009 年,第 1 页。

四、消费新闻报道的兴起

从西方新闻史的发展可以发现,在社会动荡的时代或者社会转型时期,人们对硬新闻的偏好较强,但是进入经济稳定发展,社会变动相对减弱的时期,娱乐性的软新闻更为人们所喜闻乐见。

台湾早在 1979 年就成为"亚洲四小龙"之一,经济较发达。台湾消费社会形成的雏形起自 70 年代后半期,巩固于 80 年代末期,深化于 90 年代中期。1998 年,台湾实施隔周休二日制,2001 年,全面落实全面周休二日,台湾民众休闲时间增加,对娱乐消遣的资讯需求也增加。2000 年,台湾经济发展放缓,经济不景气所带来的强大工作压力恐慌症,引发人们对休闲、放松的强大需求。尽管民众收入所得成长趋缓,但台湾民众仍然倾向从可支配的所得中花更多的钱在消费上。以 2001 年为例,台湾经济首度出现半个世纪来的负增长 2.22%,平均每户可支配所得比 2000 年减少 22 794 元,但该年平均每户消费支出占平均可支配所得的比例比前一年高(2000 年为 74%,2001 年则是76%)①。根据台湾统计主管部门公布的统计数据,与 1998 年相比,2008 年"食品饮料及烟草"与"衣着鞋袜类"占家庭消费支出结构的比重分别下降1.1%和 1.3%,"医疗及保健""运输交通及通讯"的比重则分别增加 4.3%和1.4%,"娱乐教育及文化服务"略微下降 0.3%,显示台湾民众的消费支出已由衣食温饱转为追求生活品质之提升②。

为了在市场竞争中争取受众,财经杂志也增加了健康、旅游、流行、生活、娱乐资讯等消费新闻的报道。

《天下杂志》就从 2001 年开始每年推出《微笑 319》专辑,介绍台湾 319 个乡镇的美景美食,号召民众用旅行的方式走遍台湾 319 个乡镇。《天下杂志》还增设了"个人视窗"栏目和"OFF 学"栏目两个重点栏目,"个人视窗"栏目的主要内容为个人消费、理财、健康、旅游、学习、工作之余,生活如何多姿多彩,下班后有哪些新活动、新去处。"OFF 学"栏目的主要内容是为读者介绍如何安排工作之余的休闲娱乐生活。

《商业周刊》从 2005 年 4 月 4 日起创办随书附赠"alive 生活专刊",该专

---

① 刘维公:《当代台湾消费社会的考察》,http://www.commrd.nccu.edu.tw/material/photo/pdf/2006.3.15salon%20ppt.pdf,2006 年 3 月 15 日。

② 台湾行政主管部门统计机构:《统计通报》,http://www.dgbas.gov.tw/public/Data/982816102871.pdf,2009 年 9 月 7 日。

刊定位为报道"讲究的生活,讲究生活的人"①,"希望让台湾的菁英在努力工作的同时,也尽情享受生活"②。

由专业财经新闻台非凡电视台出版的财经刊物《非凡新闻周刊》,2006 年 4 月创刊,每周三出刊。主要内容为报道政商内幕、理财消费通,整理最新时尚趋势,内附美食店家资料全览及理财专刊。非凡将这本杂志定位在《壹周刊》与《商业周刊》之间,有《壹周刊》的生活娱乐资讯及《商业周刊》的财经内容,但更浅显易懂。如前面表 3-4 所示,该刊创刊第一年即在金石堂财经类销售中排名第三,之后一直名列财经类销售排行前十名。《非凡新闻周刊》崛起,为消费者提供想要的政商、财经、管理以及民生议题等综合讯息。

此外,天下杂志群 2000 年 9 月新创办的《快乐工作人》、远见·天下文化事业群 2004 年 9 月创办《30 杂志》,也都将健康、旅游、流行、生活、娱乐、饮食等消费资讯作为内容重点。

周冠宏对报纸消费新闻记者的调查访谈发现,消费版的广告新闻化现象相当严重,新闻和广告之间的界限几乎消失,除非是专业新闻工作者,一般读者很难分辨出其中的差异③。财经杂志消费新闻报道也同样存在这类问题。以《非凡新闻周刊》为例,在其创刊前,碍于台湾"广电法"的规定,非凡电视台的招牌美食节目"非凡大探索"无法在电视上提供完整的店家资讯。新创刊的《非凡新闻周刊》有效地规避了这一限制,详细介绍当周"非凡大探索"美食资讯及店名、地址、地图等资料。一些消费新闻的报道是根据广告部所提供的支持客户名单采写的。《天下杂志》负责广告业务的副总梁晓华就指出,透过"微笑 319"活动,《天下杂志》增加了 20 多个客户,当地的饭店、糕饼与商店都可以借由杂志内容宣传合作伙伴④。如果不区隔消费新闻报道和广告,广大受众"知"的权利将受到损害。

五、虚实结合,多平台呈现杂志内容

随着数字化技术日益广泛和深入的应用,传媒的数字化革命已成为难以

---

① 王文静:《请客新主张》,http://www.businessweekly.com.tw/article.php? id=20075,2005 年 4 月 11 日。

② 王文静:《惊喜之心》,http://www.businessweekly.com.tw/article.php? id=20024,2005 年 4 月 4 日。

③ 周冠宏:《报纸消费新闻的产制与变迁:以〈自由时报〉周末生活版为例》,《中华传播学会论文集》,"中华传播学会"2009 年版,第 16 页。

④ 邱家纬:《"微笑台湾 319 乡"有哪些行销创意?》,http://www.brain.com.tw/News/RealNewsContent.aspx? ID=13038,2009 年 9 月 2 日。

阻挡的时代潮流。在以数字化技术为支撑的新媒体急剧扩张,挑战传统媒体权威地位的时候,融合新媒体技术、努力向数字化转型成为觉醒后的传统媒体的必然选择。

随着数字科技的演进,以往杂志媒体多半透过一对多的渠道提供自销的新闻内容,现在则透过多对多的协同合作来创造内容和传播。以《天下杂志》为例,为了丰富读者阅读的体验,《天下杂志》推出 iPad 杂志(是台湾第一家推出 iPad 版杂志的媒体),在推出正式版 iPad 杂志之前推出两本 iPad 免费试阅版——《超越 100》《花博大花现》,希望从单一纸本变身,转而提供全新阅读体验。《超越 100》《花博大花现》这两本特刊上架后皆蝉联台湾地区 APP Store 热门不分类排行榜第一名持续一周,在游戏软件为主的下载排行榜上异军突起,更获得读者热烈好评①。《超越 100》iPad 版善用 iPad 优势,兼具历史深度与人文关怀,让百年历史以多元活泼的面貌呈现,制作团队绘制了动画版大事年表、搭配近百张珍贵照片与 8 支精彩影音,让读者体验数字阅读带来的多元感受。除了动画、影音、文章报道外,《超越 100》iPad 版更邀请读者制作自己的年表,透过和台湾与名人的比较对应,创造多对多的协同创作和深度互动。天下杂志群董事长殷允芃在台北国际杂志论坛上表示,对《天下杂志》来说,面对变动的数字时代,不变的道理还是产品的不可取代和品牌的价值,她相信,面对新的未来,改变的是免费的时代已经过时,未来不论任何的平台,内容都是有价的。

财经杂志借由数字化发展,实现平面杂志与杂志网站的互动与分工,虚实结合,多平台呈现杂志内容。《天下杂志》在这方面的表现最为突出,2006 年、2008 年,天下网站两次获得华文网络世界年度大奖——click Awards 金手指奖最佳内容网站"金奖"首奖。2009 年,天下网站月流量 400 万,平均每月造访人次 130 万人,网站平均停留时间为 12 分钟②。接下来以《天下杂志》为例,分析其如何虚实结合,实现平面杂志与杂志网站的互动与分工。

(一)杂志与网络的分工策略

1. 平面杂志:发挥杂志优势,凸显深度报道

在未经过内容数字化的前提下,杂志的媒介元素是文字与图像。与其他媒体相比,杂志的优势在于深度报道,可以历史、系统地记录报道某一事件,解

---

① 天下杂志:《〈天下杂志〉iPad 版带出互动阅读新体验》,http://203.86.89.25/chinapublish/hw/tu/201101/t20110114_83077.html,2011 年 1 月 14 日。

② 天下杂志企业专案组:《天下杂志群传播服务项目简介》,http://media.cw.com.tw/cw/cwdata/pdf/cw_mediakit_200906_01.pdf,2009 年 6 月 1 日。

释事件发生的背景和动向,论述深刻、透彻,提供更多思考余地和广阔的观察视角。同时,杂志印刷精美,图文并茂,再加上易携带性,使阅读杂志成为一种习惯,一种享受。

《天下杂志》主要内容由两大块构成,一是对过去两周以来重要事件的热点追踪①,二是针对某一现象或议题进行深度报道分析。为了突出杂志本身的特色,更好地实现杂志与网络的互动,《天下杂志》于2008年1月16日再次改版。改版后的杂志减少了动态新闻的报道,增加了深度报道,杂志深度报道分析的功能进一步凸显。为了方便读者阅读,掌握深度,《天下杂志》将原来的二十二个栏目整合成为八大栏位。这八大栏位以清楚的色块进行分类,包括"全球视野""竞争优势""经营管理""跨越两岸""人与环境""经济学人在天下""专栏""OFF学"。为了方便携带,早在2002年7月《天下杂志》由月刊改为半月刊的时候,《天下杂志》的篇幅就由原来的250页左右减少为200页左右,改用海外重要财经杂志相同等级的圣经纸,印刷质感不变,杂志更轻更薄,易于卷起随身携带。

2. 网络:全天候、全方位的信息提供

传播学者伊尼斯最先发现并提出媒介的"传播偏向",认为根据传播媒介的特性,某种媒介可能更加适合知识在时间上的纵向传播,而不适合在空间中的横向传播,该媒介笨重而耐久、不适合运输的时候;它也可能更加适合知识在空间中的横向传播,而不适合知识在时间上的纵向传播,该媒介轻巧而便于运输的时候②。数字化之前的传统媒介都存在偏倚时间或偏倚空间的问题,数字化解决了这种人类传播发展史上一直难以解决的传播偏向问题。数字媒体几乎同时解决了时间上的长久保存和空间上的便利传递之问题。

天下网站发挥数字媒体没有截稿时间,可以随时更新的特点,特别设置了网站独有的五大频道"破解今日新闻""天下杂志HOT议题""超能力学堂""名人读书会""天下会员专属",每日更新,解决了《天下杂志》作为双周刊时效性较差的缺陷。每条新闻都会标注出处和报道时间,既方便读者判断新闻的新鲜程度,又体现时间上的延续性。为了让读者同步获得全球最新财经资讯,天下网站独家与国际权威的财经杂志英国《经济学家》合作,每日精选刊登两三则《经济学家》以及《经济学家》的EIU资料库的新闻。

"全方位"信息服务则体现在形态多样、互动性强等方面。针对读者接受讯息管道多元化的特点,天下网站提供八大平台服务,包括手机下载、影音、

---

① 2002年7月《天下杂志》由月刊改为半月刊,2006年1月改为双周刊。

② [加]伊尼斯著,何道宽译:《传播的偏向》,中国人民大学出版社2003年版,第47页。

mp3 下载、影像故事、PPT、天下知识库、天下电子杂志、You Tube CWTV 频道①,让没有时间看杂志的读者,可以听声音(MP3 下载)或是看影像(You Tube CWTV 频道);让没有时间读长篇文章的人,可以用简报 PPT 的方式,快速掌握议题重点。为了发挥网络互动功能,天下网站提供"会员专属资料夹""RSS/Widget""网站内容留言版""分享功能"四大互动界面,满足网友个人需求。此外,天下网站还强化网络的搜索功能,"天下知识库"是《天下杂志》于 2004 年 8 月正式成立的线上资料库查询服务,包含《天下杂志》自 1981 年创刊至今的所有报道,为《天下杂志》的订户提供免费搜索服务,非《天下杂志》订户可以通过购买获得"天下知识库"的相关资料。

(二)平面杂志与网站的"无缝性"对接

1. 强化平面杂志对网络的导读与推荐

《天下杂志》的目录页不仅包括该期平面杂志的内容导读,也包括与该期杂志内容相对应的天下网站内容导读。在"封面文章"和"特别策划"等《天下杂志》重点文章下方都有简短的链接提示,提醒有兴趣的读者上网进行拓展性阅读。《天下杂志》的封面故事和特别策划通常篇幅都很长,相关采访资料和内容也很多,平面杂志刊登报道的精华,满足一般读者对信息的基本需要。对于有特殊需求或对此专题特别感兴趣的读者,天下网站提供更多的背景资料、语音资料及其相关内容。这既满足了大部分读者进行有效率阅读的要求,也让有特殊兴趣的读者有选择的空间。

2. 将平面杂志的互动延伸到网络进行

针对平面杂志互动性较差的特点,《天下杂志》将与读者的互动空间延伸到网络上,其互动形式多样,包括:对《天下杂志》即将策划的专题,事先在网络上征集网民的意见,如《天下杂志》第 391 期针对 2008 年台湾地区领导人选举企划的专辑,天下网站事先就在网站邀请青年学生向领导人参选人提问,网络票选前三名的问题,会在《天下杂志》的专访中正式提出。对于《天下杂志》文章,天下网站不仅刊载全文,还开设专门的留言区,鼓励网友发表意见,分享经验。

3. 网站内容与杂志内容的对接和互补

天下网站各频道下栏目的设置与《天下杂志》的栏目名称大体上一致,因为越来越多的用户同时使用这两种媒体,保持一致性的设计能让用户感到亲切、熟悉,便于他们快速找到目标文章。

---

① 天下杂志群与 You Tube 中文网站战略联盟,开设 VIP 频道,让读者可以通过该频道看到天下影音。

网友可以在天下网站免费全文阅读《天下杂志》的一些文章,免费注册的天下网站一般会员可免费三天浏览《天下杂志》所有文章,《天下杂志》的订户可升级为天下网站 VIP 会员,全文阅读《天下杂志》历年文章,其他非订户读者有需要也可向天下网站购买。

《天下杂志》将一些不适合以印刷形式表现的资料如交互式信息图、影音资料、图片集等,放在天下网站空间,提供网友多平台的信息服务。如《天下杂志》第 391 期刊登的《不可思议的印度》封面文章,天下网站就有相关的专题网站,其内容有六种:(1)互动地图:网友点击互动地图上的城市,可以了解更多印度城市的讯息;(2)精彩影音报道:可以看到《天下杂志》记者采访印度所拍摄的影音录像,直观感受印度;(3)MP3 下载:可以通过听的方式,了解《天下杂志》有关印度的报道;(4)桌布下载:网友可以下载《天下杂志》所拍摄的印度美景,保存作为个人的电脑桌面;(5)分享你的印度梦:网友可在网站留言版,分享自己心中的印度,说说自己对印度有哪些看法,或者分享自己去过印度的经历;(6)印度知识宝库:提供更多有关印度的资讯。

第三节　财经杂志经营的新特点

进入 21 世纪,台湾财经杂志的经营环境发生了很大的变化:经济的不景气、泛蓝泛绿两大阵营的形成、网络兴起对杂志的冲击等等。在这样的背景下,台湾财经杂志更加重视提高杂志的经营水平,积极创新,经营手段多样化。这一阶段,台湾财经杂志经营的特点主要包括:财经杂志积极依托集团实力,整合集团资源,有效开源节流;随着媒体融合时代的到来,财经杂志积极进行战略联盟以拓展市场;财经杂志打造特色的自营销售渠道,注重杂志议题的包装和策划,实行多样化的杂志销售策略,置入性行销和事件行销盛行。

一、整合集团资源

进入 21 世纪,杂志面临的挑战也越来越多。网络科技的兴起,3C 产品的诞生、电视节目的多元化与多频道,都使得杂志在阅读率与广告大饼分食上受到考验。遵循市场竞争的基本规律,欧美杂志出版业的基本发展趋势是集团化、规模化,媒体集团至少要有 15 个品种,才能有足够的资源与回旋余地。台湾财经杂志市场也向这一趋势发展,如表 3-8 所示,目前台湾财经杂志集团主要有天下集团、商周媒体集团、远见·天下出版股份有限公司、财信传媒控股集团、原富传媒股份有限公司、非凡集团、万宝资产管理集团。集团化有利于发挥产业的组织效率,财经杂志积极依托集团实力,整合集团资源,有效开源节流。

表 3-8　台湾主要财经杂志集团

集团名称	集团组织表
天下集团	《天下杂志》
	《康健杂志》
	《快乐工作人》
	《亲子天下》
	天下杂志出版
	天下杂志教育基金会
	书香花园
商周媒体集团	《商业周刊》
	《Smart 智富》
	《高尔夫》
	商周编辑顾问
远见·天下出版股份有限公司	天下文化书坊
	小天下
	读者俱乐部
	《远见》
	《30 杂志》
	《哈佛商业评论》
	93 巷　人文空间
	I Reading 爱·阅读
财信传媒控股集团①	《财讯》
	《先探投资》
	《财讯快报》on-line 版
	《财金杂志》
	《今周刊》
	《股市总览》
	财讯投顾
原富传媒股份有限公司	《Money 钱》
	《女人变有钱》

---

① 财讯文化事业集团后改名为财信传媒控股集团。

续表

集团名称	集团组织表
非凡集团	非凡新闻台
	非凡商业台
	《非凡商业周刊》
	《非凡新闻周刊》
	非凡财经网
	非凡财经书城
万宝资产管理集团	《万宝周刊》
	万宝投资顾问公司
	万宝网科
	普羊万宝投资顾问公司

资料来源:笔者根据各杂志网站资料整理得出。

如商周媒体集团将集团内的人力资源、总务、印务、资讯、财务等进行整合,以费用分摊的方式要求集团内的使用者付费。由于整合效率高,使得营业收入即使衰退15%,盈余仍然成长约20%①。在杂志广告业务上,商周集团积极发挥集团"母鸡带小鸡"的力量,将旗下杂志的广告混搭贩卖,由于集团式经营对媒体服务公司的采购决定很有影响力,商周集团2003年新创刊的《高尔夫杂志》就凭借集团效应很快拉走老牌《高尔夫文摘》的许多广告②。

天下集团旗下的四本杂志整体形象一致,同时定位不同阶层、年龄的读者,各有特色,互为补充。《天下杂志》定位的读者群是具有决策权的关键意见领袖、企业老板、中高阶经理人,读者的年龄层为30~55岁,男女比为是7:3。《康健杂志》的读者定位是医师、富裕粉领族群,年龄层为25~45岁,男女比例是3:7。《快乐工作人》杂志的读者群定位为具有进取心的黄金十年白领工作者,年龄层为30~35岁,男女比例为5:5。《亲子天下》的读者群定位为关心子女教养的家长,广大教育界精英,年龄层为30~55岁,男女比例为3:7③。天下集团有效整合旗下的这四本杂志,使广告主在与天下集团合作

① 心乔、万荣水:《〈商业周刊〉经验与杂志经营的新情势》,http://info.gio.gov.tw/Yearbook/96/3-4.htm,2007年8月1日。

② 《动脑杂志》编辑部:《杂志百变 专案招财源》,http://www.brain.com.tw/News/RealNewsContent.aspx? ID=7250,2005年12月1日。

③ 天下杂志企业专案组:《天下杂志群传播服务项目简介》,http://media.cw.com.tw/cw/cwdata/pdf/cw_mediakit_200906_01.pdf,2009年6月1日。

时，拥有更多组合弹性。2004 年天下集团广告业务成长 20％，成长的主因是天下集团打团体战，各杂志常共同提案①。

二、积极进行战略联盟

美国的肯·奥利塔曾用蜘蛛网比喻媒介市场的关系。他描述了最具潜力的六大传播公司（时代华纳、迪士尼、新闻公司、微软公司、通用电气公司、远距离传播公司）之间的竞争与合作："像蜘蛛一样，这些公司通过吞噬其他同类并编织更大的网来相互竞争——覆盖所有方面的网，从拥有思想，通过拥有把这些思想产品来生产的工厂，到拥有发行这些产品的方式，再到拥有它们的未来。然而，当公司在继续相互竞争的同时，他们又不断地相互合作，结果就形成一个联合伙伴关系的平行网……"②以前的媒介市场状态可以比喻为每个蜘蛛都坐在自己的网上，随着媒介融合时代的到来，媒体技术的发展和一些藩篱被打破，现在的媒介市场则是所有蜘蛛都坐在同一张网上，相互之间既有激烈竞争，又有各种合作，相互依赖，共同把市场这张网做大。

战略联盟也称为策略联盟，指两家或两家以上的独立公司，基于互惠原则，结合彼此所需资产与技术的合作，目的是增强双方竞争能力并产生策略价值，以获得长期市场竞争优势。它是媒介之间相互合作，共同做大市场的有效手段。面对激烈的市场竞争，为了维持消费者忠诚度，满足消费者多元需求，财经杂志业者积极进行战略联盟以拓展市场。

（一）《天下杂志》与 YouTube 网站合作联手推出"天下影音频道"

《天下杂志》早在 1988 年就成立影音中心，迄今已建成有数百个珍贵的影片资料库，记录台湾与世界的重要事件，议题涵盖世界趋势大师演讲、领袖 CEO 独家专访、创意生活、社会人文观察等四大类目。

YouTube 是 2005 年 2 月设立在美国的可供网民下载观看及分享视频的网站。截至 2006 年，YouTube 已有 4 000 万条短片，每天吸引 600 万人浏览，在成立后的短短 15 个月，已超越 MSN Video 与 Google Video 等竞争对手，成为本世纪最多人浏览的网站。2006 年 10 月 9 日，Google 公司收购了 YouTube 网站。

---

① 《动脑杂志》编辑部：《杂志百变　专案招财源》，http://www.brain.com.tw/News/RealNewsContent.aspx？ID＝7250，2005 年 12 月 1 日。

② ［美］雪莉·贝尔吉著，赵敬松译：《媒介与冲击：大众媒介概论》，东北财经大学出版社 2000 年版，第 334 页。

2007 年 10 月 18 日,YouTube 推出台湾的中文网站。《天下杂志》与 YouTube 合作,成为 YouTube 伙伴网站,双方合作推出全新影音频道,所有《天下杂志》的优质影音资料,会陆续在 YouTube 上线,串联全球网友,提供《天下杂志》深度的财经和全球重量级大师的影音资料。借由 YouTube 强有力的技术支持以及其全球网络,《天下杂志》可进一步扩大其影响力,开拓全球华人市场,吸引年轻网民;而 YouTube 也可借由和《天下杂志》合作,打造其台湾版的特色。

(二)财经杂志与报纸的合作

杂志和报纸虽同属于平面媒体,却各有内容侧重点:报纸提供新闻,报道时效性较强;杂志时效性不及报纸,侧重对新闻事件进行深刻剖析,提供的是观点和知识;报纸和杂志各有优势,二者有广阔的合作空间。

面对媒介融合的趋势,台湾财经杂志积极与台湾报纸合作。如《远见》《商业周刊》和天下杂志群就分别与台湾联合报系合作,这些杂志自创刊以来的所有文章都收录在联合知识库平台。联合知识库是联合报系的联合线上公司于 2001 年 2 月 19 日正式成立的线上资料库,收录联合报系所发行的《联合报》《经济日报》《民生报》《联合晚报》及《星报》五大报的新闻资料。联合报系的新闻时效搭配财经杂志的深刻剖析,产生很好的资源互补效应,强化平面出版内容;借由联合知识库的平台扩大财经杂志的影响,增加其营收。

(三)杂志出版与电信服务的结合

科技日新月异,手机的功能日益扩充,手机已不仅是通话的工具,也成为传播的渠道。在环保意识抬头与消费者阅读情景多元发展的趋势下,移动阅读成为新趋势,读者不必带着厚重的书本出门,而通过手机随时、随地、随身逛书店、看书。

在这一背景下,杂志业者也积极与电信合作,拓展行动阅读商机。如 2009 年 8 月,台湾"中华电信"就与台湾 27 家包括天下文化、九歌文化、巨思文化、商业周刊、城邦、远流、非凡新闻等出版业者策略合作,正式推出 Hami 书城手机电子书服务,由"中华电信"提供平台、机制,出版业者提供内容。开放的平台让这些杂志出版业者可自行上架商品、自定售价,利润拆分比为 25%(电信业者)、75%(出版业者)①,全新的商业模式为双方在电子书市场开

① "中华电信"新闻:《"中华电信"Hami 书城创新上线　虚拟便利书城 24 小时不打烊》,http://www.cht.com.tw/CompanyCat.php?CatID=246&Page=HotNewsDetail&NewsID=3907,2011 年 9 月 13 日。

拓新的双赢局面。2010 年春,天下杂志群与"中华电信"Hami 书城合作推出"天下品牌馆",包括天下杂志群旗下的《天下杂志》《康健杂志》《快乐工作人》都可以通过手机下载阅读。

三、销售渠道的变化

杂志销售渠道是杂志市场竞争力很重要的一部分,在"报禁"解除之前,订户在以往的销售渠道中占据着重要位置,"报禁"开放以来,台湾杂志的市场化步伐加快,零售的作用日益突出。根据台湾文化主管部门《2011 年杂志出版调查研究报告》的资料,在整体受访杂志刊物中,零售量占整体发行量的 62%、订户量占 38%,显示整体杂志的发行量中,零售量高于订户量,零售通路的行销与开发愈显重要。与《2007 年台湾杂志出版产业调查研究报告》调查结果相比较,受访的杂志出版物在发行管道的分布比例上仍以零售为主,且有增加的趋势,其中零售管道比例从 2007 年的 56.8% 上升至 2011 年的 62%。整体而言,零售通路管道的大量布局仍是杂志增加曝光度的主要策略。在财经杂志方面,股市类财经周刊属零售型杂志,而《商业周刊》《天下杂志》《远见》《SMART 智富》《经理人》等政经、企管类财经杂志则订户和零售都占据相当重要的位置。2008 年,《商业周刊》订户和零售份数占其发行量之百分比为 84.02/15.98;《SMART 智富》订户和零售份数占其发行量之百分比为 72.23/27.77。

就销售渠道而言,81.8% 的杂志出版业者利用其自营渠道销售杂志,自营渠道的销售额占整体杂志销售额 63.5%;47.1% 的杂志出版业者利用代销渠道销售杂志,代销渠道之销售额占整体杂志销售额之 36.5%。可见,台湾杂志目前还是主要依赖自营渠道销售。在打造特色的自营渠道方面,各财经杂志也各有绝招。天下集团就成立书香花园 Café,作为天下杂志群全系列的出版品门市,不仅提供杂志图书销售服务,也提供康健餐饮和场地租用服务。远见·天下出版公司成立读书俱乐部,为会员提供各类选书、购书以及参加远见·天下文化事业群的课程、讲座等活动。商周集团作为城邦集团的子集团,则有其母集团丰富的销售渠道资源做后盾。

如表 3-9 所示,从各销售渠道销售额来看,总经销/经销商/中盘商/代理商/销售这一渠道是杂志的主要销售渠道,自营和代销分别占据 25.8% 与 16.6%,占总共销售量的 42.4%;其次是直销/邮购,自营和代销分别为 18.9% 和 3.9%,占总销售量的 22.8%;再次是实体书店/门市/文具店,自营与代销分别占 11.5% 与 6.6%,占总销售量的 18.1%。为了和这些销售渠道建立良好的合作关系,财经杂志不惜花重金。如《商业周刊》就曾在 2002 年花费新台币1 000多万,强化和杂志销售渠道之间的合作,方式包括:包下总经销雨辰书报社全省40辆的发行车打广告;和台湾各地区的大型传统书店联盟,洽谈比较好的陈列点位;从2002年5月起和台湾全省110家金石堂书局合作,推出代订《商业周刊》的服务①。

表 3-9　各行销渠道销售额占总销售额比例

自营销售渠道项目	原始比例	推估比例
总经销/经销商/中盘商/代理商/销售	25.9%	25.8%
实体书店/门市/文具店	11.3%	11.5%
便利商店	3.7%	3.6%
直销/邮购	18.6%	18.9%
网络书店	3.4%	3.4%
其他销售渠道	4.4%	4.8%
代销渠道项目	原始比例	推估比例
总经销/经销商/中盘商/代理商/销售	17.5%	16.6%
实体书店/门市/文具店	6.5%	6.6%
便利商店	2.7%	2.6%
直销/邮购	3.7%	3.9%
网络书店	1.9%	1.8%
其他销售渠道	0.4%	0.4%
小计	37.5%	36.5%

此外,刚刚兴起的网络书店特别值得一提。相对于实体书店,网络书店具有超越时空全天候运作的特性。台湾网络书店结合便利商店,消费者只要一天就可以拿到书刊,其快速且方便的特性,吸引消费者愿意在网络上购物。根据2003年台湾"资策会"的调查,"书籍及杂志"是高居榜首的在家上网购物商品。目前网络书店在台湾发展迅速,除了因为较早实行网上卖书而挤进同类书店前三列的博客来网络书店外,诚品、金石堂、新学友等书店也大规模进入网络书店,天下集团和远见天下出版公司原本就有自己的出版社,也投入网络书店的经营,分别成立"天下网络书店"和"天下文化书坊"。台湾杂志业者在杂志销售渠道上的竞争已由一般传统书局、连锁书店,而后到便利商店,未来将一直延伸到非实体的网络上。

---

①　《动脑杂志》编辑部:《编辑、发行、广告三合一　商业周刊打出漂亮一仗》,http://www.brain.com.tw/News/RealNewsContent.aspx? ID=4878,2007年6月28日。

随着网络日益普及,网络也成为各财经杂志社拓展杂志销售,提供线上客户服务的有效的行销通道,其方式主要包括:在杂志网站上提供杂志的零售和订阅服务;在杂志网站上提供订户更改地址、查询到期月份、杂志遗失补寄、订户意见反馈等客户服务;将订户的电子邮件地址,列入杂志社基本资料的项目之一,将其列为争取续订的工具之一。

四、注重议题的包装和策划

台湾杂志销售量中有一部分是透过书报摊、书店、便利商店的零售渠道。读者习惯当期杂志出刊后在书报摊上查看主题,再决定是否购买。为了在众多媒体中吸引受众的眼球,财经杂志不仅要提供好的杂志内容,还要综合运用各种手段来包装和炒作议题,以此吸引读者、吸引广告商。

以《商业周刊》2005 年 2 月 24 日推出的"金砖四国"(巴西、印度、俄罗斯、中国)系列报道为例。高盛证券这份 2005 年四大新经济强国的预言报告,早在之前的一年多前就已公布,台湾陆续也有杂志进行过报道,但是没有一本杂志能把声势做得像《商业周刊》一样大。原因在于《商业周刊》的编辑部、发行部、广告部一起合作包装炒作该议题。《商业周刊》的编辑部看到高盛证券这份预言报告的价值,定出"金砖四国"这个切题又响亮的名称,决定以四期杂志接力做大报告;发行部知道后,立即请零售商确保在出刊期间,四期杂志都不下架,看到其中一期的读者可以马上买到其他三期;广告部则将议题变成商机,抓住读者看完报道后的投资需求,规划"财富赢家"理财投资系列讲座,听众免费参加,但演讲者一场却需要付给《商业周刊》起码 60 万新台币的费用,由《商业周刊》负责活动宣传与举办,这为其带来不少收入。此外,《商业周刊》还与台湾中天新闻合作,飞去四个地区联合采访,大手笔的合作让许多媒体主动报道,采访活动变成公共活动,使《商业周刊》的知名度和形象度再度提升。

《天下杂志》创刊第 400 期时,推出《成长四百》特刊,选介 72 个各行各业成功人士的故事,分享他们成长的颠簸经验和心路历程。在封面主打议题的策划上,《天下杂志》提出"王建民与周杰伦到底谁是台湾人心中的人气王"这样有趣的问题,制作了两个版本,杂志内容一样,但封面各是王建民(台湾著名棒球投手)和周杰伦(台湾流行音乐"小天王"),试看看到底谁能带动杂志销售。这样的议题策划带动了王建民和周杰伦的粉丝团对各自偶像封面的热捧,王建民版激烈强攻台南故乡市场,上市三天后立刻被抢购一空;周杰伦版也在出刊时,受到海外周杰伦后援会的热烈欢迎。除了议题策划外,《天下杂志》更懂得宣传,在杂志出刊前就拍摄了 4 部 23 分钟长的纪录片,杂志的四位主题人物——亚洲流行"天王"周杰伦、台湾之光王建民、台湾创业圆梦侨生潘建成和亚洲最年轻棋王谢依雯抢占台湾所有重要电视新闻时段、Youtube、天下网站和许多串联的博客。由于该成长特刊的内容激励人心，引发讨论，许多读者阅读后忍不住想与亲朋好友分享，更刺激了该特刊第二波销售热潮，苗栗县政府就购买了5 000多本杂志，作为县府团队与老师必读的参考书。《天下杂志》还结合企业力量公益捐赠《成长四百》特刊与影片至台湾各级学校及县市图书馆，进一步扩大了杂志的影响力。此外，由广告商赞助，《天下杂志》在台湾各校园举办"成长 400 校园论坛"，邀请《成长四百》特刊所报道的各行各业成功人士与大学生对话，仅这项活动就为《天下》带进1 000多万元新台币的收入。

五、广告销售策略的新变化

对多数业者而言，广告仍是主要的营收来源，台湾文化主管部门《2011 杂志出版产业调查研究报告》显示，2011 年，台湾杂志业者广告营收占销售营收的比例为 45.4%。进入 21 世纪以来，面对台湾严峻的经济形势，蓝绿阵营对峙的政治局面，以及数字媒体的冲击，台湾财经杂志广告销售策略也发生变化。

(一)整合行销，提供广告主多元服务

整合行销传播是一个营销传播计划概念，要求充分认识用来制定综合计划所使用的各种带来附加值的传播手段——普通广告、直接反映广告、销售促进和公共关系——将之结合，提供清晰连贯的信息，使传播影响力最大化。

过去广告主若需行销商品，大多会委托杂志出版业者制作别册或专刊提高曝光度，行销活动则另找行销或公关公司配合。在经济不景气下，面对众多新兴媒体的崛起，广告客户的算盘愈来愈精打细算。正如台湾实力媒体企划总监金若蓝所说，"目前，媒体服务公司帮客户在杂志上下广告预算时，都会考虑四个面向：阅读率、投资报酬率、多元化、编辑内容。光在杂志做平面广告的刊登是不够的，如果杂志本身，还能跟网络或电视等其他媒体，相互配合，让广告效果趋于极大化，更能吸引广告主的目光"[1]。多数台湾杂志出版业者在面对广告收入减少、发行量下降以及网络发达带来的读者流失等问题时，会调整获取广告营收的策略，改以提供整合行销服务。台湾杂志出版业者多会主动

---

[1] 《动脑杂志》编辑部：《整合行销业务杂志吸金术》，http://www.brain.com.tw/News/RealNewsContent.aspx? ID=8808，2007 年 7 月 19 日。

延伸资源,将平面广告部门改成公关公司或活动公司,为广告主提供整合行销广告方案,提供包括活动办理、讲座、论坛、记者会、架设网站、制作 EDM 或网络社群经营等在内的更完整的配套方案。台湾财经杂志出版业者提供的整合行销服务,让广告主得以直接面对目标族群消费者,突出诉求效果,创新提供多元的整合服务是台湾杂志出版业者持续经营努力的方向。

台湾财经杂志以中产阶级这些具有较高消费能力的受众为主要读者群,为了拓展广告营收,各财经杂志的广告部愈来愈像活动行销公司,纷纷为客户量身定做各类整合行销方案,综合运用平面、论坛、活动、订户和网络等资源,增加财经杂志具有较高消费能力的受众与广告客户接触的机会。

如针对《商业周刊》广告业务成长迅速的情况,该刊的行销业务总经理薛荣英介绍,该周刊每个月至少推出两个专案,包括帮客户举办活动、座谈会、广编式报道[①]或广编式报道＋广告＋发行渠道整合推出广告方案。积极利用《商业周刊》已具有的庞大订户规模,创造新的广告模式,例如对将要推出的订户封套背面版位,以一次至少 10 万份的量为基准,酌收广告价格。

天下杂志群副总兼广告部总监梁晓华表示,曾经有一个广告客户开出一大笔预算,要天下广告部帮他执行各种可能的广告编排、媒体暴露以及相关宣传活动,客户明白地告诉她,如果你们有能力执行最完整的行销方案,就能成为这笔预算的分配者,不然就等着变成被分配的人。在这样的背景下,天下杂志群不再只把自己视为广告客户的平面媒体平台,而是把自己训练成客户的行销伙伴,甚至类似广告公司和媒体代理商的角色,向客户提出更完备配套的广告、行销方案,整合公司内外部资源,以提出足以掌握客户需求的企划。以《天下杂志》举办的"微笑319"为例,该活动提供客户多样化的传播形式,包括平面广告、音乐会共同启动模式、"319"护照赞助、"319"网站等不同跨平台的整合[②]。

《今周刊》社长梁永煌也指出,他们对广告客户的服务愈来愈好,为客户规划专案,除了让广告、广宣走向精致化外,还搭配讲座和论坛,协助客户深入消费者的生活和需求[③]。2007 年,《今周刊》针对台中及高雄的房地产广告客户所策划的整合行销传播策略包括:发行房地产特刊、推出以预测房地产趋势为主要内容的封面故事、介绍许多靠房地产致富的个案,以此来吸引专业房产投资者;推出房地产理财讲座,鼓励消费者来工地看房;推出"高铁沿线大站的地

①　广编式报道,即报道式广告。

②③　《动脑杂志》编辑部:《2008 台湾电视广告营收调查　杂志竞逐　整合称王》,http://www.brain.com.tw/News/RealNewsContent.aspx? ID＝12740,2008 年 6 月 1 日。

产巡礼"活动,率领台北的房产投资者南下看屋①。

2007 年,《经理人杂志》结合平面、网络、活动等整合管道,举办数十场为客户量身打造的活动,其中,"2007 两岸百万名经理人竞争力大调查"活动结合了线上调查、新闻议题包装加上系列讲座,受到广告客户的青睐,业绩因此成长高达 45.74%②。

(二)为台湾地方政府策划专案

经济不景气,各大小厂商削减广告预算,相比之下,台湾各地政府的预算受景气影响较小,财经杂志因此积极和台湾各地政府合作,为其企划各类广告专案。

2008 年,《商业周刊》与台中市政府、台中建商工会合作"台中城市美学"专案,赞助厂商不仅可以进行品牌宣传,还能为出资的建商工会创造商务合作机会。《远见》的政府专案,大概是所有杂志策划的政府专案中做得最多的,广告收入也最高,这部分业绩已占《远见》广告收入的一半,为《远见》带来稳定的成长。《财讯》与高雄市政府合作,带着 20 位企业家,在 2008 年上半年组考察团参访高雄,考察高雄城市竞争力。《快乐工作人》举办"就是要你管——城市音乐行销论坛"活动,联系嘉义市与管乐年会,协助嘉义市发展观光文化产业。自 2002 年以来,"数位时代"连续好几年都与台湾政策规划机构合作,协助其进行最新政策的宣传。2008 年"数位时代"开展"2008 电子化政府论坛",为企业与台湾当局各机关公务员创造面对面交流,宣传创新服务的机会。

(三)办讲座做选拔　建构精英社群

财经杂志的读者群大部分是有较高消费能力的精英阶层,为了让广告客户有赞助及接近精英读者的机会,各财经杂志举办各类讲座和选拔活动,服务读者,也为广告赞助商与目标族群提供互动沟通平台。

《天下杂志》从 2002 年开始定期举办的"Leader to Leader 天下标杆领袖论坛",为台湾标杆企业负责人及高阶经理人提供交流平台,也为其吸引广告客户创造商机。2008 年 4 月,该论坛邀请日本著名建筑师安藤忠雄至台中演讲,鼓励台湾青年人勇敢逐梦;2008 年 6 月,该论坛邀请全球著名管理大师大前研一访台,发表"亚半球崛起——台湾的机会与挑战"专题演说;这两个活动都为《天下杂志》带进 1 000 多万元的收入。"快乐工作人"从 2006 年开始举办

---

① 庄守禾:《房地产特刊效应疲乏　今周刊以专属活动拉拢客户的心》,http://www.brain.com.tw/News/NewsNotPay.aspx? ID=10685,2008 年 6 月 18 日。

② 《动脑杂志》编辑部:《2008 台湾电视广告营收调查　杂志竞逐　整合称王》,http://www.brain.com.tw/News/RealNewsContent.aspx? ID=12740,2008 年 6 月 1 日。

"快乐工作人大奖",评选最佳企业雇主及快乐工作人,吸引广告主结合评选进行赞助。《商业周刊》从 2007 年起每年举办"超级业务员大奖",除了建构明确的精英社群外,赞助商更能结合主题宣传,活动结束后得奖者与品牌之间还有许多的广编合作机会。《经理人月刊》也频频举办选拔经营人才的活动和讲座,每年举办"年度 MVP 经理人"评选活动,开办从北到南的"跃升 2008——打造价值型人才"系列讲座,结合平面、网络与立体活动等多元管道,串联起全台湾庞大的经理人社群,吸引广告商,促进该杂志广告营收成长。《今周刊》从 2008 年开始每年委托 104 市场调查公司进行"商务人士理想品牌大调查",从食品类、服务业、3C 家电等等产业中选出 30 个品项的理想品牌。由于调查对象为高消费族群,引起广告主高度参与及注目,更提高了《今周刊》的广告营收。《远见》从 2003 年开始就广邀国际级的趋势观察家,推出一系列"大师级论坛",使《远见》的品牌品质受到肯定。此外,在 2008 年,《30 杂志》和台湾巨匠电脑合作举办"新美学讲堂",策划马英九和知名博客弯弯、艺人王力宏对谈,与年轻读者深入互动。《哈佛商业评论》也经常有针对金字塔顶部的精英人群开展面对面为主的深度讲座,使其经营业绩表现抢眼。

(四)报道式广告的大量增加

为了更有效沟通商品讯息,让消费者多看一眼,广告主们挖空心思运用报道式广告的手法,巧妙镶嵌重要讯息,甚至邀请名人或有重要影响力的人士证言,增加文章的丰富程度。

例如《商业周刊》为 New Balance 促销 2003 年新款"慢跑鞋",邀请八位名人,每月刊登一篇证言式报道,台积电副执行长曾繁城的证言还引发《工商时报》《经济日报》、TVBS 追踪采访曾繁城,该款跑鞋还争取当时的台北市长马英九代言,该款"慢跑鞋"被抢购。2004 年,NISSAN 新车 Teana 上市,就在《天下杂志》连续几期运用大篇幅的报道式广告搭配蝴蝶拉页的创意版面,取得较好的广告效果。根据《天下杂志》的读者调查,Teana 广告是票选第一名的广告,许多读者表示愿意买车,广告效果显著。

六、置入性行销盛行

"置入性行销"源自行销学的"产品置入"概念,又称"品牌置入",系指以付费方式将品牌、产品、商标等以声音、视觉等方式置于大众媒体内容中。这种新的行销手法与学界所熟悉的"广告新闻化"概念相似,但具体做法有很大差别。台湾将"广告新闻化"的报道称之为"广编稿"(advertorial),Cameron 与 Jupark 将广编稿定义为"在付费的版面中,刊载任何物件(Object)(例如产品、服务、组织、个人、理念、议题）的广告讯息，并在版面设计、架构、视觉、文字或者内容上，模仿该出版品的编辑方式"①。另外，美国杂志编辑协会（American Society of Magazine Editors；ASME）要求广编稿的版面必须标注为广告，必须提供可辨识的付费者（Sponsor）资讯，以区别广编稿与新闻②。"置入性行销"则更进一步由媒体组织之新闻部门配合广告业务或专案，由记者规划、采访厂商或政府的广告、促销及宣传活动，随后以新闻形式刊登或播出报道内容。"广编稿"与"置入性新闻"两者最大的区别在于受众可借由版面的编排或标示，明确知道"广编稿"为付费广告，而"置入性新闻"却无法被识别出来。

"产品置入"的历史源远流长，早在 20 年代，美国企业界就已使用此类手法将产品、品牌置入好莱坞电影，到 80 年代，由于这种手法对置入产品有出乎意料的促销效果，行销界开始重视"置入行销"，最著名的例子就是美国 Hershey 公司将其出产的丽丝巧克力置入名导演史蒂芬·斯皮尔伯格拍摄的外星人电影《ET 外星人》，该巧克力的销售量在电影推出三个月后暴增 65%。另一个著名的例子则是演员汤姆·克鲁斯所佩戴的雷朋太阳眼镜也在电影《保送入学》上映后销售量增加三倍。"产品置入"于 80 年代盛行，到了 90 年代更发展成为好莱坞制片业的"标准作业程序"，企业界每年花费在产品置入的经费高达 10 亿美元。虽然"产品置入"已经成为促销产品的有效方法，但这种方法也引起争议。批评者认为，"产品置入"是在观众不知情下进行，对观众而言是种欺骗。此外，"产品置入"也可能侵蚀艺术作品的尊严，造成剧情、节目不连贯，或是置入的产品与剧情不符，易引起观众反感。

当"产品置入"用在新闻报道或新闻节目而使新闻成为置入性行销的标的时候，其所引发的伦理争议更为严重。新闻媒体组织为了配合"市场需求"，将新闻内容视为标准化及规格化的商品，依时间（或版面）、报道形式及内容呈现等类目之不同订出不同价钱出售给广告主、政府或其他机构，导致新闻内容的主导权不再完全操控在媒体组织，而是可以应"顾客需求""量身打造"，不仅欺骗民众，也严重违反新闻伦理。

置入性行销虽是新兴现象，但很快地在台湾新闻界蔓延成为普遍现象，也成为影响新闻产制的重要力量。对台湾媒体实行置入性行销的主要来自两方面的力量——一个是政治势力，另一个是企业主。

台湾政治势力通过购买媒体实行置入性行销，对台湾新闻性置入性行销

---

① Cammer,G.T.,&Ju-Park,K-H.Information pollution? Labelling and format of advertorials[J].Newspaper Research Journal,2000,(21):65.

② Ju-Park,K-H.,Kim,B.-H.,&Cameron,G.T.Trends in the use and abuse of advertorials in magazines[J].Mass Communciation Revies,1995(22):112~128.

的发展产生十分关键性的影响。随着"戒严"的解除,媒体自由化程度大大提高,政治力量对台湾财经杂志的管控由过去的高压手段转向软性、隐性方式。从李登辉执政后期开始,台湾当局就开始用购买的方式,利用掌握的资源操纵媒体,成为置入性行销的实施者和推动者。民进党执政期间,以台湾新闻主管部门为首的台湾当局各部门,更是编列大笔预算,统一购买文宣广告,并于招标文书中明确要求媒体实行"置入性行销"。如要求平面媒体以包括专题报道、专栏或系列报道、特别企划及座谈等形式呈现与当今施政相关的议题等①。以2003年3月为例,台湾新闻主管部门就编列高达11亿余元新台币的"施政宣导及公营事业商品广告之媒体通路组合案",统一采购台湾行政当局十八个部门的媒体购买,最后由民视、台视、年代、东森等五家电子媒体所主导的策略联盟取得标案,得标后一年内相关参与联盟的报纸、杂志、广播、电视等电子及平面媒体,均获得高额预算进行政令宣导置入。时任台湾新闻主管负责人的叶国兴在标案里首次运用"置入性行销"一词,阐释标案分配方针②。2003年年底,当时的台湾行政主管机构负责人游锡堃表示"政府作为人民公仆,做了哪些事当然应该让主人知道,也因此政府购买媒体通路进行政策宣导,这是'非常正常的事'",此言更是对台湾当局购买媒体通路,进行置入性行销动机的有力背书。在本应管理媒体的台湾新闻主管部门"示范"下,置入性行销很快地在台湾新闻界蔓延成为普遍现象。2008年取得执政权的马英九当局也同样被批评花重金在各媒体刊登置入性广告③。

　　企业主是置入性行销在台湾新闻界蔓延的另一个重要推手。"解严"后,台湾媒体数量剧增,截至2008年,在台湾36 000平方公里,2 300万人口的市场中,有100多个电视频道、100多家广播电台、2 216家报纸、5 395种杂志,众多媒体争夺有限的广告主资源,企业主对广告效果要求提高,不满足简单地刊登商品广告,而要求媒体将商业广告置入媒体的报道中。在商业利益的驱使下,媒体也将置入性行销当作其生财之道。林照真曾于2005年访问台湾的广告购买商、媒体主管与记者,得知电视台在新闻频道举办60分钟座谈会要价约新台币25万元;有线电视台电视新闻的"配合报道"开价约85 000元新台币;大报整版座谈会报道约新台币60万元④。

　　自2000年以来,台湾陷入经济不景气的困境,企业的广告预算越来越紧缩。面对广告大饼僧多粥少的局面,各财经杂志努力抓住广告客户,置入性行

---

①　萧衡倩:《偶像剧、综艺剧看得到政令宣导》,《联合晚报》2003年3月13日。

②　周怡怡:《政府置入电视新闻之过程与呈现》,台湾政治大学硕士论文2008年,第28页。

③　司马门生:《棍棒与胡萝卜齐下　第四权奄奄一息》,《财讯》2010年第346期。

④　罗文辉、刘蕙苓:《置入性行销对新闻记者的影响》,《新闻学研究》2006年第89期。

销成为财经杂志追求利润的重要手段,主要形式有以下四种。

(一)特刊、专刊

为了争抢广告,愈来愈多的财经杂志除了一年固定发行的期数外,还出版许多专刊,出刊的频率有时甚至比正刊还多。通常杂志社会配合趋势或设定主题,找一个或多个广告主投资,内容是读者有兴趣的议题,采访的人则是该专刊的广告主。例如海外基金的市场行情正好时,就出一本海外基金大解盘,找特定银行投资,采访该银行的基金分析师、操盘手,对投资基金有兴趣的读者看了以后,自然对该银行的基金商品印象深刻,也因为实用性佳,许多专刊甚至卖得比当期正刊还好。2005 年 12 月,《今周刊》所发行的特刊《26 亿人主宰世界——到金砖四国淘金去》,配合大型讲座的举办,便帮汇丰"中华投信"所发行的"金砖四国基金"在短短的十天内募集到 110 亿新台币的资金[①]。

杨倩蓉在其对《商业周刊》《天下杂志》《远见》《今周刊》《财讯》《30 杂志》《Smart 智富》《经理人月刊》8 家杂志的 9 名财经记者和 1 位高阶层决策者进行访谈后发现:受访者几乎都一致表示,财经杂志就是完全置入性行销的刊物。发行量大的财经杂志会专设特刊部门,被访谈者讲到:"财经杂志的特刊部门就好像广告公司一样,这个新产品的核心理念是什么,我们就基于这个核心理念来发展什么话题,再依据这个理念去做封面标题,发行一本特刊。很多杂志已经成立特刊部门,之前这个部门是广告主在主导他们要写什么概念,但是现在客户需求没那么大,就变成特刊部门自己定一个特刊主题,然后去找不同广告主,这一类特刊几乎都是财经或是房地产为主。"发行量小的财经杂志会在正刊中做夹页的专刊或小别册,被访谈者说到"之前我们在专刊的封面会放上广告部企划制作,但是广告客户会抱怨,所以我们改写成英文,就是 Promotion,让读者搞不太懂这是什么意思,而且字体小小的,读者完全不会注意到,这些专刊夹在我们的内文内,就好像是我们正刊推出的特别企划一样,它的版型和我们正文一模一样,有主文也有图表分析,甚至还淡化他们的产品宣传,放到很后面才提到。而且这些专刊通常都会夹在正刊的二分之一前面,因为被读者看到的概率比较高"[②]。

(二)专题报道或专访

以广告主所在的企业或者企业家为对象,进行有针对性的专题报道或专

---

①　杨倩蓉:《财经杂志新闻置入性行销报道对记者专业表现的影响》,台湾政治大学硕士论文 2008 年,第 8 页。

②　杨倩蓉:《财经杂志新闻置入性行销报道对记者专业表现的影响》,台湾政治大学硕士论文 2008 年,第 65～66 页。

访,也是财经杂志置入性行销的方式。财经杂志会和广告主合作举办大型活动,透过大型活动的合办,财经杂志可以名正言顺地报道这次活动,顺便专访该广告客户。此外,许多广告主会邀请财经杂志记者参加岛内外短期旅行,然后为这趟参访之旅写专题报道,内容当然是介绍这家企业的概况或是专访。

杨倩蓉的访问结果发现,一般财经杂志都不忌讳用这种形式进行采访,因这不仅提供采访消息来源,甚至提供机票与食宿,为公司省下一大笔出差费。专题报道的内容多半往好的方向去写,少有负面。面对媒体旅游,大型财经杂志记者会先筛选此行是否有卖点或是独家,回来写的稿件能较不受企业影响而是按编辑需要的方式去写,对于稿件内容有一定主控权。小型财经杂志记者迫于人力物力,虽然可以决定要不要参加,但是一旦参加就必须要写稿子,写出的稿子类似公关稿,不会出现负面的批判②。

(三)报道式广告

在平面媒体的广告页阅读率普遍下降的情形下,报道式广告成为广告新锐。广告主虽然名正言顺刊登广告,但财经杂志却刻意将广告与新闻报道混淆起来,报道式广告的内容上与正规的新闻报道的调性一致,叙述上刻意隐藏赞助商的名称。这些都是为了吸引读者注意与阅读报道式广告,增强广告效果。

杨倩蓉对财经杂志记者的访问结果发现:广告主会借由杂志的广告部来打听该杂志重要版面的内容是什么,再与广告部商量如何在报道式广告的采编上都力求与该正刊重要栏目内容神似,从拟写方向、标题、颜色与字体都会与正刊类似甚至一模一样。更有甚者,广告部会将报道式广告安插在重要的版面页面当中,让读者在阅读重要栏目例如封面故事时,顺便也不注意地阅读了报道式广告。此外,虽然财经杂志都会在报道式广告上注明广告部企划制作等字样,但花样还是百出,有些杂志甚至还会"忘记"打上报道式广告字样,最终目的就是为了混淆读者的视觉,让读者以为是内文③。

(四)排行榜大调查

财经杂志会定期发布各式各样的排行榜、大调查,不仅吸引读者注意,炒作特定议题,博取其他媒体版面,其背后有可能是杂志向当局或是其他企业所标下的广告预算,再将这些广告主的报道安插在大调查的内文之中。

杨倩蓉对财经杂志记者的访问中,受访记者就指出,"台湾当局的预算广

---

③　杨倩蓉:《财经杂志新闻置入性行销报道对记者专业表现的影响》,台湾政治大学硕士论文 2008 年,第 69 页。

告也是一种置入类型,因为台湾当局提供的预算很多,所以很多财经杂志会去竞标台湾当局的广告预算,然后再回来刊登广告,还将其安插在台湾当局的官员的内文访谈中,甚至列入新闻报道中。财经杂志目前流行的大调查之类的新闻报道,其实有些是不可信的"①。

置入性行销报道与新闻专业主义有许多冲突,Wenner 就指出,首先,当置入性行销报道这种欺骗的方式成为常态时,观众无从获得真相。其次,置入性行销这种商业目的的报道手法戕害了原创者的权利,也就是新闻工作者自由表达议题的权利,记者只能为有目的的置入行销而写文章。最后,这种过度商业主义的新闻操作手法无疑变相地鼓励消费主义,把观众视为"顾客",而新闻则成"商品"②。

七、事件行销,虚实结合

因应多变的市场环境,近年来"事件行销"已成为各大企业热门的行销手法。台湾财经杂志也积极采用"事件行销"的方法来拓展自己的媒体影响力,注重发挥网络的力量,虚实结合,扩大"事件行销"的影响力,这其中,以《天下杂志》开展的"微笑 319"活动最具影响力和代表性。

《天下杂志》自 2001 年创刊二十周年时,开始举办"微笑 319"公益活动,号召台湾民众用旅行的方式,踏访台湾 319 个乡镇,希望台湾的民众,都能够更爱惜这片土地,发现台湾的美。"微笑 319"活动于 2001 年、2005 年、2007 年、2009 年、2011 年连续举办,每次活动都有新的创新。

2001 年,《天下杂志》邀请台湾观光局以及 10 家企业共同参与推动"319 乡向前行"活动,于 2001 年 7 月 19 日在台东关山以企业家一起骑脚踏车的形式,正式启动"信心台湾,319 乡向前行"活动。启动仪式当天,华视进行了实况转播,《联合报》把这则新闻放在头版,很快吸引许多媒体跟进。《天下杂志》发行 100 万册的"微笑台湾 319 乡"护照,活动参与者只要拿着该护照,一边游山玩水,一边收集特定地点的微笑章,盖满 319 个章,就可以获得"微笑勇者"的称号并参加抽奖。"319 乡向前行"活动带动台湾民众拜访 319 乡的旅游热潮。

2005 年的"微笑 319"活动,为了发展台湾特色商店,《天下杂志》先串联起

---

① 杨倩蓉:《财经杂志新闻置入性行销报道对记者专业表现的影响》,台湾政治大学硕士论文 2008 年,第 70 页。

② 张耀仁:《市场导向新闻学之研究——以台湾三家无线电视台晚间娱乐新闻为例》,《广播与电视》2002 年第 18 期。

全台湾2 000多家合作的微笑商店,再号召网友票选心目中的"微笑之乡",当年共有651人走完319乡,超过6万名网友全年投票评鉴出台湾的"微笑之乡"。

2007年的"微笑319"活动,除了实体的"微笑护照"盖戳章活动外,更特别企划了网络活动"娜娜@角落遇到爱""微笑台湾319乡＋电子护照""微笑台湾319乡＋公民记者""google地图台湾319乡＋乡镇介绍"等,首创虚、实结合,让319乡之旅更多元丰富。其中最受欢迎的活动,就是"娜娜@角落遇到爱"。娜娜是一个虚拟人物,由12位高知名度、风格鲜明的博客高手共同扮演26岁的娜娜,实际走完所指定的乡镇,然后将走访的心得与故事,用虚拟人物娜娜作为发表者,发布出来,创作成"娜娜@角落遇到爱"网络原生小说。该小说上线后,获得网友喜爱,有许多民众追随娜娜的脚步游历台湾。

2009年,"微笑319"活动焦点转向行销台湾,发起"把台湾寄出去"百万明信片转寄活动,集结16位摄影大师,企划制作25款台湾生活意象明信片,深度解读台湾,邀请台湾岛内外旅人走进台湾的在地生活。借由邮寄明信片,传送感动与美好,向世界分享台湾的无限惊喜。

2011年《天下杂志》第五度启动"微笑台湾319＋"活动,推出《微笑台湾52种生活提案》专刊及发行红、黄、蓝、绿四款颜色共100万册十周年纪念版微笑护照,鼓励民众走访乡镇,用旅行认识台湾。同时,更推出即时互动319网站手机版与iphone版。

这些游山玩水的经验谈、独特且风景优美的照片,还有网友提供的"319乡镇攻略密技",都像口碑行销一样,成了"微笑319"最吸引人的广告宣传。从2001年首度启动"微笑319"活动至今,已带动500万人走进乡镇,超过1 500人走完全台319个乡镇①。2008年"微笑台湾319专辑"获第二届亚洲出版经营奖——亚洲企业沟通传播类之企业创新沟通奖首奖。

充满公益色彩的"微笑319"活动,同样引起广告客户的兴趣,不仅壮大了《天下杂志》的活动声势,广告营收也十分丰硕。2001年的"微笑319"活动,《天下杂志》即有3 000万新台币的广告收入,占其当年总广告营收的15％,2009年广告营收也有1 500万新台币。《天下杂志》副总梁晓华指出,以前跟客户谈广告,总是着重在页数、价钱等问题,但这次广告客户不只在意品牌曝光而已,也积极参与整个活动的进行。透过两边合作,一方面将"微笑319"的活动诉求传达出去,另一方面还突出客户的产品特色,扩大彼此在行销活动上的综效。譬如说,3C品牌BenQ就主动要求,在店内展示的液晶屏幕中,连续播放319乡明信片的风景照,推广25种台湾特有的风光景色;高铁也跟天下

---

① 《积极关怀》,http://www.cw.com.tw/about/participation.jsp,2009年9月10日。

合作,分别在 8 个站设置邮筒,鼓励搭乘高铁的民众可以在经过这些地区时,将 319 乡明信片寄出去;与"中华电信"共同推出的"电子护照",网友除了将照片放在网络上分享,增加一个交流旅游心得的虚拟平台外,"中华电信"还可以顺便宣传 emome 行动导游服务。梁晓华指出,过去天下的广告客户,大部分都是精品、汽车或房地产等,但这几年因为 319 活动的关系,反而增加 20 多个客户,包括那些当地的饭店、糕饼与商店,既增加杂志的销售据点,也可以借由杂志内容宣传合作伙伴的特色①。

"微笑 319"活动也引起媒体的关注,TVBS、台湾"中国广播公司"、台湾警察广播电台等媒体都有特定节目宣传该活动,《天下杂志》的品牌形象在各种媒体上曝光。就连凤凰电视台的网站"凤凰网",也看中"微笑 319"活动的影响力,希望与《天下杂志》合作,为祖国大陆呈现真实的台湾风貌。

第四节 财经杂志发展变化的政经分析

这一时期,台湾当局对杂志出版业者的经营采取自主管理的方式,扮演"辅导"的角色;泛蓝、泛绿两大阵营形成,为了争取杂志的支持,形成有利于各自阵营的言论,两大阵营在继续沿用原有的软性控制方式的基础上,以更加隐性的方式来影响和操控杂志。台湾财经杂志的读者群以中产阶级为主,中产阶级是"中间选民"的主要构成,在四次台湾地区领导人选举中,台湾财经杂志对蓝绿阵营采取相对平衡报道策略。应对经济不景气,台湾财经杂志业者拓展大陆市场、实行战略联盟、集团化作战。民众经济焦虑感增加,财经杂志成为中产阶级大众化刊物。数字时代,财经杂志积极数字化发展,成为台湾新兴数字内容产业的一部分。在激烈的市场竞争中,台湾财经杂志逐渐向受市场利益驱动的产业方向发展,过度强调杂志的商业利益,忽略了作为立刊之本的新闻专业主义。

一、台当局对杂志的管理和辅导

1999 年台湾当局废止"出版法",经营出版业务已不需向台湾新闻主管部门申请登记。杂志出版事业设立依其公司、独资或合伙、人民团体与机关等体

---

① 邱家纬:《"微笑台湾 319 乡"有哪些行销创意》,http://www.brain.com.tw/News/RealNewsContent.aspx? ID=13038,2009 年 9 月 2 日。

制的不同,仅需分别向台湾经济主管部门、县市政府及税捐机关等申请公司设立,与一般行业行号申请设立程序相似。为鼓励文化事业,台湾当局对杂志发行销售之营业税以零税率优惠,但对于杂志中刊登广告所得则课征营业税。随着"出版法"的废除,台湾新闻主管部门对杂志出版业者的经营采取自主管理的方式,扮演"辅导"的角色,其"辅导"方式包括以下五种。

(一)继续举办"金鼎奖"

继续举办从1976年开始设立的"金鼎奖",奖励在出版界有卓越表现之出版事业及从业人员。目前"金鼎奖"有关杂志的奖项主要有:出版奖(包括最佳人文杂志奖、最佳文学及艺术类杂志奖、最佳财经时事类杂志奖、最佳儿童及少年类杂志奖、最佳科学及技术类杂志奖、最佳资讯应用类杂志奖、最佳家庭及生活类杂志奖、最佳语言学习类杂志奖、最佳新杂志奖)和个人奖(包括最佳专题报道奖、最佳编辑奖、最佳专栏写作奖、最佳科学及技术类、最佳摄影类)。

(二)推介中小学生优良课外读物

自1983年开始,台湾新闻主管部门每年举办"中小学生优良课外读物"推介评选活动,除鼓励出版社为青少年出版好书外,也希望透过好书的推介,为青少年营造好的阅读环境。

(三)提供数字出版品的相关奖励

为辅导台湾数字出版产业发展,鼓励出版事业发行数字出版品,建立示范性指标,台湾新闻主管部门从2004年开始订定"奖励优良数字出版品作业要点",设"最佳数字出版品奖"(奖励数字出版品整体表现与设计)与"最佳数字创新奖"(奖励数字出版品内容创新、激发阅读动机及注重读者利益者)。

(四)推动产业优惠贷款协助资金取得

由于数字内容业者与文化创意业者的经营模式,主要是由技术及创意等无形资产所累积,加上资本额较低,较难获得传统金融体系的融资,为此台湾新闻主管部门推动"数字内容产业及文化创意产业优惠贷款",符合台湾当局规定的数字内容产业,可以申请这项低息贷款。

(五)提高产业竞争力,开拓国际及华文出版市场

台湾新闻主管部门协助出版业者组团参加国际出版展览及交流活动,辅助民间社团向海外争取举办各种国际性活动及办理国际杂志研讨会等,通过和国际出版业界交流,增强台湾出版产业竞争力。同时,为开拓华文市场,台湾新闻主管部门鼓励并赞助出版业产业相关团体组团前往祖国大陆参加出版活动,或在祖国大陆举办台湾书刊展览活动,帮助业界收集祖国大陆出版政策及产业资讯,邀请祖国大陆期刊组织来台参访以及办理展览活动,促进两岸交流。

以上各类"辅导"方式,在促进台湾杂志产业发展的同时,也将台湾当局的政策、意识形态贯穿其中。

二、蓝绿阵营对杂志的隐性控制

(一)泛蓝、泛绿两大阵营形成

2000年3月,台湾举行第二次地区领导人直选,民进党推出的候选人陈水扁和吕秀莲以微弱多数战胜独立候选人宋楚瑜以及国民党候选人连战,民进党取得台湾的执政权。国民党在台湾执政50多年的历史宣布结束,台湾实现第一次政党轮替,台湾岛内政治生态发生历史性的深刻变化。

在接下来的几年中,以国民党、亲民党、新党和民进党、"台联党"为主要代表的岛内政治势力经过重新排列组合,形成泛蓝、泛绿两大政治阵营,主导台湾地区政治生活的主线。泛绿阵营包括民进党和"台联党",其中民进党实力强大,历史较长,处于主导地位;"台联党"建党时间短、政治势力弱,处于辅佐地位。泛蓝阵营包括国民党、亲民党和新党,国民党处于主导地位,其他两党处于辅助地位。两大阵营泾渭分明,他们之间的权力争夺和政治斗争构成了21世纪以来台湾岛内政治生活的主线。

民进党执政八年,未能解决政治贪腐和经济衰退这两项民众最关心的议题。2008年3月,台湾第四次地区领导人大选,国民党推出的候选人马英九和萧万长以58.45%的得票率战胜民进党候选人谢长廷、苏贞昌,台湾实现第二次政党轮替。2012年1月,马英九执政团队在台湾地区领导人大选中获得连任。

(二)泛绿、泛蓝两大阵营对杂志的隐性影响和控制

"戒严"解除后,台湾新闻媒介的独立自由度相对提高,国民党当局放弃高压手段而调整策略手法。自2000年台湾实现第一次政党轮替以来,台湾逐渐形成泛绿、泛蓝两大阵营。为了争取杂志的支持,形成有利于各自阵营的言论,两大阵营在继续沿用原有的软性控制方式的基础上,以更加隐性的方式来影响和操控杂志。

1. 置入性政策宣传

民进党执政期间,台湾新闻媒体普遍存在严重的置入式行销现象,民进党当局是最大的广告主。自 2002 年起,以台湾新闻主管部门为首的台湾当局各部门编列大笔预算,统一采购文宣广告,于招标文中明确要求媒体实施"置入性行销",如要求电子媒体在戏剧、综艺节目或谈话性节目中加入当局宣导的内容,要求平面媒体以包括专题报道、专栏或系列报道、特别企划及座谈等形式呈现与施政相关的议题。《今周刊》2003 年的广告营收大幅增长 70.05%,主要得益于这一年民进党当局集中购买该杂志广告。民进党执政时期的新闻主管部门负责人姚文智在 2005 年的一场研讨会中表示,2003—2005 年,民进党当局媒体集中采购案将近 20 亿新台币的预算中,部分经费是用来进行媒体(包括节目与新闻)置入式营销。2008 年取得执政权的马英九当局也同样被批评花重金在各媒体刊登置入性广告。

2. 各级地方政府的广告专案

为了提高各政党执政下地方政府的执政业绩,台湾各地方政府积极和包括财经杂志在内的媒体合作,策划广告专案。如《商业周刊》就曾在 2008 年与国民党执政的台中市政府合作,策划"台中城市美学专案";2008 年《财讯》与民进党执政的高雄市合作,带着 20 位企业家组团考察高雄城市竞争力;2008 年《快乐工作人》和国民党执政的嘉义市合作,协助嘉义市发展观光产业。

3. 通过广告控制媒体

各政党利用新闻媒体竞争激烈、经营困难之际,通过权力与广告的结合来控制媒体。如民进党执政时,每年通过 40 亿元新台币的广告及媒体宣传预算经费的采购或委托办理事项操控媒体。民进党执政后不久,就由"台独"或亲绿色的企业主成立"广告主协会",控制台湾广告总量的 1/10,监督、控制企业在特定媒体刊登或拒登广告,以达到控制媒体的目的。民进党还以官方的或亲官方的银行与企业以收紧银根和拒绝刊登广告的威胁手段,向媒体施压。

4. 通过人事布局手段,染指民间媒体监督机构

民进党执政期间,于 2002 年成立"新闻公害防治基金会",执行长是与民进党当局关系良好的广电基金会董事长卢世祥,多位董事也是绿色人士。2003 年,台湾新闻主管部门计划以 95 万元新台币的招标方式委托"新闻公害防治基金会"对新闻媒体进行所谓的"评鉴"。这一"评鉴"改变有关部门对媒体的色情与暴力情况的评鉴,而扩大到对政治、财经等诸多领域的评鉴,实际是一种政治监控。此消息一出,引起岛内各界强烈的不满与批评,在野党批评这是民进党当局钳制媒体的新招,是"绿色恐怖"。由于外界的强大压力与批评可能对陈水扁 2004 年的台湾地区领导人选举造成负面影响,民进党高层不得不紧急叫停这一"新闻评鉴"政策。

三、对蓝绿阵营进行相对平衡报道

2000—2014年,台湾分别于2000年3月18日、2004年3月20日、2008年3月22日、2012年1月14日举行四次台湾地区领导人选举,和其他媒体一样,财经杂志也积极报道选举。

针对选举中出现的"抹黑"策略、口水战,"公投绑大选"等现象,财经杂志从相对理性的角度评析,呼吁树立良好的选举风气。如针对陈水扁在2004年大选拿出"强化'国防'""对等谈判"两项"'公投'来绑大选"的举措,《商业周刊》分别于2004年2月和3月刊出两篇文章,批评"'公投'原本是个严肃的议题,如今却被陈水扁独断而粗糙的操作,变成动机不纯,手段不正,企图暧昧的一件事"。《远见》也于2004年2月和3月刊出《敬告两组候选人 就业比"公投"更重要》《堕落的台湾,如何选领导人》《胜出后的当选人如何:收拾残局,开创新局》三篇文章,批评:"为什么一个好的制度(如'公民投票')到这里就变质? 双方阵营出现了难以置信的向对手(及家庭)的抹黑;每晚电视上双方阵营言辞上的交锋,也使'台湾无宁日';本来逐渐抚平的省籍情结、'二二八事件'、族群融合,又再度被挑起? 人民最关心的民生议题全被政治议题淹没。"

在台湾地区领导人候选人报道中,财经杂志也采取相对平衡的报道策略。以2008年选举前《天下杂志》企划的《二〇〇八大选谁能改变台湾》专题为例。在封面编排上,马英九和谢长廷的照片并排放置,照片大小相同。在目录页编排上,出现两个候选人名字的文章标题分别是《马英九、谢长廷专访——"治国"战略大对决》《谢长廷:"一中市场"将走入险境》《马英九:领导人最重要的是才与德》,三篇文章中,除了第一篇,用橘红色字体标出"'治国'战略大对决"之外,其余两篇的标题字体、字号都一样;目录页上刊登的马英九和谢长廷各自的图片和导语,图像大小相同,导语字体和字号一致。在内文的编排上,整个特别企划专题,谢长廷的图像出现四次,马英九的图像也出现四次,图像大小大体一致。《马英九、谢长廷专访——"治国"战略大对决》一文,是从编辑部角度出发,比较二位候选人政见的差异,从"面对中国:乐观VS怀疑""'治国'政策:向左走VS向右走""政府部门:扩大VS瘦身"三个方面进行比较,指出"值得肯定的是,两人都掌握了台湾未来要走的方向:创新、研发、向全球开展,提升台湾在全球价值链的地位。谁能在政治赛局中胜出,还是得由人民作裁决。人民不仅张大眼检视选举支票,同时也衡量支票背后的诚心。诚信才是权力的最终基础"①。对两位候选人并无明显的支持偏向。《谢长廷："一中市场"将走入险境》《马英九：领导人最重要的是才与德》分别是对谢长廷和马英九的专访，通过记者的采访，让候选人和读者面对面阐述自己的政见，两篇文章都是四页的报道篇幅。

2011 年 12 月，台湾 2012 年地区领导人选举前夕，《天下杂志》刊登《台湾媒体分众的政治之斗》一文，批评参选人辩论会后，各家电视台的电话民调基于不同的政党立场而显示出不同的结果，质疑"台湾的媒体，是民意的喉舌，还是政党的工具"②为表明相对中立立场，《天下杂志》记者群分别采访了三位候选人——马英九、蔡英文与宋楚瑜，提供现场采访日记，对三位候选人进行相对平衡报道。

同时，面对选举中各候选人之间激烈的竞争，《天下杂志》《远见》充分利用本身的民意调查中心，主动进行各项民调。2000 年 2 月《天下杂志》推出以"希望、前瞻、改革"为导向的民意调查，调查显示，一向以改革自居的民进党候选人陈水扁，获得最多支持（30％）③。2000 年 3 月，《天下杂志》针对 1 000 家企业发出调查问卷，问卷结果显示，尽管政策辩论被口水战取代，八成以上企业最重视的还是候选人的政策。其中，"改善社会治安"被认为是选后第一要务，打破黑金结构和因应 WTO 的挑战为优先课题④。2004 年 3 月，《天下杂志》展开地区领导人选举民意调查，调查显示，在 14 项有关民主、民生及两岸重大议题上，执政的陈水扁、吕秀莲领先 5 项，挑战的连战、宋楚瑜则在 9 项议题上领先⑤。2004 年 2 月《远见》进行选前大调查，调查结果显示，选民期待的是一位能"照顾一般人民利益"的地区领导人，期待能解决失业、治安、政治乱象、教育等问题，缓和两岸对立情绪。2008 年 2 月《天下杂志》针对士、农、工、商四大族群进行"2008'国政'前瞻调查"，了解各阶层百姓对新地区领导人的期待。2008 年 2 月，远见民意调查中心的调查预测，国民党候选人马英九、萧万长支持率达 63.3％，民进党候选人谢长廷、苏贞昌支持率为 36.7％。1987

---

① 李雪莉、汪文豪：《马英九、谢长廷专访——"治国"战略大对决》，《天下杂志》2008 年 391 期。

② 南方朔：《台湾媒体分众的政治之斗》，《天下杂志》2011 年 487 期。

③ 《天下杂志》编辑部：《编者的话》，http：//www.cw.com.tw/article/catalog/editor.jsp？PID＝130，2000 年 2 月 1 日。

④ 《天下杂志》编辑部：《一千大企业的主张　改善治安，第一要务》，http：//www.cwk.com.tw/cw/search/preview1.asp？articleID＝20040608153009542760l337，2000 年 3 月 1 日。

⑤ 周慧菁、刁曼蓬：《人民期待转向　要民主更要生计》，http：//www.cwk.com.tw/cw/search/preview1.asp？articleID＝20040615l422592130692601，2004 年 3 月 1 日。

年"解严"以后,民调伴随着台湾大大小小的选举,成为老百姓生活中的一部分。进行民调的单位不只限于媒体,学术机构、公关公司、基金会、企业公司、政党,甚至候选人本身,都会做民意调查。由于各有政党倾向与特定目的,民调常被利用为造势的工具。相比较而言,《天下杂志》和《远见》的民调预设政治立场较不明显。远见的民调中心是蓝绿双方公认的相对中立的机构,其执行民调的过程也相对专业。他们不但要求访员口齿清晰,台湾社会通行的闽南话也必须流利,在上岗之前的集训课上,民调中心的主管特别要求访员在做调查时不得对题目进行任何更改,更不可有任何引导式的提问。为确保民调质量,民调中心的主管还会将访员与受访者之间的通话内容录音,事后详细核查是否符合作业标准①。

在激烈的选举中,执政党为了拉选票,往往会在选前推出各类利多的经济措施,不仅影响台湾经济发展,也影响股票行情。为此,以经济为主要议题的财经杂志也关注选举对经济的影响。如 2000 年 3 月,《远见》推出《十一大操盘高手谈:选举前后的股市教战守则》;2004 年 2 月《远见》的《选举因素对经济领先性指标之影响》;2008 年 3 月 3 日《商业周刊》的《三大利多　台股一路涨到选前》、2011 年 12 月 26 日《商业周刊》的《"政府"三怪招护盘　冻结台股买气》等。

随着台湾政党政治的激烈竞争,台湾媒体对于政治新闻的报道日益重视、狂热,媒体的政治立场也愈来愈明显。目前,在台湾媒体中,被归为蓝军喉舌的媒体主要包括《联合报》、《中国时报》、TVBS、中天、中视;《自由时报》《台湾民众日报》《台湾时报》以及民视、三立等则有浓烈的绿营色彩。与一些媒体鲜明的政治立场相比较,财经杂志则看不出明显的预设政治立场,对蓝绿阵营采取平衡报道的策略。财经杂志的主要读者群包括中产阶级、知识分子与大学生,教育程度在大专以上,这一读者结构也是台湾"中间选民"的主要结构。这些"中间选民"拥有知识文化能力,有自主的判断力,没有特定的政治立场,不易受煽情的政治言论所鼓动。因此,财经杂志在报道选举新闻的时候,采用的是平衡报道策略,蓝营、绿营两边都不得罪。其报道从相对理性的角度批评台湾地区领导人选举中的"抹黑""口水战""'公投'绑大选"等非民主化的竞选手段,呼吁树立良好的选举风气;注重对各个参选人政见的分析、评价;积极表达工商业者、知识分子这些财经杂志主要读者群对新地区领导人的期待;注重领导人选举对台湾经济的影响。

---

① 中国新闻网:《台湾"民调"真相,多方势力操控的"数字游戏"》,http://www.chinanews.com.cn/tw/tw-twyw/news/2010/05-10/2271445.shtml,2010 年 5 月 10 日。

四、杂志业者应对经济不景气的策略

从媒介经济发展的历史看,当经济危机来临的时候,作为经济性生存角色的媒体也会受到较大的影响,这源于媒介经济典型的外向依附性经济特征。媒介经济学的现有研究表明,作为媒介收入主要来源的广告能够放大 GDP 的波动效应,GDP 快速增长的时候,媒介广告以高于 GDP 的增幅获得快速增长;GDP 下滑的时候,媒介广告则以大于 GDP 的跌幅而快速下滑。

进入 21 世纪以来,台湾经济持续不景气,通货膨胀、失业率居高不下。台湾经济的不景气,导致民众收入减少,民众对非生活必需品的消费趋于保守,因而影响到购买杂志的意愿及支出分配。经济不景气的另一个副作用是企业主缩减广告预算,杂志媒体得费力与电视、报纸、广告、网络、户外媒体抢食每年负成长的广告预算,经营也就加倍艰辛。根据台湾财政主管部门的统计月报资料显示,自 2005 年以来,台湾杂志产值持续低迷下滑,如表 3-10 所示。

表 3-10　1999—2008 年台湾杂志产业产值统计表

单位:亿元新台币

年份	杂志广告推估	杂志期刊市场产值	总产值
1999 年	61	20	81
2000 年	72	26	98
2001 年	71	62	133
2002 年	70	114	184
2003 年	75	117	192
2004 年	78	143	221
2005 年	65	181	246
2006 年	64	160	224
2007 年	64	159	224
2008 年	60	161	221

资料来源:台湾新闻主管部门:《2009 年出版年鉴》,"中国出版公司"2009 年版,第 109 页。

应对经济不景气下有限的市场份额,财经杂志业者的发展对策包括:通过与香港传媒集团合并、与祖国大陆杂志业者合作等方式,积极布局开拓祖国大陆市场;通过与不同媒体业者进行战略联盟,实现资源互补,满足消费者多元需求;整合集团资源,节约经营成本,依托集团实力,将旗下的杂志广告混搭贩卖或联合提案,拓展杂志营收。

五、成为中产阶级大众化刊物

21 世纪以来,台湾经济发展和产业转型遭遇困境,经济发展从"中增长"转入"低增长",贫富差距日益扩大,失业率迅速上升,中产阶级比重略有降低,面临发展困境。王永慈的研究认为,台湾虽尚未出现"M 型社会",但已出现"M 型化"趋势。中产阶级占全体总户数的比率,从 1980 年的 41.6% 减少到 2006 年的 30.4%。在减少的近 82 万户中产阶级中,沦为低收入阶级的户数多达 54 万户,远高于进入高收入阶级的 27 万户[①]。

尽管中产阶级发展面临困境,但仍是台湾社会主体,且持续稳固地存在、成长和茁壮[②]。财经杂志仍以中产阶级为主要目标读者群,如《天下杂志》定位的读者群是具有决策权的关键意见领袖、企业老板、中高阶经理人。《快乐工作人》的读者群定位为具有进取心的黄金十年白领工作者[③]。2001 年《商业周刊》调整报道范畴,从企业竞争力跨入个人竞争力领域,获得极大回响,成为中产阶级的大众杂志[④]。根据台湾财团法人公信会(ABC)的统计,从 2006 年《商业周刊》加入该公信会起,《商业周刊》的发行量都超过以"八卦"闻名的台湾《壹周刊》,如表 3-11 所示。

表 3-11 《商业周刊》和《壹周刊》的平均发行量

单位:份

时间 杂志 名称	2006 第三季 平均发行量	2008 年 全年 平均发行量	2009 上半年 平均发行量	2010 上半年 平均发行量	2011 上半年 平均发行量	2012 上半年 平均发行量
《商业周刊》	137 475	156 614	147 339	143 889	142 266	136 833
《壹周刊》	134 051	121 681	113 298	106 198	104 233	94 368

资料来源:笔者根据台湾财团法人公信会网站公布的数据整理得出,2013 年至今《壹周刊》退出财团法人公信会的稽核。

这一时期台湾财经杂志的内容反映了中产阶级的政治理念、竞争理念和价值观。

---

① 搜狐新闻:《台湾贫富差距拉大 大批中产阶级沦为低收入者》,http://news.sohu.com/20080818/n258971682.shtml,2008 年 8 月 18 日。

② 沈惠平:《台湾中产阶级的现状分析》,《台湾研究》2010 年第 4 期。

③ 天下杂志企业专案组:《天下杂志群传播服务项目简介》,http://media.cw.com.tw/cw/cwdata/pdf/cw_mediakit_200906_01.pdf,2009 年 6 月 1 日。

④ 《动脑杂志》编辑部:《团结力量大 商业周刊为什么愈来愈赚钱?》,http://www.brain.com.tw/News/RealNewsContent.aspx? ID=7252,2005 年 12 月 1 日。

(一)在政治理念上,财经杂志反映"中间选民"相对中立立场

2000—2014 年,台湾分别举行四次地区领导人选举,实现两次政党轮替,泛蓝、泛绿两大政治阵营形成。台湾的"中间选民"以中产阶级为主[①],财经杂志以中产阶级为主要读者,对蓝绿阵营采取相对中立立场,较无明显的预设政治立场。台湾财经杂志领导品牌之一《远见》的民调中心还是蓝绿双方公认的相对中立的机构[②]。

从 2003 年开始,《天下杂志》和《远见》每年都各自以不同但相近的方法,不分蓝绿执行与发表台湾各县市政府的绩效调查,扮演独立监督与资讯揭露的角色,因其专业的调查和相对中立的立场而获得台湾民众认同[③]。

在最能反映蓝绿不同政治立场的台湾地区领导人选举中,台湾财经杂志反映"中间选民"相对中立立场,提倡理性公平的选举,如 2004 年针对陈水扁大选拿出"强化'国防'""对等谈判"两项"'公投'来绑大选"的举措,《远见》于选举前刊文指出:"为什么一个好的制度(如'公民投票')到这里就变质?双方阵营出现了难以置信的向对手(及家庭)的抹黑;每晚电视上双方阵营言辞上的交锋,也使'台湾无宁日';本来逐渐抚平的省籍情结、'二二八事件'、族群融合,又再度被挑起?人民最关心的民生议题全被政治议题淹没。"[④]2011 年 12 月,台湾 2012 年地区领导人选举前夕,《天下杂志》刊登《台湾媒体分众的政治之斗》一文,批评地区领导人辩论会后,各家电视台的电话民调基于不同的政党立场而显示出不同的结果,质疑台湾的媒体,是民意的喉舌,还是政党的工具[⑤]。台湾财经杂志保持相对中立立场,蓝绿双方两边都不得罪,也有利于其最大范围地扩大中产阶级读者群,实现商业利益和政治利益最大化。

(二)财经杂志以"个人归因偏向"来对待竞争问题和贫穷问题

长期以来,高学历阶层被视为职业较为稳定的阶层,但是 21 世纪以来,台湾经济不景气,带来日益严重的失业问题,其中高学历人群失业情况严重。2005 年开始,台湾大学生失业率即超过总失业率。2006 年,高学历失

---

① 严泉、陆红梅:《台湾的中产阶级》,九州出版社 2009 年版,第 167 页。

② 中国新闻网:《台湾"民调"真相:多方势力操控的"数字游戏"》,http://www.chinanews.com.cn/tw/tw-twyw/news/2010/05-10/2271445.shtml,2010 年 5 月 10 日。

③ 朱镇明:《媒体评鉴地方政府绩效之研究——以天下及远见两杂志为例》,《公共行政学报》2007 年第 26 期。

④ 高希均:《当选人如何:收拾残局,开创新局》,http://www.gvm.com.tw/Board/content.aspx? go=cover&ser=1882,2004 年 3 月 1 日。

⑤ 南方朔:《台湾媒体分众的政治之斗》,《天下杂志》2011 年 487 期。

业人口较 2000 年增加 1 倍。经济不景气也使贫富差距扩大。1998 年台湾最富有的 5％与最穷的 5％平均所得相差 32 倍,10 年后这项差距扩大至 66 倍。

经济不景气,财经杂志增加"个人竞争力"和"贫穷议题"报道。以财经杂志领导品牌《商业周刊》为例。2001 年《商业周刊》调整报道范畴,从企业竞争力跨入个人竞争力领域,2003—2007 年,《商业周刊》连续推出"一个台湾,两个世界"深度报道专题,探讨由于贫穷、失业而引发的各种弱势群体议题。

在报道"个人竞争"议题时,《商业周刊》突出"个人归因偏向"的报道思维,对失业背后的体制问题不加以批判,而是把问题归结于个人的原因,要求个人尽量增强自己的竞争力,改变自己去适应环境。同时,《商业周刊》也以说故事的方式,讲述成功人士凭借个人的努力增强竞争力,打拼成功的故事,为普通民众打造了一个个成功的范例,加深了民众对成功的刻板印象,将追求财富及身份地位视为个人成功的象征。

报道"贫穷新闻议题"时,《商业周刊》也因其一贯简化问题的方式,而被有识者批评,指出:"'弱势专案'不过是种名誉行销,是在商业逻辑下,心安理得甚至带了某种道德自许地宣布:我们不仅服务富裕阶层,我们也关心弱势群体。"①其中封面故事《水蜜桃阿嬷》引发的争议最为激烈,文章把水蜜桃阿嬷亲戚自杀的原因简单归结为个人因素,而忽略其背后的深层社会结构原因。有学者认为:"《商业周刊》选择忽略,是因为如果《商业周刊》把自杀原因归于负债,便必须挑战如底层家庭的命运如何被社会经济结构所决定,或台湾少数民族与汉族之间的贫富与城乡差距等更大的问题。"②。

台湾财经杂志以"个人归因偏向"来对待竞争问题和贫穷问题,客观上有利于缓和台湾因经济发展不景气所引发的社会矛盾。

(三)财经杂志迎合和强化中产阶级强调品位,"符号化消费"的消费观念

伯德里亚认为,现代社会的消费已由物质的消费变成精神的消费。人们借由对消费对象的使用来区分自己的地位和阶级属性……消费者品位 (taste)的差异代表一种阶级的区分标准③。中产阶级有较高收入,在日常生活中有意无意地流露出某种品位标志,既突出个性,又显示身份"区隔"。

---

① 李娜:《爱心的消费,内部的殖民——由〈水蜜桃阿嬷〉看台湾.http://www.nfc-mag.com/articles/109/page/3,2008 年 1 月 27 日。

② 林文兰:《喂,这是爱心连线……》,《中国时报》2007 年 7 月 6 日。

③ Boudiew,P. Distinction:A Social Critique of the Judgement of Taste,Cambridge:Harvrad University Press,66.

　　财经杂志以中产阶级为主要读者群,杂志内容迎合中产阶级强调品位的消费观念。如《天下杂志》从创刊起就设置"休闲与嗜好""生活的艺术""个人视窗""OFF 学"等重点栏目,为以中产阶级为主的目标群体介绍如何安排工作之余的精致休闲生活。2001 年起《天下杂志》每年推出《微笑 319》专辑,介绍台湾 319 个乡镇的美景美食,号召民众用旅行的方式走遍台湾。《商业周刊》从 2005 年起随书附赠"alive 生活专刊",报道"讲究的生活,讲究生活的人"[①]。

　　财经杂志的广告也迎合和强化中产阶级"符号化消费"的消费文化。邹丽珍分别对《天下杂志》2001—2003 年的广告进行内容分析,《天下杂志》广告所欲塑造出的台湾中产阶级男性的消费文化是与资讯科技的生活产生密切的结合,崇尚社会地位表征、休闲享乐,且重视投资理财、生活安全保障、与国际融合的生活面貌[②]。

　　财经杂志迎合和强化中产阶级强调品位、"符号化消费"的消费观念,既满足了中产阶级读者的需求,也有利于其更好地拓展广告来源,实现经济利益最大化。

六、财经杂志成为数字内容产业一部分

　　数字内容产业是知识经济时代将信息技术与文化内容交融汇合的新兴产业。它以创意为核心,以数字化为表现形式,具有较长的产业链和较强的增长带动性,其产业源头是有自主知识产权的内容创作,下游则是与这些内容相联系的技术开发、相关软硬件的研制生产,围绕着内容创意,还可衍生大量的产品与服务。数字内容产业对于宣扬各国和地区民族文化、塑造和改善国家和地区形象也有重要意义。世界各国和地区都十分重视数字内容产业的发展,投入大量资源,以其整体力量规划产业发展政策,进行推动工作。2001 年以来,数字内容产业在全球增长速度保持在 40% 以上,成为许多发达国家和地区的重要支柱,如英国是第一个政策推动以数字内容为核心的创意产业的国家,创意产业占 GDP 的 8%,数字内容占创意产业的份额超过 85%。美国数字内容在信息产业中的销售额比重接近 50%,以信息产业为代表的新经济正

---

　　① 王文静:《请客新主张》,http://www.businessweekly.com.tw/article.php? id = 20075,2005 年 4 月 11 日。

　　② 邹丽珍:《平面广告讯息分析之研究——以〈天下杂志〉为例》,台湾淡江大学硕士论文 2003 年,第 1 页。

是美国增长模式的支柱所在①。日本数字内容产业产值超过传统的汽车产业，韩国将以游戏为代表的数字内容产业作为立国之本。

台湾经济经历了以轻纺为代表的劳力密集型产业（1960 年代）、以石化为代表的资本密集型产业（1970 年代）和以电子为代表的技术密集型产业（1980—1990 年代）。随着上述三波产业生命周期相继成熟，既往优势逐渐失去，台湾急需寻找新的支柱产业作为经济成长动力。数字内容产业有高附加值，高创意的特性，被视为台湾经济发展的新动力。台湾将数字内容产业称之为数位内容产业，将其定义为"提供将图像、字符、影像、语音等资料加以数字化并整合运用的产品或服务的产业"。该产业涵盖八大次产业：数字游戏、数字影音、数字出版与典藏、数字学习、行动应用服务、网络服务、内容软件，前五项为核心产业，后三项为关联产业。

2002 年台湾提出了《挑战 2008：发展重点计划》，数字内容产业为其"两兆双星产业"政策鼓励的重点产业，目标是将台湾建成为"亚太地区数位内容设计开发制作中枢"，带动外围衍生知识性产业发展。2002 年 5 月、2007 年 6 月，台湾行政主管部门分别通过第一期（2002—2006 年）和第二期（2007—2011 年）《加强数位内容产业发展推动方案》。为保证跨部门合作，专门成立"数字内容产业发展指导小组"，统筹管理数字内容产业发展的规划、推动与评估事项，设立"数位内容产业推动办公室"作为推动产业发展的单一管理服务机构。2009 年台湾将文化创意产业列为六大新兴产业之一，公布《创意台湾——文化创意产业行动方案》，数字内容是其重点发展的六大"旗舰"产业之一。与《挑战 2008：发展重点计划》建构台湾"主体性"的本土发展诉求不同，《创意台湾——文化创意产业发展方案》提出"立足台湾、开拓大陆市场、进军国际、使台湾成为亚太文创产业汇流中心"的发展目标，包括数字内容产业在内的两岸文化创意产业合作纳入台湾整体发展框架。2010 年 7 月台湾行政主管部门核定通过《数位内容产业发展行动计划》，拟推动数字内容产业在2013 年达到产值新台币7 800亿元的目标②。台湾数字内容产业经过多年发展，产业规模与市场份额均有较大增长，2005 年台湾数字内容产业排名全球第 26 位。其总产值从 2001 年的 286 亿元新台币，上升至 2011 年的6 003亿元新台币，平均年成长率为 16.4%，如表 3-12 所示。

---

① 闫世刚：《数字内容产业国际发展模式比较及借鉴》，《技术经济与管理研究》2011年第 1 期。

② 财团法人"资讯工业策进会"：《2010 年数位内容产业年鉴》，2011 年版，第 1 页。

表 3-12　台湾数位内容产值产业成长概况(2001—2011)

单位:新台币亿元

年度		2001	2002	2003	2004	2005	2006	2007	2008	2009	2010	2011	年平均成长率%
数位内容	总产值	1 334	1 537	1 892	2 525	2 902	3 412	3 609	4 004	4 603	5 225	6 003	16.4
	年成长率%	——	15.2	23.0	33.4	14.9	17.6	5.7	10.9	15.0	13.5	14.89	

资料来源:笔者根据台湾经济主管部门历年的《数位内容产业年鉴》公布的数据整理统计。

台湾数字内容产业的发展,奠定了台湾财经杂志数字化发展的基础,台湾财经杂志积极数字化发展,成为台湾新兴数字内容产业的一部分。

数字时代,当信息传递的基本过程由机械转向电路,由书面转向屏幕,由在线转向链接时,人们的阅读方式也发生重大转变,即从以往被动的阅读,转化为主动地搜寻、阅读,从纵向方式向横向方式变化,以广度换取深度。为了适应网络时代民众的阅读需要,台湾财经杂志依托自身的新闻采编力量,利用互联网技术打造自己的新媒体传播平台,出版电子杂志、推出 iPad 杂志和杂志手机版,实现平面杂志与杂志网站的互动与分工,虚实结合,多平台呈现杂志内容。

过去,传统媒体赢利主要依靠广告和发行,数字化时代,传统媒体正加速构建多赢利点支撑的多维商业赢利模式。数字化时代的到来,打破了信息传播的空间、时间、成本的限制,使得稀缺的时间和空间得到无限的放大,也为"长尾"经济的实现奠定基础。长尾理论指出,我们的文化和经济重心正在加速转移,从需求头部的少数热门(主流产品和市场)转向需求曲线尾部的大量利基产品和市场。在一个没有货架空间的限制和其他供应瓶颈的时代,面向特定小群体的产品和服务可以和主流热点具有同样的经济吸引力。台湾财经杂志利用网络方便快捷、二十四小时畅通、互动性强等特点,通过开设网络书店销售当期和过期杂志、建立历年杂志资料信息库销售特定杂志信息资料、为客户提供更具个性化的订阅服务等方式来满足客户个性化、多样化的需求,实现"长尾"经济。同时,台湾财经杂志还积极通过编辑电子杂志、杂志电子报与其他媒体进行战略联盟等方式使其杂志内容资源得到复合性使用,创造更多的赢利增长点。

麦克卢汉认为:"所谓媒介即是信息只不过是说:任何媒介(即人的延伸)对个人和社会的影响,都是由新的尺度产生的;我们的任何一种延伸(或曰任何一种新的技术)都要在我们的事务中引进一个新的尺度。"①财经杂志等传统媒体数字化发展,成为数字内容产业一部分,其意义,并不在于杂志和网络两种媒体的简单叠加,而在于由此体现出的传播技术的飞跃、受众消费体验的革命以及媒体生产经营方式的转型。

七、商业对财经杂志新闻品质的侵蚀

新闻专业是保证媒体新闻品质的关键。新闻专业主义在19世纪末形成,强调传媒作为独立的社会子系统,发挥收集、整理、传播信息的功能。在此基础上,它还包括一套关于新闻媒介的社会功能的信念,一系列规范新闻工作的职业伦理,一种服从政治和经济权力之外的更高权威的精神和服务公众的自觉态度。这种原则着眼于受众的知情权和接近权,以"公正、公开、公平"为目标取向,强调社会责任意识。J.阿特休尔将新闻专业主义的信念归纳为四点:"新闻媒介摆脱外界的干涉,摆脱来自政府、来自广告商甚至公众的干涉;新闻媒介为实现'公众的知晓权'服务;新闻媒介探求真理,反映真理;新闻媒介客观公正地报道事实。"②

财经杂志以报道财经新闻和财经资讯为主要内容,其专业性质对于有意投资理财的读者影响很大。作为民众了解金融资讯的重要渠道,财经杂志在报道的确实性与议题的设定上更应该强调新闻专业主义。

然而,在激烈的市场竞争中,台湾的财经杂志业逐渐向受市场利益驱动的产业方向发展,强调杂志业的商业利益,忽视作为立刊之本的新闻专业主义。新闻专业主义实现的基础——编辑权和经营权相分离的制度安排被打破。将编辑、发行、广告三部门结合起来,协调作战,最大限度地获取利润,已经成为台湾财经杂志业者在激烈的杂志竞争中制胜的关键,其方式包括:财经杂志的编辑部门配合广告业务或专案,由记者规划、采访厂商或政府的广告、促销及宣传活动,随后将此报道内容以新闻形式刊登的"置入性行销"方式成为常态;财经杂志摇身变成行销活动公司,综合平面、论坛、活动、订户和网络等资源,为广告客户量身定做各类整合行销方案;增加健康、旅游、流行、生活、娱乐、饮食等消费新闻报道,消费新闻广告化。

---

① 〔加〕马歇尔·麦克卢汉著,何道宽译:《理解媒介——论人的延伸》,商务印书馆2000年版,第33页。

② 〔美〕阿特休尔著,黄煜、裘志康译:《权力的媒介》,华夏出版社1989年版,第133页。

第四章

台湾财经杂志版面设计的发展变化

——以《天下杂志》为例

　　"一切有国际声誉的杂志无不设有一位美术设计主任和一大群版面设计编辑。这位设计主任的地位，通常只次于副总编。所有要透过刊物版面来和读者视觉接触的东西，小到一枚活字的大小与字体，大到封面图像的选择和设计，都得由他和他的助手来规划，使这本刊物出现于读者眼底时，每一面、每一页，都是一件美术品。而事实上，一本设计优美的杂志，单是浏览版面，欣赏各页间点与面，光与影的组合之美，已是一种享受了"①。一个好的杂志不仅内容要精彩，也离不开精良的包装，独特的封面、优雅的版式，台湾财经杂志 1949 年以来的发展历程中，杂志的版面设计水平也在不断地提高。

　　1981 年 6 月《天下杂志》创刊，为台湾杂志发展树立了新的里程碑。《天下杂志》开创了台湾杂志的高价位时代，且一开始销路就非常好。在经营上，《天下杂志》也创造了奇迹，一开始每年的获利就数倍资本额以上。采用彩色印刷、更大的内制比例②，这些创新突破也让《天下杂志》成为专业类杂志的新典范③。1987 年 2 月底，《天下杂志》获得亚洲国际出版大会颁发的"亚洲杂志最佳摄影运用奖"，得奖理由是：妥善运用摄影，充分表达内容之精彩④。1981—2014 年，《天下杂志》共获 18 次金鼎奖（其中"杂志摄影金鼎奖""美术设计金鼎奖"各两次，"杂志编辑金鼎奖"一次）、15 次吴舜文新闻奖、11 次亚洲出版协会 SOPA 奖、七次花旗财经新闻奖、一次两岸新闻报道奖⑤。1981—2014 年，《天下杂志》适应时代的变化、民众的需求，经历了四次大的改版。本章将以台湾老牌财经杂志《天下杂志》为主要研究对象，分析其 1981 年创刊号

---

　　①　余也鲁：《杂志编辑学》，海天出版社 1980 年版，第 302 页。

　　②　内制比例指的是杂志社编辑部自己写稿和对外邀稿的比例。

　　③　徐开尘：《台湾财经杂志半月刊时代来临了吗》，《出版参考》2003 年第 1 期。

　　④　《天下杂志》编辑部：《编者的话》，http://www.cw.com.tw/article/catalog/editor. jsp? PID＝294,1987 年 3 月 1 日。

　　⑤　笔者根据《天下杂志》网站的资料统计得出。

相对以往的台湾财经杂志在版面设计上的突破,分析《天下杂志》在四次重大改版的过程中是如何在保持杂志整体设计风格的基础上,提高版面设计水平的,以此管窥整个台湾财经杂志版面设计水平的变化。

第一节　《天下杂志》创刊号版面设计的突破

《天下杂志》创刊以前,财经杂志的编排相对比较简单。《天下杂志》从创刊伊始就希望创造财经杂志新风格,殷允芃表示:"我心目中的《天下杂志》,是拥有《经济学人》(Economist)的内涵、《时代》(Time)杂志的写法,以及《财富》[①](Fortune)的版面安排(layout)跟照片。"[②]从创刊伊始,《天下杂志》就很重视杂志的版面设计,除了文字记者,更聘请专业摄影记者和美术编辑制作图文并茂的版面。聘请李男、霍荣龄、吴毓奇等平面设计大师担任美术指导,首创利用插图、书法、纸雕等作为封面元素,让《天下杂志》以典雅而大气的创新风格而引人注目[③]。本节选取台湾50年代的代表性财经杂志——1952创刊的《企业与管理》[④]创刊号、60年代的代表性财经杂志1964年创刊的《实业世界》[⑤]创刊号、70年代的代表性财经杂志1979年创刊的《环球经济》[⑥]创刊号,与《天下杂志》对比,介绍《天下杂志》在版面设计上的突破。

---

① Fortune 非常重视版面设计,时代公司当时就自诩"这份刊物将是美国现有刊物中最精美的出版物"。Fortune 在图像使用和版面设计上引导着世界财经类杂志视觉报道的潮流,是美国新闻类杂志摄影报道的开拓者和实验者。

② 陈俊斌:《黑夜中寻找星星——走过"戒严"的资深记者生命史》,时报文化出版企业股份有限公司 2008 年版,第 261 页。

③ 金玉梅:《以顾客为基础的品牌权益分析——以天下杂志为例》,台湾政治大学硕士论文 2007 年版,第 115 页。

④ 《企业与管理》杂志是 1952 年由台湾"中国科学管理学会"创办的,赖永忠:《台湾地区杂志发展之研究——从日据时期到 1992 年》,这是 50 年代台湾有代表性的财经杂志.

⑤ 赖永忠:《台湾地区杂志发展之研究——从日据时期到 1992 年》,《实业世界》是台湾 60 年代有代表性的财经杂志,1976 年,《实业世界》获台湾第一届优良杂志金鼎奖。

⑥ 赖永忠:《台湾地区杂志发展之研究——从日据时期到 1992 年》,《环球经济》是台湾 70 年代有代表性的财经杂志。

一、《天下杂志》创刊号的封面设计

(一)《天下杂志》创刊前台湾财经杂志的封面设计

1949—1981 年《天下杂志》创刊前,台湾财经杂志的封面设计经过了不同的发展时期:

50 年代,是台湾经济刚从困难走向恢复的年代,能出一本杂志已是难得的机会,比较不注意封面设计,最多只是把刊名、出版者等必备的文字资料放在封面上,再加上一个底色,就是不错的封面了。杂志刊名的字体最长使用的,有的是请名人用书法题字、有的是用"美术字体"。1952 年创刊的《企业与管理》,杂志封面分成三部分,封面上方是由名人题字的杂志刊名,封面中间是按文章先后顺序编排的杂志目录,下方是简单的图像点缀,标明杂志由"中国科学管理学会"出版,如图 4-1 所示。

图 4-1　《企业与管理》创刊号封面

60 年代,台湾经济从起步转向起飞,台湾本土的设计人才也开始冒出,杂志业者也开始注意封面设计,一般都会在封面中加上特别底色,或单色图案。不过由于当时分色技术及印刷设备尚不完善,因此,封面设计还是相对比较粗糙。

1964 年创刊的《实业世界》,封面相对《企业与管理》杂志有所改进,杂志封面用蓝色做底色,刊名"实业世界"是镶红色边框的白色美术字体,目录用红色字体,刊名上方增加"生财大道、致富指南"八个大字的广告语,表明杂志的宗旨,吸引读者购买,如图 4-2 所示。

70 年代,台湾经济快速发展,台湾民众生活水平提高,杂志业者日益重视用精美的封面设计来吸引读者。1979 年 12 月创刊的《环球经济》的封面图像所占面积大大增加,约占整个版面的 3/4,以大面积的图像来营造视觉重心,吸引读者。在封面上增加重点篇目标题,帮助读者了解当期主要内容,增加购买欲望,如图 4-2 所示。

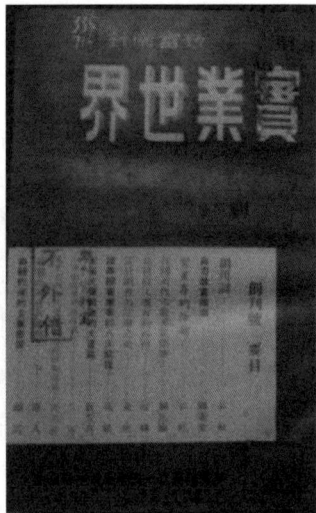

图 4-2　《实业世界》创刊号封面

(二)《天下杂志》注重杂志的封面设计

80 年代,台湾经济高速成长,民众审美要求提高,杂志封面已由原来的附属地位跃升到主角地位。封面不仅要清楚地表现出主题,解释、传递杂志的内容,还要负担起刺激购买的任务,因此封面设计的重要性凸显出来。《天下杂志》从创刊伊始就注意杂志的封面设计,相对于台湾以往的财经杂志,《天下杂志》在杂志封面设计上的突破主要有两个方面。

第一,配合封面故事的封面图像。

自从 1923 年美国人卢斯和哈登创办《时代》周刊以来,封面就有了不同寻常的意义。《时代》发明了全新的新闻文体——封面故事,使大部分杂志的封面淡化了宣传杂志的作用,而注重讲述封面故事。构成杂志封面的主要内容是与当期"封面故事"直接相关的图像及文字说明。

《天下杂志》学习海外顶尖杂志的做法,创刊号推出以"细数财经首长的背景"为标题的封面故事,把当时台湾的三位"财经首长"孙运瑞、俞国华、李国鼎当作封面人物,为台湾杂志界引进"新闻写作故事化"的模式。如图 4-4所示,《天下杂志》创刊号上是三位主要"财经首长"的图像,封面故事的标题用较大号的字体加粗,吸引读者注意。在"戒严"的环境下,用讲故事的方式揭开台湾"财经首长"的神秘面纱,引起广大回响,《天下杂志》创刊号两天内销售一空,一个月连续再版三次。[①]

图 4-3　《环球经济》创刊号封面

第二,刊名成为杂志的品牌标志。

杂志品牌标志(Logo)或者名称的设计至关重要,它是封面上最重要的文字。Logo 的字体帮助形成杂志的格调和情调,有快速辨识的作用,Logo 在发行、促销、广告中和文具用品上出现,成为确认杂志身份的重要符号。杂志的名称与公司的品牌标志(Logo)类似,它代表了产品的识别特征及品牌价值。

"天下"两字的意思和字体都取自孙中山的墨宝"天下为公",表示对美好社会的向往与追求。《天下杂志》将刊名设计成品牌标志。天下右边加上"杂志"两字,然后画上五条线,以创造独特感和平衡感,形成品牌标志。心理学家

---

① 《天下杂志:历史走廊》,天下网站,http://www.cw.com.tw/about/history.jsp,2009 年 1 月 1 日。

做过这样的统计:人们看物体时的前 20 秒,眼睛对色彩注意力占 80％左右,对形体的注意力仅占 20％左右,延续 2 分钟后,对形体注意力可增加到 40％,对色彩的注意力降至 60％。5 分钟后,形体、色彩各占 50％[①]。可见色彩是吸引注意力的"诱饵"。《天下杂志》创刊号封面颜色取大红色,传递热情、温暖、大器的感觉,配上黄色的"天下"二字,更是醒目。《天下杂志》的品牌标志和刊名一致,其刊名在杂志封面上方约三分之一的位置,非常醒目,方便读者识别。中山先生墨宝带来的庄重、大气,也让读者对杂志产生尊敬。

图 4-4 《天下杂志》创刊号封面

杂志是连续出版物,为突出刊物的个性,方便读者的识记,封面设计应该保持相对稳定,坚持变与不变的统一。1981—2011 年,《天下杂志》的封面设计风格虽有变化,但品牌标志始终未变,以此保持读者的认同感。

二、《天下杂志》创刊号的目录页设计

(一)《天下杂志》创刊前台湾财经杂志的目录页设计

《天下杂志》创刊前,台湾财经杂志的目录页只单纯呈现文章标题、作者、页码,设计相对简单。《企业与管理》创刊号和《实业世界》创刊号都将目录页排在封面上,如图 4-1、图 4-2 所示。在强调封面力争抓住读者的眼光、封面设计中图像普遍化之后,目录页被挤出封面。《环球经济》创刊号为了突出封面吸引读者眼球,图像占杂志封面约 3/4 面积,以大面积的图像来营造视觉重心,吸引读者注意,如图 4-3 所示。《环球经济》创刊号目录页和封面分开,目录页按文章在杂志刊登的先后顺序编目,目录页下方刊登广告刊例价目表,如图 4-5 所示。

(二)《天下杂志》目录页设计突破之一——设置栏目

栏目也称专栏,是对杂志上辟有专门篇幅刊登某类稿件的总称。杂志的

---

① 许清茂:《杂志学》,厦门大学出版社 2001 年版,第 313 页。

图 4-5 《环球经济》创刊号目录

基本属性决定它必须注重分类提供信息,以栏目来分类是比较好的处理方法,起着指示阅读方向、传递文本信息、体现编辑方针、反映杂志特点的作用。

《天下杂志》创刊前,台湾财经杂志只有四五十页,文章不多,标题也少,目录页以文章在版面上刊载的先后来编目,不设置栏目,如图 4-1、图 4-2、图 4-4 所示。《天下杂志》创刊号有 82 页,篇幅多、文章多、标题也多,为了更好地呈现杂志文章结构,给予读者一目了然的印象,《天下杂志》设置了栏目,按栏目和文章顺序编目,栏目整体构成杂志的内在结构,使得杂志具有了更强有力的信息处理方式,眉目清楚,便于读者阅读,如图 4-5 所示。《天下杂志》创刊号设置了"经营的艺术""独家专访""关心的数字""社会与生活""有朋来自远方""他山之石""经济专栏""关键时刻"等 20 个栏目,"经营的艺术""独家专访""社会与生活""经济专栏""他山之石"成为品牌栏目。《天下杂志》创刊一周年做的首次读者调查显示:在专栏的喜欢程度中,最受欢迎的 5 个栏目依次是"独家专访""经济专栏""封面专题""经营的艺术""社论"。设置栏目不仅有利于读者阅读,好的栏目还能建构杂志和读者之间的良好关系,强化读者对杂志的忠诚。

(三)《天下杂志》目录页设计突破之二——增加图像和导语

《天下杂志》创刊之前,台湾财经杂志的目录只有简单的内文标题,没有图像和导语。

80 年代,随着台湾进入工商社会,大众生活节奏加快,读者希望从杂志的目录页中快速了解基本信息,《天下杂志》创刊号目录页通过增加图像和导语突出杂志目录页的索引和导读功能,如图 4-6 所示。目录页中出现图像的文章是比封面故事次一级的重要文章,展示内文的精彩内容,迅速抓住读者眼球。目录页的导语用简洁的话语提示内文的主要内容,简短、精辟、独到,激发读者阅读兴趣。通过图像和导语,加强目录页的索引和导读功能,不仅方便读者了解文章大概内容,选择阅读;也有效吸引站在书亭前的翻阅者,让他们在短时间浏览后,意犹未尽,掏钱购买杂志。

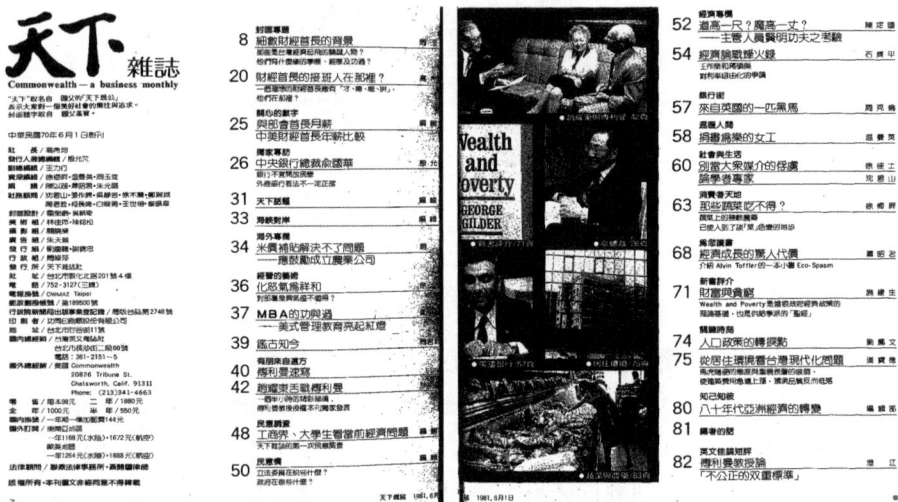

图 4-6　《天下杂志》创刊号目录页

三、《天下杂志》创刊号在内页版式设计的突破

(一)《天下杂志》创刊前台湾财经杂志的内页版式设计

在 80 年代之前,财经杂志的内页版式设计相对比较单调。《企业与管理》创刊号内文版面第一篇文章分为两栏,横排字体,没有任何图像点缀;整本杂志排为两栏,版面分栏没有变化,版面呆板,如图 4-7 所示。《实业世界》创刊号内文分为两栏,竖排字体,采用花线来简单点缀版面,整本杂志排为两栏,版面分栏没有变化,如图 4-8 所示。《环球经济》内页版式有较大进步:创刊号第一篇文章内文分为两栏,竖排字体,标题留白较大,以凸显标题,使用相关图表来说明文章内容,如图 4-9 所示。

(二)《天下杂志》内页版式设计突破之一——增加大幅图像

图像将事物形象直接展示在读者面前,直观,一目了然,十分生动而又对

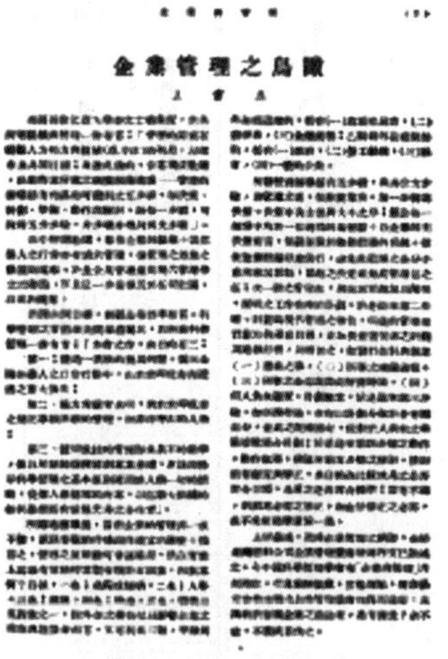

图 4-7　《企业与管理》创刊号刊登的第一篇文章

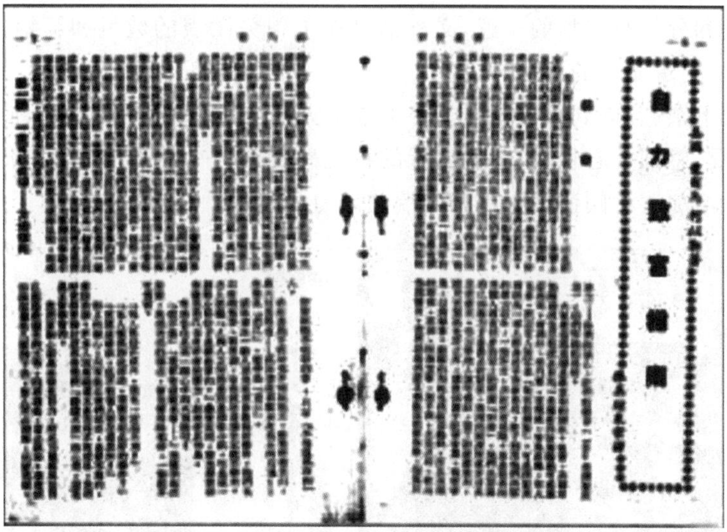

图 4-8　《实业世界》创刊号第一篇文章

视觉有极强吸引力。

如图 4-10 所示，《天下杂志》创刊号的封面故事，开篇即用大幅人物照片吸引读者注意，形成第一个视觉中心，给平面的字页以立体感，给页面以深度。

财经新闻报道经常碰到复杂的数据，用语言描述数据之间的关系比较乏味，信息图表则能够通过少量的视觉图像使各种数据之间的关系清晰和易于理解。如图 4-11 所示，为了增强文章的可读性，让读者对报道中所陈述的事

图 4-9　《环球经济》创刊号第一篇文章

实、看法和分析有清晰的了解,文章也增加了相关图表的数量和篇幅,用形象的图表来支持文字的说明力量。

　　《天下杂志》创刊号内页在文字中增加大幅图像,不仅美化版面,使人获得美的享受,感到赏心悦目,还使读者的视觉感受得到变化调节,获得眼球移动的间歇,增加读者阅读的兴趣和阅读的耐力。

图 4-10　《天下杂志》创刊号封面文章第一、二页

图 4-11　《天下杂志》创刊号封面文章第十四、十五页

(三)《天下杂志》内页版式设计突破之三——采用"跳跃式"编排法

《天下杂志》创刊前,杂志的编排一般采用头尾相接的排版方式,一篇文章排完了,接着排下一篇。这样的排版方式,中规中矩,略显平淡、沉闷。

"跳跃"编排法将两篇篇幅长短不同,内容相近的文章组合、混杂地编排在相同的页面上。如图 4-12、图 4-13 所示,《天下杂志》创刊号封面故事,就创新性的采用"跳跃式"编排法,分别编入《尹仲容精神》《"财经首长"的接班人在哪里》两篇短文。前者对前台湾"财经首长"尹仲容给予高度评价,后者表达对未来台湾"财经首长"的期许。这种"跳跃式"编排方式,本质意义上近似于文艺理论中的"互文",通常用来指示两个或两个以上文本间发生互文关系,"某一文本通过记忆、重复、修正、向其他文本阐释的扩散性影响"①。因为在同一页面上,读者自然会把两篇文章进行对比阅读,形成意义上的互补。这种编排的另一个好处在于,如果一篇文章较长,整版编排显得沉闷,读者读起来比较累,适度地穿插安排短小的内容,像是长篇大论文章的"换口气",使"原本索然无味的一大块牛肉,可以通过加入更多适于读者的'进入点'而得以避免"②。此后,这种"跳跃"编排法一直被《天下杂志》沿用。

---

① 陈永国:《互文性》,《文艺理论》2003 年第 4 期。

② [美]多萝西·A.鲍尔斯、黛安·L.博登:《现代媒体编辑技巧》,新华出版社 1999年版,第 107 页。

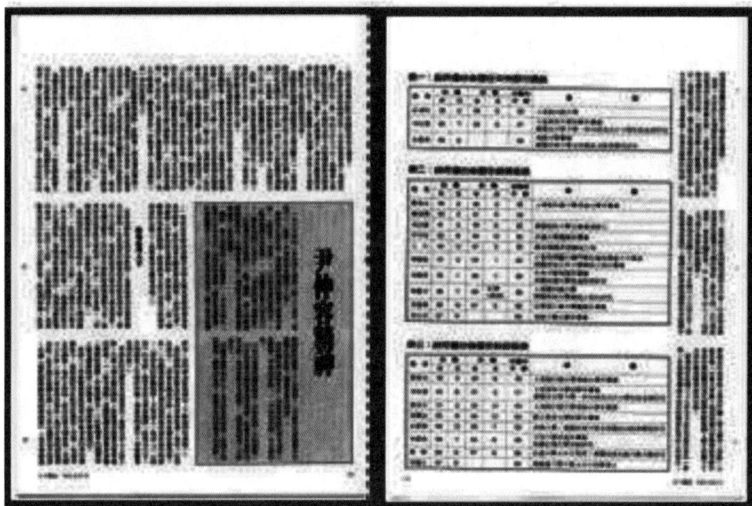

图 4-12 《天下杂志》创刊号封面文章第七、八页

图 4-13 《天下杂志》创刊号封面文章第十二、十三页

第二节 《天下杂志》版面设计的发展变化

　　杂志专家认为,每隔五六年,出版物就必须改版一次,作为自身发展过程的一部分,同时也与时代保持同步。改版有时是完全的翻新和主题部分的调

整,有时,改版只涉及一些小的调整,比如更新目录、更新 Logo、加入更多的色彩元素或者改变使用的纸张。改版是为了吸引新读者,但编辑们也得注意不让老读者流失。媒体的购买者也一致认为,出版物的改进会吸引广告主,他们显然很关注读者的反应①。

　　1981—2014 年,《天下杂志》经历了四次大的改版。第一次是 1990 年 6 月,即创刊九周年,这次改版主要是版面和纸张改革。美术组和文稿编辑通力合作,将同一类的文章编排在同一单元下,以彩色区分,方便读者阅读,一目了然。另外,起用轻薄光面杂志纸,广告和文章的用纸统一,增加杂志的整体感,减轻杂志的重量②。第二次改版是 1995 年 2 月,从该期起,版面设计全部采用电脑作业③。第三次改版是 2002 年 7 月,由于世界的急速演变,企业的快速发展,读者对媒体提供信息的速度有了更高的要求,《天下杂志》加快出刊频率,由月刊改为半月刊。第四次改版是 2008 年 1 月,此次改版的理念是:“简单就是美;轻松阅读,掌握深度;与台湾超连结,与世界零距离;平面与网络的互动。”④本节以 1981 年 6 月、1990 年 6 月、1995 年 2 月、2002 年 7 月、2008 年 1 月这五本《天下杂志》为例,分析其改版如何在保持杂志风格的基础上改进版面设计。

一、封面设计的变与不变

(一)杂志品牌标志

　　80 年代,台湾杂志市场竞争日益激烈。封面设计是读者接触杂志的第一印象,对于新创刊的《天下杂志》来说,需要通过封面设计传达出《天下杂志》自身的品牌理念以及企业形象,加深读者的印象。因此,《天下杂志》在封面设计上,别出心裁地将其刊名设计成杂志的品牌标志。“天下”二字取自孙中山先生“天下为公”的墨宝,表示杂志社对美好社会的向往与追求,右边加上“杂志”两个,然后画上五条线,以创造独特的平衡感,“天下杂志”这四个字以横字书写,形成独特的品牌标志,而且这一品牌标志醒目地放在杂志封面上约三分之

---

　　①　[美]萨梅尔·约翰逊、帕特里夏·普里杰特尔著,王海译:《杂志产业》,中国人民大学出版社 2006 年版,第 414 页。

　　②　《天下杂志》编辑部:《编者的话》,http://www.cw.com.tw/article/catalog/editor.jsp? PID=256,1990 年 6 月 1 日。

　　③　《天下杂志》编辑部:《编者的话》,http://www.cw.com.tw/article/catalog/editor.jsp? PID=200,1995 年 2 月 1 日。

　　④　《天下杂志》编辑部:《全新风貌,串联世界与台湾》,《天下杂志》2008 年第 389 期。

一的位置,方便读者辨识(如图 4-4 所示)。比较五本《天下杂志》的封面,发现其以刊名设计成的品牌标志,一直保持不变,且都占据杂志封面上方三分之一的位置,保持读者对《天下杂志》亲近的认同感,这一杂志品牌标志成为《天下杂志》重要的品牌特色之一。

(二)与封面故事相配合的封面图像

封面是杂志的第一页,是最先与读者目光接触的,是杂志与读者交流的第一步。成功的封面设计,能够在读者经过书摊时,锁定读者的目光,并通过醒目的封面图像和画龙点睛的封面介绍,吸引读者购买。

封面故事是由美国《时代》杂志最先创设,并被其他杂志广泛采用的。《天下杂志》从创刊号开始,就学习海外顶尖杂志的做法,推出"以细数'财经首长'的背景,台湾起飞的关键人物"为标题的封面故事,把当时台湾的三位"财经首长"孙运瑞、俞国华、李国鼎当作封面人物,描写他们的个性和说话的语气,展现他们的决策过程,把枯燥的经济议题,就像生动地故事一样写出来,首度为当时的台湾杂志界引进"新闻写作故事化"的模式。在杂志封面设计上,《天下杂志》同样学习海外顶尖杂志的做法,集中配合封面故事,将三位"财经首长"的图像放在封面正中醒目的位置,将"细数'财经首长'的背景"用加粗的黑体字标出,吸引读者注意。《天下杂志》创刊号一推出,即获得极大市场反响,两天内创刊号销售一空,一个月连续再版三次。此后,《天下杂志》的封面设计一直延续封面设计重点配合封面故事的做法,集中突出封面故事,强调图像的视觉冲击效果,以此吸引读者注意。

(三)封面标题的编排

杂志封面标题有时又被称为"促销标题",它告诉读者杂志的精彩内容,起到增加杂志封面的宣传效果、促进杂志在书报摊上的销售,吸引订阅者翻阅杂志的作用,"封面标题有效与否,意味着读者是快速阅读文章还是先放下再阅读或者随手扔进垃圾桶里"。[①]

对于封面标题的编辑原则,美国学者伦纳德.孟格尔指出:"报摊杂志购买者是偶然的读者。他们并不会购买一本杂志的每一期,否则他们就会订阅。封面文章告诉购买者那期杂志的具体内容。如果这些语句非常精彩,引人入胜,那么它们也许能激起读者的购买欲望。但如果语句太混乱,这些说明起的作用就适得其反了……试着少用封面文字。有时候一个漂亮而又朗朗上口的

---

① [美]伦纳德·孟格尔著,朱启文、崔人元译:《期刊经营》,河北教育出版社 2004 年版,第 411 页。

主题词比半打封面文字都更吸引人。"①

　　《天下杂志》创刊号及其四次改版中的杂志封面标题编排既有传承,也有各自特点:

　　《天下杂志》创刊号上封面右方出现的四则并列编排的标题,分别是"细数'财经首长'的背景""'财经首长'的接班人在那里""俞国华总裁独家专访""赵耀东舌战傅利曼"。其中,"细数'财经首长'的背景"是创刊号的封面故事,用加粗加大的字体突出,封面故事标题占封面约1%;其他三则标题的字体一致,"赵耀东舌战傅利曼"标题下面还有一则小号字体说明该标题"辩论实况:一万字一次刊出",三则标题占封面4%的面积。

　　1990年6月的《天下杂志》将封面故事标题和其他标题分开,封面故事标题"决战二十一世纪企业学习热"用加大、加粗的红色字体凸显,封面故事标题约占整个封面8.7%的面积,进一步突出封面故事标题;其他五则标题"孙运瑞、俞国华谈郝柏村""越洋采访:匹兹堡企业创新城硅谷不再点'硅'成金""畅销书介:太阳也西沉""连载:走上现代化之路""异国情调在天母"则用较小的浅黄色字体放在封面的左小角,五则标题约占封面13.3%。

　　1995年2月的《天下杂志》同样将封面故事标题和其他标题分开,封面故事标题"拓荒'心'大陆"放在封面左侧,用加粗、加大的蓝色字体突出,约占封面5.2%的面积。右侧则用较小的黑色字体标出其他六则标题"制造业重写竞争优势""如何训练谈判尖兵""新春休闲去处""日本企业主管健身秘诀""如何应付十大头痛人物",几则小标题约占封面的9.1%,既使版面保持平衡,又不会对封面故事标题造成太大的干扰。

　　2002年7月的《天下杂志》不仅在封面上用大字体凸显封面故事标题"台商新定位现代成吉思汗们",且用小号字体的简短的封面故事导语来激发读者阅读兴趣,"八百年后,一群现代成吉思汗重现江湖,他们驰骋全球攻城略地,他们将为台湾带来什么",封面标题及其导语约占封面21.6%的面积。在封面的右上方,有两张小幅的台湾著名企业家林信义和林百里的图像以及他们的经典话语,占封面面积3.7%;同时,用小号的字体很克制地在封面上方放上三个小标题,重点突出封面故事标题的意图进一步凸显。

　　2008年1月的《天下杂志》依旧是大的封面标题"新世界之都伦敦"和导语"千年古城,如何站在传统的肩膀上让金融、文化创意、建筑、全面翻转新生?",封面标题及其导语约占封面18.9%。在封面右上方,有一小幅台湾长荣集团张荣发的图像和报道标题,约占封面2%。封面上方依旧是三个小号

---

　　① [美]伦纳德·孟格尔著,朱启文、崔人元译:《期刊经营》,河北教育出版社2004年版,第73页。

字体的小标题。

通过比较《天下杂志》创刊号及其四次改版中封面标题的编排特点,可以发现:《天下杂志》的封面故事标题占封面的面积大致呈增加趋势,从创刊号的1%增加到 2008 年 1 月的 18.9%;封面故事标题不仅面积增加,还增加了导语,进一步激发读者阅读封面故事的兴趣。非封面故事的标题占封面的面积则大致呈减少趋势,从创刊号的 4%减少到 2008 年 1 月的 2%,非封面故事标题也有不同的强调层次,较重要的文章不仅有标题还配有小幅图像,其次重要的文章则只是在封面上方用小字号标出标题。整个封面标题编排呈现的变化趋势是:封面故事标题重点进一步突出;非封面故事标题越来越精简;且通过照片、字体等版面编排语言,分层次强调不同封面标题的重要性。以这样的布局来尽量凸显杂志的重点文章,避免过多封面标题对杂志重点信息内容的传播造成干扰,影响读者的判断和购买。

二、杂志目录页编排的变与不变

杂志在杂志摊上是否卖得成功通常取决于封面内容,目录也起促销作用。许多浏览者看完封面后会看目录,在这里停留一分钟然后决定是否购买。封面可能是"开门者",但目录设计得当才能激发购买者的欲望。整本杂志的编辑结构在目录中体现得最明显。目录告诉读者杂志的内容及相应的位置,同时也通过对目录页的处理,提醒读者哪些文章是杂志重点推出的文章。笔者比较 5 本《天下杂志》的目录页,发现《天下杂志》主要通过栏目编排、封面故事编排、图像编排来增强目录页的导读功能,激发购买者阅读的兴趣。

(一)栏目编排

栏目作为读者了解杂志内容的窗口,起着指示阅读方向、传递文本信息、体现编辑方针、反映杂志特点的作用。《天下杂志》从创刊伊始,就注重通过栏目的有效编排,让杂志结构清晰,重点突出,便于读者阅读。

1981 年 6 月《天下杂志》创刊号的栏目实行的是一级栏目制,每个栏目下有若干文章,在重点文章下面还有简短的导语,方便读者了解大概文章内容,激发读者阅读兴趣。

1990 年 6 月《天下杂志》的目录实行二级栏目制,美术组和文稿编辑通力合作,将同一类型的文章编排在同一单元下。一个大的栏目下设置一些小栏目,小栏目下有若干文章,以彩色区分各大栏目,以黑色加框区分小栏目。二级栏目制的实行,使栏目显得更加有条理,便于查找。通过使用不同的字体、字号,使目录页上有的文章题目更为突出,以提醒读者关注该文章,传达编辑意图。此后的《天下杂志》栏目编排一直实行二级栏目制。

(二)目录页中封面故事的编排

封面故事是整本杂志的拳头产品,目录页编排中也通过各种版面语言重点介绍封面故事。

1981 年 6 月的《天下杂志》封面故事只是在目录页中有简短的导语,并未凸显封面故事的版面语言,封面故事占整个目录页的版面约 4.1%。

1990 年 6 月的《天下杂志》专门用一定的版面介绍封面故事内容,与封面故事相关的图像也占据目录页较大的篇幅,与封面故事有关的内容占整个目录页的版面约 30.4%。

1995 年 2 月的《天下杂志》的目录页也是有一定版面和图像介绍封面故事内容,与封面故事有关的内容占整个目录页的版面约为 16.5%。

2002 年 7 月的《天下杂志》以约一页的目录页来重点介绍封面故事,与封面故事有关的内容占整个目录页的版面约为 32.2%。

2008 年 1 月的《天下杂志》专门用一整页的目录页来重点介绍封面故事,与封面故事相关的内容占整个目录页的版面约为 25%①。

从上述比较可以看出,整体而言,与封面故事相关的内容占整个目录页的版面呈增加趋势。

(三)目录页中的图像

目录页中的图像是点睛之笔,能迅速吸引读者的目光,在很大程度上影响着读者的判断,决定着是否阅读该杂志,以及先阅读该杂志的哪一篇文章。

1981 年 6 月的《天下杂志》图像占整个目录页版面的 23.3%,图像上有简短的文章标题和页码。1990 年 6 月的《天下杂志》图像占整个目录页版面的 25%;原来放置于文章标题下的导语移到图像下方,使文章目录看上去更加统一、规整,也突出重点文章,此后的《天下杂志》导语编排,也一直采用这种方法。1995 年 2 月的《天下杂志》图像占整个目录页版面的 15.7%。2002 年 7 月的《天下杂志》图像占整个目录页版面的 31.3%。2008 年 1 月的《天下杂志》图像占整个目录页版面的 49.4%。

从上述比较可以看出,图像占整个目录页版面的比例总体呈增长趋势。

---

① 由于 2008 年 1 月的《天下杂志》专门用一页目录页介绍天下网站,所以目录页增加到 4 页,整体目录页数量增加。所以虽然该期杂志以整版目录页来介绍封面故事,但是与封面故事相关的内容占整体目录页的面积的比例反而小于 2002 年 7 月的《天下杂志》。

(四)强化平面杂志对网络的导读与推荐

随着数字化技术日益广泛和深入应用,传媒的数字化成为难以阻挡的潮流。以数字化技术为支撑的新媒体急剧扩张,挑战传统媒体的权威地位,融合新媒体技术,努力向数字化转型成为觉醒后的传统媒体的必然选择。

《天下杂志》早在 1995 年就创办网站,2008 年 1 月,《天下杂志》网站再次改版,改版后的天下网站针对读者接受讯息管道多元化的特点,提供八大平台服务,包括手机下载、影音、MP3 下载、影像故事、PPT、天下知识库、天下电子杂志、YouTube CWTV 频道,让没有时间看杂志的读者,可以用听(MP3 下载)、或是看影像(YouTube CWTV),让没有时间读长篇文章的人,可以用简报 PPT 的方式,快速掌握议题重点。2008 年 1 月的《天下杂志》目录页专门增加一页来介绍最新改版的天下杂志网站,《天下杂志》目录注重平面杂志与杂志网站的互动与分工,对与该期杂志内容相对应的天下网站内容进行介绍,提醒有兴趣的《天下杂志》读者可以免费在天下网站上进行多媒体拓展阅读。

三、杂志内页编排的变与不变

杂志内页编排包括对杂志内页上的正文、标题、图片、空白及各种装饰的总体安排。对其编排既要从整体上遵循整齐划一的原则,保持杂志风格的统一;又要在微观上有一定的变化,这样才不呆板、沉闷,又不凌乱松散。

(一)内页图像的变化

图像传播与文字传播相比优势各有不同。图像具有直观性,有感性优势,文字在知性和理性传播上有优势。图像直观,容易产生"真实感",文字则能将问题和境域引向深入。图片和文字二者相互补充、相互阐释和衬托,才能发挥杂志可观、可赏、可读、可思的特点,实现最佳的传播效果。

《天下杂志》很重视运用图像,封面故事《细数"财经首长"的背景》开篇即用两页整版的图像配合大标题把读者引入正文,如图 4-10 所示,这一图像编辑手法在此后《天下杂志》封面故事中一直被沿用。

根据笔者统计,1981 年 6 月《天下杂志》封面故事第一篇文章所有图像的面积占整篇文章面积的 44.8%,该比例在 1990 年 6 月、1995 年 2 月、2002 年 7 月、2008 年 1 月的《天下杂志》分别为 51%、32%、47%、63.2%,总体上呈增长的趋势。《天下杂志》内文版面大量运用图像,以大面积的图像来营造读者视觉重心。

(二)色彩

色彩对人们的视觉有很大的吸引力。Click 和 Stemple 的研究发现,绝对多数的读者认为彩色版的吸引力远超过黑白版①。

　　1981 年 6 月的《天下杂志》的图像还只是黑白照片,1990 年 6 月、1995 年 2 月、2002 年 7 月、2008 年 1 月的《天下杂志》都使用彩色图像,彩色图像有助于进一步吸引读者注意力,强化讯息,挑起视觉的兴奋感。

　　《天下杂志》不仅在版面编排上采用更多彩色照片吸引读者关注,封面故事标题的字体色彩也越来越丰富。1981 年 6 月、1990 年 6 月、1995 年 2 月这三本《天下杂志》的封面故事标题及其导语都是黑色字体。2002 年 7 月《天下杂志》封面故事标题是采用浅黄色和白色字体,导语则是白色字体,与黑色底色相搭配,颇为醒目。2008 年 1 月《天下杂志》封面故事标题采用红色和黄色字体,导语则是白色字体,与伦敦的美丽夜景相对应,整个标题色彩鲜艳,分外醒目。

(三)杂志内文留白

　　中国有"计白守黑"的传统,内容是实体的"黑",斤斤计较的是虚的"白"。"留白"指版面不放置任何图文,它是"虚"的特殊表现手法,其形式、大小、比例、决定着版面的质量。杂志内文应该有秀有隐、有黑有白,有实有虚,尽量不使版面拥挤。其适当的留白既能给读者留下思索的空间,方便读者在阅读兴起的时候做适当的批注,也能体现空白之美,更好地衬托主题,集中视线和造成版面的空间层次感。

　　如表 4-1 所示,《天下杂志》的留白整体呈适当增加的趋势。财经杂志以深度专题报道和专业的财经分析为主要内容,往往能提供启发和思考,适当增加杂志内文留白,给读者留下思索的空间,方便其做适当的阅读批注。随着台湾步入工商业社会,民众生活节奏加快,无处不在的生存压力使现代人普遍处于浮躁之中,适当增加留白,能为读者留出视觉休息的空间,缓解其浮躁心理。

表 4-1 　《天下杂志》五本样本杂志留白情况统计

样本	版心占整个版面的 比例	栏与栏之间的 间隔	照片与栏之间的 间隔
1981 年 6 月的《天下杂志》	68.3%	2 个字符	1 个字符
1990 年 6 月的《天下杂志》	59.3%	3 个字符	2 个字符
1995 年 6 月的《天下杂志》	57.6%	3 个字符	2 个字符
2002 年 7 月的《天下杂志》	53.6%	3 个字符	2 个字符
2008 年 1 月的《天下杂志》	51.5%	3 个字符	2 个字符

资料来源:笔者统计得出。

---

　　① 　Click,J. W.,&Stempel III,G. H..*Reader response to front pages with modular format and color*.ANPA News Research Report,1982,(35).

（四）杂志与网站的互动与分工

2008 年 1 月《天下杂志》和天下网站同时改版，加强平面杂志与网站的互动和分工。

天下网站发挥数字媒体没有截稿时间的优势，随时更新，弥补了《天下杂志》作为双周刊时效性较差的缺陷。同时将《天下杂志》不适合以印刷形式表现的资料，如影音采访、图片集、交互式信息图，放在天下网站上，方便网友拓展阅读。网友可以在天下网站免费全文阅读《天下杂志》的部分文章，并在天下网站上留言、发表评论。天下资料库搜集了《天下杂志》自创刊以来的历年资料，吸引数万网友分享与回应。天下设立了台湾第一个 Facebook 社群，目前粉丝数超过 52 万，不仅加强《天下杂志》与网友的互动，还可以快速地将《天下杂志》的信息和影响力传播出去。同时，配合《天下杂志》即将推出的重磅报道，天下网站会经常进行各类在线调查，不仅为《天下杂志》的报道提供及时的信息，也对即将推出的重磅报道起了预热的作用。

《天下杂志》的封面故事通常篇幅较长，相关采访资料和内容也很多，平面杂志将报道的精华刊登出来，满足一般读者对信息的基本需求。在文章下方增加相关的网站链接提示，提醒有兴趣的读者上网进行拓展性阅读，并在网上发表相关看法。这样做，既满足了大部分读者进行有效阅读的要求，也让对此有浓厚兴趣的读者有了进一步选择的空间，实现杂志与网站互动与分工，满足受众多层次需要。

第三节 版面设计发展变化的动因分析

以《天下杂志》为代表的台湾财经杂志之所以能在版面设计上有所创新和突破并不断发展，其动因深值于台湾社会发展的背景中：经济发展提供杂志版面设计创新和图片的物质基础；杂志销售渠道变化，零售在杂志销售中的作用日益突出，为促进杂志销售，特别是杂志的零售，促使杂志加强版面设计，吸引读者阅读购买；台湾民众生活节奏加快，对杂志版面设计提出更高要求；科技的发展为杂志提高版面设计水平提供了技术支撑，媒介的竞争促使杂志不断提高版面设计水平。

一、经济发展提供物质基础

社会的普遍富足是日常生活审美化的前提,在富足的社会中,人们的选择基本上是美的。台湾经济从 60 年代开始起飞,经过 20 多年的高速增长,到 1979 年台湾已经是亚洲"四小龙"之一。1951—1981 年,台湾"国内生产毛额"(GDP)从 12 亿美元增加到 492 亿美元,国民生产毛额(GNP)122 亿美元增加到 490 亿美元,国民所得(NI)从 12 亿美元增加到 443 亿美元。经济的繁荣使得杂志的经营资金相对充裕,许多受过高等教育的专业人士投入参与财经杂志的创办和经营,再加上物质充实富裕后民众日渐追求精致化与个性化,以及模仿海外杂志的刺激,使得从 80 年代开始,以《天下杂志》为代表的台湾财经杂志一改过去黑色、平淡、简单的制作,改善了品质及包装,大量采用彩色图片,使用高级铜版纸,采用开放新颖又宽阔的版面设计及美术处理等。此后台湾经济虽然起起伏伏,但总体经济一直保持向前发展的态势,根据台湾统计主管部门的统计资料,1981—2011 年,台湾 GDP 从 492 亿美元增加到 4 640 亿美元,国民生产毛额(GNP)从 490 亿美元增加到 1 772 亿美元,国民所得(NI)从 442.61 亿美元增加到 4 118.6 亿美元。经济的发展,民众的消费能力增强,民众对杂志的审美要求提高,促使以《天下杂志》为代表的台湾财经杂志不断提高版面水平。

二、杂志销售渠道的变化

"报禁"解除前,包括财经杂志在内的媒体受到政党的严格控制,订户在以往的销售渠道中占据着重要位置。"报禁"开放以来,台湾杂志市场化步伐加快,零售的作用日益突出。根据台湾文化主管部门《2011 年杂志出版调查研究报告》的资料,在整体受访杂志刊物中,零售量占整体发行量的 62%、订户量占 38%。显示整体杂志的发行量中,零售量高于订户量,零售通路的行销与开发愈显重要。与《2007 年台湾杂志出版产业调查研究》调查结果相比较,受访的杂志出版物在发行管道的分布比例上仍以零售为主,且有增加的趋势,其中零售管道比例自 2007 年的 56.8% 上升 5.2% 至 2011 年的 62%。整体而言,零售通路管道的大量布局仍是杂志提升曝光度的主要策略。在财经杂志方面,股市类财经周刊属零售型杂志,而像《商业周刊》《天下杂志》《远见》《SMART 智富》《经理人》等政经、企管类财经杂志则订户和零售都占据相当重要的位置。如 2007 年《天下杂志》订户约占总发行量的 65%,零售约占总发行量的 35%①;2008 年《SMART 智富》订户和零售份数占其发行量之百分比为 72.23/27.77。2011 年《商业周刊》订户和零售份数占其发行量之百分比分别为 88.13% 和 11.87%。为了促进杂志销售,特别是杂志的零售,以《天下杂志》为代表的财经杂志不断改进版面设计水平,增强封面和目录页的促销功能,点燃读者购买阅读的兴趣。

三、适应快生活节奏下的阅读需求

随着台湾社会经济的发展,台湾民众的生活节奏加快,民众阅读更多的是主动的选择性阅读,对于杂志编排的层次、清晰、易于查找等提出更高的要求。为此,《天下杂志》进一步加强封面、目录页的导读功能,方便读者主动的选择性阅读,增强杂志的吸引力。

在理性主义看来,形象符号主要作用于人的形象思维,而语言符号则主要帮助人类完成抽象思维。视觉形象诉诸直觉,被认为和感官感受、感官欲望有关,语言文字则被认为具有思想的丰富与深刻。在消费社会,物质的生产越来越依靠于文化的支撑,文化生产则跨越纯粹精神生产的阶段,越来越作为商品被纳入整个社会生产的结构体系中,伴随着后现代消费文化的崛起,视觉化的需求和生产成为消费社会的重要特征。

台湾早在 1979 年就成为“亚洲四小龙”之一,经济较发达。台湾消费社会形成于 70 年代后半期,巩固于 80 年代末期,在 90 年代中期以后则进一步深化。在消费社会,由于生活节奏加快,生存竞争日趋激烈,民众的心理较为浮躁,希望在紧张的工作之余得到休息和愉悦,具有直观性和较强审美冲击力的视觉文化更受台湾民众的推崇,不少读者对视觉信息的关注远远重于对文字信息的关注。对于杂志来说,图片的大量出现使其娱乐性得以加强,图片能够逼真地“再现”现实,使读者如同身临其境,产生情感共鸣。图像的直观性、形象性,使人们读起来省时、省力,明白易懂。为此,《天下杂志》进一步增加了杂志图文并茂的视觉效果,让民众阅读杂志成为一种享受。

四、科技的发展、媒介的竞争

海外研究认为,版面设计变化主要受电视竞争和新科技引入影响……新科技使得版面从拥挤和混乱中释放出来,找到流线和层次等井然有序的新设

---

① 天下杂志企业专案组:《天下杂志群传播服务项目简介》,http://media.cw.com.tw/cw/cwdata/pdf/cw_mediakit_200906_01.pdf,2009 年 6 月 1 日。

计理念①。台湾杂志版面设计水平的提高也得益于科技的发展和媒介的竞争。

杂志以文字及图片的形式呈现信息,本质上是视觉媒介。早期的台湾杂志,由于技术的限制以及认识的局限,图像视觉功能未得到充分的重视和挖掘。80年代以来,由于海外杂志和国际性杂志中文版陆续引进台湾发行,促使台湾杂志提高版面设计水平。科技的发展,杂志编排全部电脑化、纸张品质提高,印刷工艺发达,现代装帧技术突飞猛进,为台湾杂志提高版面设计水平提供了技术支撑。数字技术的发展,也使杂志这一传统媒体借由数字化发展,实现平面杂志与杂志网站的互动与分工,加强信息传播的时效性,多平台呈现杂志内容。

台湾地区的传播媒体市场,可称得上是全球竞争最激烈的市场之一,截至2008年,在台湾36 000平方公里,2 300万人口市场中,有100多个电视频道、100多家广播电台,2 216家报纸,5 395种杂志。为了在激烈的媒体竞争中立足,弥补单一文字符号传播的不足,台湾财经杂志不断提高版面设计水平,日益讲究图文并茂,将图像的视觉直观性、现场可证性与语言、文字的逻辑性、阐释性和说明性相结合,实现优势互补,整合成有效的信息传播方式,并建立杂志网站,弥补杂志时效性较差的缺陷,加强平面杂志与网站的互动,多渠道吸引读者阅读杂志,让阅读杂志成为一种习惯,一种快乐的享受。

---

① Nerone,J.C.Branhurst,K.G,Design changes in U.S. newspapers1920-1940,*Journal of Communication*,1995,vol.45。

第五章
台湾财经杂志封面故事
两岸经济关系报道研究
（1981—2011）
——以《天下杂志》和《商业周刊》为例

两岸经济关系是在市场经济原则下，两地生产因素基于追求最佳利润或比较利益而进行的取长补短、相辅相成的交流与结合。然而，由于政治体制的不同，两岸经贸往来深受政治互动的影响，时而加快时而趋缓。两岸经济关系和台湾民众的福祉密切相关，是台湾财经杂志重点报道的内容。探讨台湾财经杂志在一个较长的历史时期里对两岸经济议题呈现的变化，可以进一步看出台湾财经杂志的报道特点和价值取向，反映台湾政治、经济对台湾财经杂志的影响和制约。

第一节 本章研究背景

1949 年台湾与祖国大陆因政治、军事对峙而处于人为隔离状态，台湾当局对祖国大陆采取封锁隔离的政策，禁止两岸之间的任何往来。1979 年，全国人大常委会发表《告台湾同胞书》，提出"和平统一祖国"的对台方针，以期缓和两岸紧张对峙的局势，为促进两岸民间经贸交流发出呼吁，双边民间经贸交流随之恢复。在随后的三十年中，两岸经济关系在祖国大陆的不断推动和台湾工商界的积极参与下迅速发展。两岸经济关系也曾受到台湾当局的阻挠和限制，但在经济规律和台湾工商界的压力下，台湾当局被迫不断改变态度，经历了从禁止、阻挠、消极默许到被迫承认的政策调整过程。事实上，经济关系一直是两岸关系中最活跃、最积极的因素，亦被认为是构建和平、稳定发展的两岸关系的重要组成部分，甚至是基础性的部分。即使在政治气氛相对紧张的时期，两岸仍能搁置政治纷争，使经济方面的合作交流不至于中断或大起大落。两岸经济关系受两岸关系的影响而起伏跌宕，然而，它反过来又促进两岸关系的发展,迫使台湾当局不断调整对祖国大陆的经贸政策,两岸经济关系与经贸政策互动活跃。

依据台湾当局对祖国大陆经贸政策的发展变化,两岸经济关系可分为八个历史时期。

第一个阶段,对峙时期禁止两岸经贸往来(1949—1979年)

1949年5月,国民党政权在祖国大陆失败后退守台湾,颁布了"台湾地区紧急戒严令",宣布台湾地区处于"战时动员状态",实行"临时戒严"。随后根据"戒严法"制定了"惩治叛乱条例"等30多种法令、法规和条例,实行"非常时期"的军事管制,封闭全省,限制出入境,严禁台湾人民与祖国大陆有任何形式的交往。1954年12月,"共同防御条约"进一步强化了台湾与祖国大陆的隔离状态。1977年,台行政主管部门颁布"取缔'匪伪'物品管理办法",规定除中药材及某些农工原料外,其余物品经海关认定来自祖国大陆一律没收。此外,台湾当局还颁布了一系列禁止两岸经贸往来的规定,违者以"资匪""通敌""叛乱"等罪名严加处罚,成立了负有特殊使命的"力行小组",专门查处台湾民众与祖国大陆的任何经贸联系,配合对祖国大陆的经济封锁。

台湾当局的封锁隔绝政策使两岸的经贸联系基本中断,但单向、间接、微量的贸易关系依然存在,这就是以中药材为主的祖国大陆土特产品通过香港输入台湾。这种贸易联系使得对峙时期的两岸经贸关系不因中断而完全空白。[1]

第二阶段,由"三不政策"进入"默许往来"时期(1979年1月—1987年11月)

1979年元旦,全国人大常委会发表《告台湾同胞书》,宣布"和平统一祖国"的基本方针,随后提出"三通"(通邮、通商、通航)的倡议,呼吁尽快结束海峡两岸人为隔离的状态。在这一大政方针下,中央政府采取一系列推动经贸交流,增加两岸人民互相了解的具体措施,两岸经贸活跃起来。面对两岸转口贸易的发展和台湾岛内工商界的强大压力,台湾当局被迫改变过去禁止发展两岸经济关系的"三不政策"(不接触、不谈判、不妥协),采取消极默许和有条件的不干预政策。1985年的7月4日,台湾当局宣布"转口贸易三原则",即"禁止与中共进行直接通商;厂商不得与中共设在海外的经贸机构与人员接触;对台湾出口产品转运其他地区不加限制"。后又重申,只有在前面两项原则的前提下,第三项原则才有效,强调只适用于台湾转出口,暂不适用于祖国大陆货物转进口[2]。这种有保留的"不干预"政策虽然仍是保守有余,开放不

---

① 李非:《海峡两岸经贸关系》,对外贸易教育出版社1994年版,第75页。
② 李非:《海峡两岸经贸关系》,对外贸易教育出版社1994年版,第83页。

足,但是,至少比消极缄默与静观的态度更进一步。这是台湾对祖国大陆经贸政策松动的起点,使台湾货物间接输往祖国大陆取得"合法"地位。

台湾当局对两岸转口贸易的表态直接激发台湾厂商拓展祖国大陆市场的热情,台湾货物大批量地不断通过香港转往祖国大陆。截至1987年,两岸间接贸易额已达15.15亿美元,其中自台进口达12.3亿美元,对台出口2.89亿美元[①]。

第三阶段,开放民众赴祖国大陆探亲,逐步放宽台商投资祖国大陆的限制(1987年11月—1993年7月)

1987年11月2日,台湾当局宣布允许台湾同胞经第三地转赴祖国大陆探亲。这一政策为台湾商人到祖国大陆投资创造了有利条件,许多台商把祖国大陆沿海地区作为加工出口基地,以"台湾接单、祖国大陆生产、香港转口、海外销售"的模式,大量转移台湾岛内的夕阳工业,即以轻纺为代表的劳动力密集型产业。至80年代末,祖国大陆台资企业有1 000多家,投资总额超过10亿美元[②]。面对两岸日益频繁的经贸交流,台湾当局对祖国大陆的经贸政策也被迫趋于弹性与松动。台湾当局于1990年下半年和1991年分别颁布"对大陆地区间接输出货品管理办法""对大陆地区从事间接投资或技术合作管理办法",两岸经贸往来开始有法可依。1992年,台湾当局公开承认台商赴祖国大陆投资的有条件合法性,首次制定了对劳动密集型产业"从宽开放",对资本技术密集型产业"投资从严、贸易从宽"的投资策略。两岸经贸活动由完全秘密状态转向公开,由无序开始转向有序。1992年,祖国大陆新增台资企业6 430家,协议金额达55亿,祖国大陆作为台湾厂商生产资料的主要输出地,取代美国,成为台湾最大的贸易顺差来源地[③]。

第四阶段,"南向政策"时期(1993年7月—1996年9月)

面对台湾工商界投资祖国大陆的浪潮和日益密切的两岸经济关系,台湾当局推出"台独"分裂路线,以对大陆经贸依存度过高而引发"安全保障"的危险为借口,于1993年7月推出"南向政策",试图在"政府对政府"的合作基础上,积极运用官方的力量,配合台湾经济主管部门海外经济合作发展开发基金,辅导岛内传统产业到东南亚国家认定的重点地区,优先进行相关产业的开发投资,以此抑制台湾企业对祖国大陆的"投资热",台湾当局选择越南与菲律宾作为重点推行此项政策的基地(进入90年代以后,世界银行将中国、越南、

---

① 李保明:《两岸经济关系二十年——突破与发展历程的实证分析》,人民出版社2007年版,第42页。

② 李保明:《两岸经济关系二十年——突破与发展历程的实证分析》,人民出版社2007年版,第392页。

③ 李非:《海峡两岸经贸关系》,对外贸易教育出版社1994年版,第393页。

印度、菲律宾列为亚太地区的"新经济增长区")。然而,祖国改革开放带来的商机和投资环境的改善对台湾企业的吸引力不是台湾当局的"南向政策"能改变的,台商赴祖国大陆的投资趋势有增无减,台湾经济主管部门核准和补登记的台湾企业投资祖国大陆的资金由1993年的11.4亿美元增加到1996年的12.29亿美元①。

第五阶段,"戒急用忍"政策时期(1996年9月—2001年11月)

"南向政策"无法阻止两岸经贸的快速增长,面对疏导不成的结果,台湾当局干脆进行行政干预,于1996年9月推出"戒急用忍"政策,为台商到大陆投资设置障碍,限制台湾企业赴祖国大陆投资的领域和规模。为贯彻"戒急用忍"政策,台湾经济主管部门于1997年5月28日正式公布新版"企业对大陆地区投资审查办法",将重大基础建设列为禁止类项目,还规定将依据产业竞争力、上下游关联效果和产业密集度等产业特征对台商赴祖国大陆专案项目进行打分,以确定其是否可行,严格规定单个企业赴祖国大陆投资的上限。台湾当局的"戒急用忍"政策限制大型企业赴祖国大陆投资,致使1996—1999年台商赴祖国大陆的投资项目和金额都无明显增长。台湾经济主管部门核准和补登记的台湾企业投资祖国大陆的资金为1996年为12.29亿美元,至1999年仅增加到12.53亿美元②。

第六阶段,"积极开放,有效管理"时期(2001年11月—2006年1月)

2001年,祖国大陆和台湾分别加入WTO。面对加入WTO后国际经济一体化的挑战和岛内工商界的压力,台湾当局于2001年11月7日宣布以"积极开放,有效管理"取代"戒急用忍"政策。从原来的寓"禁"于"堵"转变为寓"阻"于"限"。调整内容包括:简化对祖国大陆投资审查标准,将台商赴祖国大陆投资由"准许类""专案审查类"和"禁止类"调整为"一般类"和"禁止类";放宽投资上限,取消现行5 000万美元以上投资个案限制,上市公司赴祖国大陆投资占总资产的比重由20%放宽到40%;允许台湾企业直接投资祖国大陆,不必通过第三地进行转投资。两岸贸易发展迅速,台湾经济主管部门统计,台湾企业单件投资祖国大陆额从2001年的235万美元增加到2005年的463万美元。2005年,祖国大陆成为台湾第一大贸易伙伴和第一大贸易来源地③。

第七阶段,"积极管理,有效开放"时期(2006年1月—2008年5月20日)

为配合其"台独"主张,2006年元旦,陈水扁抛出"积极管理,有效开放"的

---

①② 李保明:《两岸经济关系二十年——突破与发展历程的实证分析》,人民出版社2007年版,第45页。

③ 李保明:《两岸经济关系二十年——突破与发展历程的实证分析》,人民出版社2007年版,第46页。

主张,再次对祖国大陆经贸采取紧缩政策。为配合这一转变,台湾行政主管部门决定成立"跨部会专案小组",从资金、技术、人员等各方面加强监控台商投资祖国大陆的情况;委托岛内外会计机构到祖国大陆审查台商的财务状况,配合情治系统搜集情报,主动侦查"违法"赴祖国大陆投资的企业,暂停审理赴祖国大陆投资"重大案件",并对"违法"赴祖国大陆投资的罚金从2 500万元新台币提高到5 000万元新台币。然而,陈水扁当局的紧缩政策并无法阻止台湾企业拓展祖国大陆市场的步伐,截至2007年,两岸贸易总额已达6 036.9亿美元[①]。

第八阶段,"松绑开放"时期(2008年5月20日至今)

2008年5月20日,国民党候选人马英九当选为台湾地区领导人,新的执政团队表示,两岸政策将以"务实、开放、松绑"为原则,承诺开放两岸直航、松绑企业登陆投资40%上限、开放陆资来台投资生产事业、开放祖国大陆民众来台观光等。两岸双方抓住难得的机会,采取了一系列积极的举措,推动两岸关系实现历史性转折。两会在"九二共识"的基础上恢复商谈并签署一系列重要协议,两岸之间的关系取得突破性进展。祖国大陆居民赴台旅游顺利实施,两岸全面、直接、双向"三通"基本实现,两岸经济合作框架协议也从最初的形而上的概念升华成提上正式协商日程的具体目标。2010年6月《海峡两岸经济合作框架协议》签订,为两岸经济关系正常化、自由化提供了制度性保障,也为两岸产业合作带来新机遇。两岸迈入大交流、大合作、大发展的新时期。

第二节 本章研究问题及方法

一、研究问题

著名传播学者李普曼认为,现代社会越来越巨大化和复杂化,人们由于实际活动范围、精力和注意力有限,不可能对与他们有关的整个外部环境和众多的事物都保持经验性接触,面对超出自己亲身感知以外的事物时,人们只能通过各种"新闻供给机构"来了解[②]。两岸经济关系复杂变化,"经济政治化"使得两岸经济关系变得更难理清,愈不易了解。台湾民众对两岸关系的了解,除

---

① 张晓群:《海峡两岸经贸关系的演讲与趋势》,《经济研究导刊》2009年第30期。

② 郭庆光:《传播学教程》,中国人民大学出版社1999年版,第126页。

了民众自身的切身感受外,很大程度来自媒体的新闻报道。两岸经济关系和台湾人民的福祉密切相关,是台湾财经杂志重点报道的内容,财经杂志的报道具有深入分析与全貌呈现的特性,其对两岸经济关系的报道,更加容易影响受众对该问题的认知。

从建构主义的观点出发,在大众传播的领域里,符号真实代表的是媒体的内容,而新闻从业人员是把社会真实(新闻事件)转化为符号真实(媒体内容)的产制者。在建构社会议题的过程中,媒体会仔细筛选和考虑相关的消息,根据自身立场和战略决定是否报道以及如何报道,各种利益团体也会争夺媒体平台,以影响媒体对于社会事件的定义。媒体再现的公共议题,其实是复杂的新闻生产过程的结果,各种权力因素都在其中发挥作用。何曼卿研究台湾财经新闻报道"戒急用忍"政策时发现:当报道侧重政策冲突性、议题进入关键时刻,媒体采用混合及竞局框架(以输赢、对立、攻防的框架来说故事)的比例偏高,尤其当媒体为发言人时,采用竞局框架比例更高。当官方为主要来源时,媒体采用半竞局的混合框架的比例高于议题框架。影响媒体新闻框架的因素包括:官方的发言权争取及配置,官方采用竞局框架策略发布消息,新闻组织例行工作须服膺报社立场,报社为避免冲突所采取的媒介策略,记者路线、素养及报道策略等。这也是台湾媒体偏好半竞局式半议题式之混合框架的主要原因①。游子莹以台湾财经报纸《工商时报》和《经济日报》为研究对象,分析两份报纸的社论在政党轮替前后的八年间,如何呈现两岸经贸议题。研究发现:政党轮替后,两报以两岸经贸为议题的社论明显增加,且多偏重以"经贸政策"及"经贸交流"现况为主的陈述内容;在报道立场上,两报大多采取"开放"(赞成两岸发展投资及贸易关系)立场。研究认为,两报受政治因素的影响,选择性地反映社会真实。不过,两报在两岸经贸议题上的新闻竞争并未呈现独特的风格②。但目前尚无以台湾当局两岸经济政策的变化为变量来分析台湾财经杂志报道变化的研究成果。

两岸经济关系既属经济范畴,又深受两岸政治力量的牵引,在政治与经济力量的交互作用下,台湾财经杂志是如何报道两岸经济关系议题的?当台湾当局的两岸经贸政策发生转变时,财经杂志在呈现两岸经济关系议题时,是否有变化?其与台湾当局的两岸经贸政策是相左,还是相一致?这些都是本章想要探讨和研究的基本问题。为此,本章研究主要使用内容分析法,除了量化

---

① 何曼卿:《两岸财经报道的竞局框架——以"戒急用忍"政策为例(1989—2003)》,台湾政治大学硕士论文 2004 年,第 1 页。

② 游子莹:《财经专业性报纸政党轮替前后之社论分析:以〈工商时报〉与〈经济日报〉之两岸经贸议题为例》,台湾佛光人文社会学院硕士论文 2006 年,第 1 页。

数据呈现外,佐以质性观察分析。

二、研究方法

(一)目标媒体的选定

广义财经类杂志中,主要杂志约有 15 种,其中《天下杂志》和《商业周刊》是台湾最具影响力的财经杂志。尼尔森的"2007 媒体大调查"显示,2004—2007 年,在主要财经杂志阅读率排名中,《商业周刊》和《天下杂志》一直是排名第一和第二,如表 5-1 所示。据台湾《动脑杂志》报道,"2007 年台湾财经杂志广告量推估排名"中,《商业周刊》和《天下杂志》分别以 5.8 亿新台币和 2.6 亿新台币的广告量排名第一和第二,如表 5-2 所示。从 1981 年创刊至 2014 年,《天下杂志》共获 18 次金鼎奖、15 次吴舜文新闻奖、11 次亚洲出版协会 SOPA 奖、七次花旗财经新闻奖、一次两岸新闻报道奖,以及其他各类奖项[1]。2005 年 1 月,亚洲最有影响力的 ABRS 年度调查(Asian Business Readship Survey)评鉴,《天下杂志》是企业领袖阅读率最高的杂志[2]。《天下杂志》的读者主要集中在高学历、高收入、企业主管及专业人士等族群。76.2% 读者完整阅读,70% 读者花 3 小时以上阅读,75% 读者会长期保存《天下杂志》[3]。从 1987 年创刊至 2014 年,《商业周刊》共获 9 次金鼎奖、9 次两岸新闻报道奖、7 次吴舜文新闻奖、10 次亚洲出版协会 SOPA 奖、一次花旗财经新闻奖以及其他各类奖项[4]。根据尼尔森的调查推算,长期阅读《商业周刊》的核心读者群大约有 50 万人,这是一群有属于自己特定的价值观、生活形态、消费模式的精英阶层人士,成为《商业周刊》核心资源之一,大多数读者每周花两个多小时阅读《商业周刊》[5]。《天下杂志》和《商业周刊》都很重视对两岸关系的报道。因此,本章以《天下杂志》和《商业周刊》为分析的目标媒体。

---

[1] 笔者根据《天下杂志》网站整理得出《天下杂志》的获奖情况。

[2] 《天下杂志:历史走廊》,天下网站,http://www.cw.com.tw/about/history.jsp,2009 年 9 月 24 日。

[3][5] 林芳燕:《大台北地区青年消费者(25～35 岁)对财经杂志之消费行为与可应用行销策略之研究》,淡江大学硕士论文 2006 年,第 1 页。

[4] 笔者根据《商业周刊》网站统计得出。

表 5-1　2004—2007 年台湾主要财经杂志阅读率

单位:%

排名	杂志名	2004 年	2005 年	2006 年	2007 年
1	商业周刊	2.6	3.2	4.3	5.8
2	天下杂志	1.7	2.2	2.2	2.7
3	远见	2.4	1.9	1.3	1.5
4	理财周刊	—	—	1.1	1.4
5	财讯	1.5	1.2	1.1	1.3
6	今周刊	0.5	0.4	0.8	1.1
7	SMART 智富	0.6	0.6	0.6.	1.1
8	钱	0.6	0.6	0.6	1.1
9	TIME 时代解读	0.6	0.3	0.3	0.5
10	万宝周刊	0.2	0.2	0.2	0.4
11	管理	0.4	0.4	0.3	0.4
12	新新闻周刊	0.3	0.2	0.3	0.3
13	亚洲周刊	0.3	0.1	0.3	0.2
14	世界经理人文摘	0.1	0.1	0.1	0.1

资料来源:傅修平:《财经杂志品牌忠诚度指标建构》,台湾政治大学硕士论文 2008 年,第 17 页。

表 5-2　2007 年台湾财经杂志广告量推估排名

单位:亿元新台币

排名	杂志名称	刊期	广告量
1	商业周刊	周刊	5.8
2	天下杂志	双周刊	2.6
3	今周刊	周刊	1.79
7	远见	月刊	1.61

资料来源:傅修平:《财经杂志品牌忠诚度指标建构》,台湾政治大学硕士论文 2008 年,第 15 页。

(二)时间范围的选定

1979 年,全国人大常委会发表《告台湾同胞书》,提出"和平统一祖国"的对台方针。两岸紧张对峙的局势开始缓和,双边民间经贸交流随之恢复,两岸经济关系正式开启。考虑到《天下杂志》创刊于 1981 年 6 月,《商业周刊》创刊于 1987 年 11 月,为了较全面的考察在两岸经贸发展的不同阶段,台湾财经杂志报道两岸经济关系的情况,本章以 1981 年 6 月 1 日—2011 年 12 月 31 日为研究时段,分析这三十年时间里,《天下杂志》《商业周刊》是如何呈现两岸经济关系的。根据前面所分析的两岸经济关系的不同阶段,本章将研究时段分为七个阶段:第一阶段:1981 年 6 月—1987 年 11 月;第二阶段:1987 年 11 月—1993 年 7 月;第三阶段:1993 年 7 月—1996 年 9 月;第四阶段:1996 年 9 月—2001 年 11 月;第五阶段:2001 年 11 月—2006 年 1 月;第六阶段:2006 年 1 月—2008 年 5 月 20 日;第七阶段:2008 年 5 月 20 日—2011 年 12 月 31 日。

(三)分析单元

在财经杂志的所有栏目中,"封面故事"占据最重要的地位,在采访人力、筹备时间、报道篇幅以及后续影响力等方面,都远较同期其他报道重要。就像报纸头版新闻对于社会大众的意见最具影响力一样,财经杂志的封面故事也通常是整本杂志中最吸引读者阅读、对读者影响最大的报道。因此,本研究的分析单位为"封面故事"。每一期的封面故事通常会包含三到五篇(有时会超出五篇)文章,其中第一篇报道多为该期封面故事之主文(篇幅最长、标题与封面吻合),夹叙夹议较能看出媒体对于报道主题的观点与态度,后续文章则从别的角度切入探讨,或以不同形式出现,如访谈、书摘、问与答。

为求编码上的一致,以避免过于特定观点的报道,本研究采取判断抽样的方式,凡是《天下杂志》和《商业周刊》的封面故事以祖国大陆、香港、两岸为主要内容的都是有效分析单位,以该期封面故事的第一篇报道作为分析样本。在这次研究中,共有 116 份样本,有效样本为 116 份,其中《天下杂志》27 篇,占有效样本 23%,《商业周刊》89 篇,占有效样本 76.7%。

三、编码过程与相互同意度

本研究编码流程参考 Krippendorff 关于内容分析的研究步骤,在编码初期,先依文献进行类目的建置,透过样本的前测编码,来扩充与修正编码类目[①]。本研究于 2011 年 1 月 22 日进行研究前测,将 116 份有效样本随机抽取 33 篇(占样本数的 32%)进行前测,三位经过传播学方法培训的编码员分别独立编码,透过信度公式计算,三位编码员之间的信度检测结果为 0.94。Goldsen 和 Kaplan 指出,编码员的相互同意度若达 90% 为较理想的结果;若

---

① Krippendorff, K. Content analysis. An introduction to its methodology. Beverly Hills: Sage, 1980.

低于75％则较不理想的结果①。Kassarjian认为信度要达到0.85以上②,而Wimmer和Dominick则建议要达到0.9以上,才能符合最基本要求③。因此,本研究的相互同意度与信度检验结果,可接受。

(第三节) 研究结果及分析

在这次研究中,共有116份样本,有效样本为116份,其中《天下杂志》27篇,《商业周刊》89篇。笔者对相关数据做以下数据整理和分析。

一、不同阶段两刊两岸经济关系封面文章的报道数量、立场

自1979年《告台湾同胞书》发表以来,海峡两岸经贸合作出现较快发展,两岸贸易额从1979年的0.77亿美元④发展到2011年的1 600.3亿美元⑤。从2003年起,祖国大陆超越美国、日本,成为台湾地区最大的贸易伙伴且是台湾地区最大的出口市场。与之对应,两刊关于两岸经济关系的封面文章报道数量占该阶段总期数的比例也日益增加,如图5-1所示,第二、第四、第五、第七阶段分别是相对的报道高峰。

杂志封面故事的标题是吸引读者注意阅读的重要因素,也是体现文章主要观点的所在,结合封面故事内容,笔者将封面标题所体现的关于两岸经济关系的立场区分为三类:"平实中立",即封面故事的标题仅就两岸经济关系进行适当的事实表达,无明确表示支持或反对的立场;"肯定赞同",即指封面故事的标题,明确对两岸经济关系予以赞扬或肯定;"批判反对",即指封面故事的标题,使用贬抑性文字,抨击反对两岸经济关系。

---

① Lasswell,H. D.,Leites,N. & Associates. (1949). Language of politics. New York: George W. Stewart,1949,Inc.

② Kassarjian,H. H. Content analysis in consumer research,*Journal of Consumer Research*,1977,(6).

③ Wimmer,R. D. & Dominick,J. R..*Mass media research: An introduction* (5th ed.). Belmont,Calif.: Wadsworth Publishing Co.,1997.

④ 张宁:《海峡两岸经贸发展　改革开30年的巨大变迁》,《中国经贸》2008年第4期。

⑤ 深圳新闻网:《2011年两岸贸易额突破1600亿美元》,http://stock.sohu.com/20120208/n334081554.shtml,2012年2月8日。

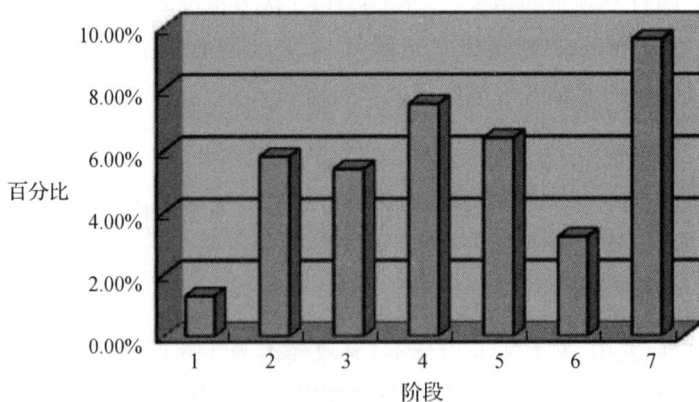

图 5-1　不同阶段两刊的报道数量占该阶段总期数的比例

如表 5-3 所示，从总体上看，两刊标题的立场以"平实中立"为主，占 49.1％，其次为"肯定赞同"，占 36.2％，"批判反对"的立场仅占 14.7％。

表 5-3　不同阶段两刊的标题立场

单位：篇数

立场 \ 阶段	平实中立	肯定赞同	批判反对	合计
第一阶段	1(100.0％)	0	0	1
第二阶段	9(42.9％)	8(38.1％)	4(19.0％)	21
第三阶段	5(45.5％)	6(54.5％)	0	11
第四阶段	17(68.0％)	4(16.0％)	4(16.0％)	25
第五阶段	6(30.0％)	11(55.0％)	3(15.0％)	20
第六阶段	3(50.0％)	1(16.7％)	2(33.3％)	6
第七阶段	17(51.5％)	12(36.3％)	4(12.2％)	33
总计	58(49.6％)	42(35.9％)	17(14.5％)	117

资料来源：笔者统计得出。

在第一阶段，台湾当局对两岸经济关系的态度是消极默许和有条件的不干预政策，两刊关于两岸经济关系封面故事的报道数量最少，只有《天下杂志》一篇。由于《商业周刊》1987 年 11 月才创刊，因此这一数据无法说明《商业周刊》关注两岸经济关系的程度。但对于从 1981 年 6 月就开始创刊的《天下杂志》来说，在 1981 年 6 月—1987 年 11 月这六年多的时间里，只有在 1987 年 1 月 1 日才刊登封面故事《新转折点上的香港》，标题立场为"平实中立"，可见，第一个阶段，两岸经贸发展并不是《天下杂志》关注的主要议题。这段时间仍是台湾的"戒严"时期,新闻媒体的发行及言论自由受到台湾当局的全面管制。这一时期,台湾传播媒体对祖国大陆新闻的报道堪称"量少质贫",重要媒体虽设有"大陆室",但与其称为"新闻采访单位",不如称之"研究单位"。他们的编制、预算、成员都不宽裕,仅从事静态的资料收集、研究并提供专栏,有关祖国大陆的新闻则依赖海外通讯社供稿或政党部门的供应。在"戒严"时期,在两岸经济关系的初始阶段,即使是财经杂志也不敢轻易触及台湾当局的政策底线,深入探讨两岸经济关系。

在第二阶段,台湾当局逐步放宽台商到祖国大陆投资的限制。1987 年 11月 2 日,台湾当局宣布允许台湾同胞经第三地转赴祖国大陆探亲,为台湾商人到祖国大陆投资创造了有利条件。许多台商把祖国大陆沿海地区作为加工出口基地,大量转移台湾岛内的夕阳工业——以轻纺为代表的劳动力密集型产业。两岸经贸活动逐渐由秘密转向公开,两岸经贸活络。

这一时期,也正是台湾"戒严"解除时期,1989 年 4 月 17 日,台湾当局公布"现阶段大众传播专业赴大陆地区采访、拍片、制作节目报备作业规定",准许记者、杂志编辑到祖国大陆采访。台湾记者、杂志编辑到祖国大陆进行新闻采访由非法走上合法,台湾对祖国大陆的新闻报道热潮也从此方兴未艾。与之相适应,两刊以封面故事的形式报道两岸经济关系的篇数也增加到 21 篇。其标题报道立场以"平实中立"(42.9%)和"肯定赞同"(38.1%)为主。

在第三阶段,台湾当局惧怕对祖国大陆经贸依存度过高而引发"安全保障"方面的危险,推出"南向政策",以此抑制台湾企业对祖国大陆的"投资热"。在这一背景下,两刊转移报道重点,减少有关两岸经济关系的封面故事。这一时期两刊涉及两岸经济关系的封面故事只有 11 篇,但其标题报道立场仍以"肯定赞同"(54.5%)和"平实中立"(45.5%)为主。

在第四阶段。台湾当局为进一步阻止两岸经贸发展,实行"戒急用忍"政策。"戒急用忍"政策自实施以来,就引起岛内广泛讨论和关注。根据台湾方面陆委会 1997 年所做的民调,半数以上的民众认为目前台湾当局的"戒急用忍"政策应修正调整;认为应继续的比率为一成;有 58%的大型企业或进出口厂商认为,"戒急用忍"政策对企业的竞争力有负面的影响,36%认为有正面的影响;对于是否支持台湾当局的"戒急用忍"政策,台商支持和不支持的比例分别为 50%和 49%[①]。调查结果显示台湾民众对"戒急用忍"政策看法分歧,对"戒急用忍"政策对两岸经贸关系所造成影响的看法亦有所差异。在该阶段,基于"戒急用忍"政策的推行,两岸经济关系再次成为台湾民众关注的热点,与

---

① 台湾方面陆委会:《1997 年民众对大陆政策及两岸关系的看法综合分析》,http://www.mac.gov.tw/ct.asp? xItem＝67605&ctNode＝6153&mp＝2,2007 年 9 月 5 日。

此相对应,两刊关于两岸经济关系的封面故事共有 25 篇,达到高峰,其标题报道立场以"平实中立"(68％)为主。

在第五阶段,台湾当局面对加入 WTO 后国际经济一体化的挑战和岛内工商界的压力,于 2001 年 11 月 7 日宣布以"积极开放,有效管理"取代"戒急用忍"政策。从原来的寓"禁"于"堵"转变为寓"阻"于"限",两岸经贸发展迅速。两刊两岸经济关系的封面文章也增加到 20 篇,其标题立场以"肯定赞同"(55％)为主。

在第六阶段,为配合其"台独"立场,2006 年元旦,陈水扁抛出"积极管理,有效开放"的主张,再次对祖国大陆经贸采取紧缩政策。两刊关于两岸经济关系的封面故事报道也减少,在第六阶段长达两年多的时间只有 6 篇封面故事,其标题立场以"平实中立"(50％)为主。

第七阶段,台湾新的执政团队表示两岸关系将以"务实、开放、松绑"为原则,两岸双方抓住难得的机会,采取了一系列积极的举措,推动两岸关系实现了历史性转折。两岸迈入大交流、大合作、大发展的新时期。两刊再度关注两岸经济关系,从 2008 年 5 月 20 日至 2011 年 12 月 31 日这短短的三年多,两刊就有 33 篇关于两岸经济关系的封面文章,其标题立场以"平实中立"(51.5％)和"肯定赞同"(36.3％)为主。

由以上分析可知,两刊关于两岸经济关系的封面文章,受台湾当局两岸经贸政策的影响,不仅不同阶段的报道数量有变化,且其标题的报道立场也有所变化。当台湾当局紧缩两岸经贸政策时,其报道立场一般以"平实中立"为主,当台湾当局放松两岸经贸政策时,其报道立场一般以"肯定赞同"为主。"批判反对"的声音尽管也出现,但从来不是其主要报道立场,这显示出,两刊的立场尽管受台湾当局两岸经贸政策的影响,但还是反映了两岸经济发展的现状。

二、不同阶段两刊两岸经济关系封面文章的议题内容

笔者将两刊两岸经济关系封面文章的议题内容分为六大部分:"台湾人在大陆",即指封面故事以台湾人到祖国大陆工作、投资、创业、学习等情况的为主要内容;"祖国大陆情况",即指封面故事以祖国大陆政治、经济、产业等情况,或具体介绍祖国大陆某一城市为主要内容;"两岸关系",即指封面故事以两岸政治关系、经贸关系等为主要内容;"两岸比较",即指封面故事以比较两岸政治、经济、科技等实力、比较两岸不同城市、不同企业等为主要内容;"香港",即指封面故事中以介绍香港各方面情况,特别是香港回归前后的情况为主要内容;"祖国大陆民众在台湾",指封面故事中以祖国大陆民众来台湾投资、观光、创业、工作等为主要内容。

从总体上看,"台湾人在祖国大陆"是两刊关于两岸经济关系封面文章的主要议题占 35％,接下来依次为"祖国大陆情况"(33％)"两岸关系"(14％)"两岸比较"(100％)"香港"(50％)"祖国大陆民众在台湾"(30％)。

(一)"台湾人在祖国大陆"议题的呈现方式

"台湾人在祖国大陆"是主要报道议题,共有 40 个封面故事涉及"台湾人在祖国大陆"这一议题。如图 5-2 所示,72％是"支持",18％是"中立",10％是"反对"。具体分析各个阶段,如图 5-3 所示,除了第六阶段"支持"和"反对"立场各占一半外,其余几个阶段,尽管台湾当局的两岸经贸政策有所变化,但样本对"台湾人在祖国大陆"议题始终是"支持"立场为主。

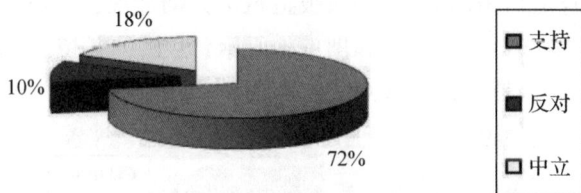

图 5-2　两刊"台湾人在祖国大陆"议题的立场

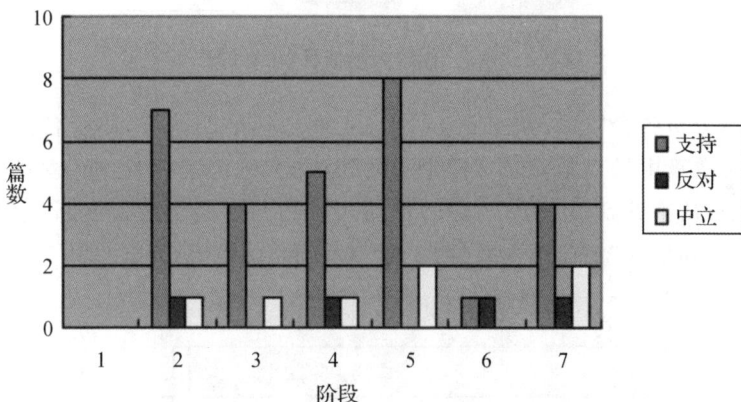

图 5-3　不同阶段两刊"台湾人在祖国大陆"议题的立场

台湾作为典型的海岛型经济体,经济运行基本上依赖对外贸易,受祖国大陆充沛廉价劳动力和广阔市场潜力的吸引以及台湾岛内投资环境变化和产业升级的影响,台商投资祖国大陆冲破阻力不断发展,在祖国大陆形成庞大的台商团体。两刊对"台湾人在祖国大陆"议题的重视,与台商群体日益庞大的现状相符。

两刊报道"台湾人在祖国大陆"的议题,大部分封面故事讲述台商在祖国大陆寻找到新的商机,开创事业新发展,如《台湾小伙子　闯大陆创业传奇》《课长变总经理　捷径在大陆》《台湾商人北平大会师》《至少有一打台商在大陆名列第一》《到上海创业,55％台商赚钱》《台商抢攻五千亿手机市场》等;也有一些封面故事描述台商远离故乡,出外闯荡的艰辛,如《背起十字架、走上不归路——大陆台商的心路历程》《大陆不能不去,台湾不能不回》《一个上海,两个世界》等。

(二)"祖国大陆情况"议题的呈现方式

台湾的经济资源和空间有限,这要求台商将视野扩大到海峡西岸,通过融合并吸纳祖国大陆的人力、物力、技术等资源,拓展经济的发展空间,为产业升级与经济转型开辟出路。台湾经济主管部门调查 1988—2005 年台湾企业对外投资的动机发现,"当地市场潜力大"一直是台湾企业投资祖国大陆的主要动机[①]。为了满足台湾民众了解祖国大陆情况的需求,两刊经常以"独家报道"的形式,亲身走访祖国大陆,深入报道祖国大陆情况。共有 38 个封面故事涉及"祖国大陆情况"这一议题,如图 5-4 所示,其中 50％持"正面"立场,34％持"中立"态度,16％持"反面"观点。

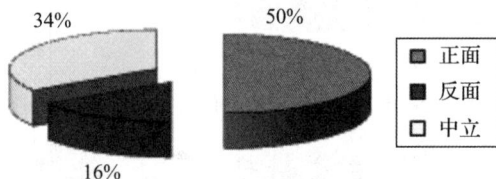

图 5-4　两刊"祖国大陆情况"议题的立场

具体分析各个阶段,如图 5-5 所示,从第二到第四阶段,尽管台湾当局的两岸经贸政策由松变紧,样本对"祖国大陆情况"的议题持"正面"立场的比例不断增加;从第五到第七阶段,尽管台湾当局的两岸经贸政策不断变化,样本对"祖国大陆情况"的议题主要持"正面"立场和"中立"立场。

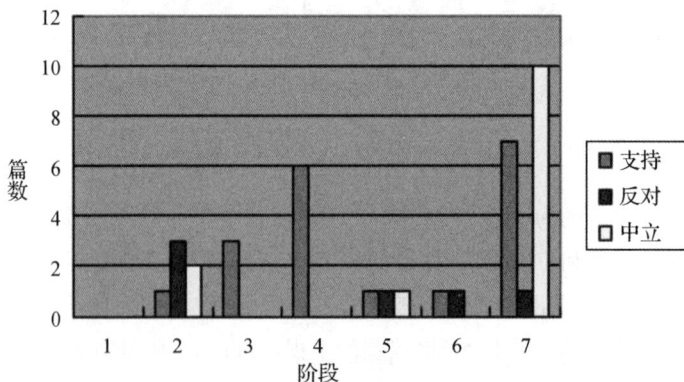

图 5-5　不同阶段两刊"祖国大陆情况"议题的立场

---

① 李保明:《两岸经济关系二十年——突破与发展历程的实证分析》,人民出版社2007 年版,第 24 页。

随着台商在祖国大陆投资区域的不断扩展,台商投资热潮已由沿海地区向内地中西部地区辐射,逐渐形成全方位发展布局,所投资的产业也由劳动密集型产业转向资本、技术密集型产业,与之相对应,两刊祖国大陆情况的报道也日益全面,其报道遍布祖国大陆各省市的城市和地区。具体而言,两刊不仅有介绍祖国大陆总体经济、产业、市场规模的封面故事,如《火热中国内需》《瞄准十三亿市场》《大陆人多有钱? 怎么花》《中国大陆制造业500大排名》《大陆服务业/进出口业　五百大排名》《跟着四万亿找机会》,也有详细介绍祖国大陆某一地区或城市的投资发展潜力的封面故事,如《外商抢滩北方明珠——大连》《攻占二亿人的消费脐带——成都》《西安事变,西安四变》《深入大上海》《深入中国硅谷》《探索珠江金三角》等。

(三)"两岸关系"议题的呈现方式

两岸经济关系受两岸关系的影响而起伏跌宕,样本中共有16篇"两岸关系"议题。如图5-6所示,"对两岸关系保持中立态度"有7篇,占47%,"认为两岸关系良好"和"认为两岸关系恶劣"有4篇,占24%。具体而言,只有在第四阶段,"两岸关系恶劣"的观点占主导地位(66.7%),而此一阶段,正是当时的台湾领导人李登辉公开挑衅"一个中国原则",引发"九六台海危机",两岸关系遭受重创时期。

在两刊所报道的"两岸关系"议题封面故事中,既有以揭秘的方式讲述两岸关系变化后面的幕后故事,如《两岸密谈大曝光》《两岸秘密调人周旋在李登辉与乔石之间》;也有对两岸关系当前形势的判断,如《李登辉势力进驻海基会,两岸春暖花不开》《三通元年》等;也有对两岸关系今后发展趋势的预测,如《李江会谈从此揭开序幕吗》《"两国论"后遗症大追踪》;有报道台湾企业投资祖国大陆对两岸关系的影响,如《台商逆转两岸优势》。

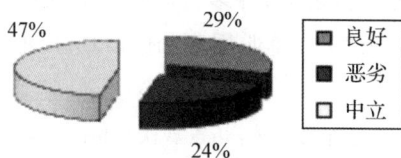

图5-6　两刊"两岸关系"议题的立场

(四)"两岸比较"议题的呈现方式

样本共有12篇"两岸比较"议题,其中共有9篇封面故事认为"祖国大陆和台湾各有优劣",占75%;2篇封面故事认为"祖国大陆比台湾有发展潜力",占17%;只有1篇封面故事认为"祖国大陆不如台湾",占8%。具体分析各个阶段,认为"祖国大陆不如台湾"的观点只出现在第二阶段;从第三阶段到第七阶段,认为"祖国大陆和台湾各有优劣"的立场一直是主要观点。

三十年来,两岸经济实力发生很大的变化:2000 年以前,台湾的经济发展显著,被誉为"亚洲四小龙"之一;自 2000 年以来,台湾经济发展形势出现重大逆转,多项经济指标全面恶化,台湾经济发展从"中增长"阶段逐步转入"低增长"阶段,2007 年席卷全球的"次级债危机"更是加重台湾经济的不景气。在"世界经济论坛"公布的"全球竞争力评比排名"台湾从 2005 年的第 8 名[①]降到 2011 年的第 13 名[②]。另一方面,祖国从 1978 年开始实行改革开放,经济一直保持较高的增长速度,特别是在 90 年代中后期,祖国大陆经济更是迅猛发展,两刊所呈现的"两岸比较"议题的情况和两岸之间经济实力的变化相对应。

(五)"香港"议题的呈现方式

香港的未来与台湾息息相关。台湾关注"一国两制"如何在香港具体实施、香港的现状和发展前景。香港在两岸经济关系中也发挥着不可替代的桥梁与纽带作用,长期以来,台湾产品出口祖国大陆以香港为主要转口地。样本中共有 6 个封面故事涉及"香港"议题,其中 4 篇"乐观",比例为 66.7%;"不乐观"和"保持中立"各有 1 篇,比例为 16.7%。

具体而言,回归之前,《天下杂志》于 1987 年推出封面文章《新转折点上的香港》,关注回归前的香港"正在经历什么样的挣扎"[③];1997 年回归前夕,《天下杂志》推出《九七香港　跃升? 陨落》关注"从小渔村琢磨出来的香港明珠,会不会在'赤色泥沼'中腐化、凋零"[④]。《商业周刊》则在香港回归前的 1997 年 6 月 23 日推出封面故事《和信辜家、元大马家的"九七 A 计划"》,报道"正当香港的未来引发各方注目之际,许多台商却正悄悄在香港部署,将这个东方之珠视为下一个淘金矿床"[⑤];《商业周刊》还于 1997 年 7 月 7 日推出封面故

---

①　刘国奋:《两岸经贸交流二十年:几点看法》,http://www.china.com.cn/review/txt/2008-01/30/content_9615166.htm,2008 年 1 月 30 日。

②　中国新闻网:《全球竞争力评比:台湾地区排 13　8 项夺冠史上最多》,http://www.chinanews.com/tw/2011/09-08/3315260.shtml,2011 年 9 月 8 日。

③　狄英:《转折点上的香港》,http://www.cwk.com.tw/cw/search/preview1.asp? articleID=20040511100610840204179,1987 年 6 月 1 日。

④　杨艾俐:《九七香港　跃升? 陨落》,http://www.cwk.com.tw/cw/search/preview1.asp? articleID=200405271519089908297657,1997 年 6 月 1 日。

⑤　吴惠美:《和信辜家、元大马家的"九七 A 计划"》,http://www.businessweekly.com.tw/article.php? id=3927,1997 年 6 月 23 日。

事《萧万长谈香港回归　台湾前途》,在文章中,萧万长对香港回归问题"乐见其成",对两岸交流主张"不限制并且应积极推动"①。在香港回归八年后,《商业周刊》于2005年8月1日推出封面故事《香港涨停板！未来五到十年最重要的经济体》,写道"香港,一个依附着大陆的港市,靠着健全的法制、自由的经济,从一个破落的渔村,蜕变为世界级的都会。在中国快速崛起的阴影之中,许多人以为它终将被边缘化;在主权移交的过程中,国际媒体为香港大敲丧钟,但却稳稳地重新站定脚步,走出了自己的一条路"②。与此同时《天下杂志》也于2005年12月15日推出封面故事《香港再起》,关注"什么使得香港再起,竞争力急速提高"③。由此可见,两刊对于香港的态度经历了回归前的"观望""不乐观"到回归时的"观望""中立",以及回归八年后的"乐观""肯定"这样一个态度转变。

(六)"祖国大陆民众在台湾"议题的呈现方式

两岸长期贸易严重失衡,祖国大陆市场广大,台商对祖国大陆产品的出口不断增加,台湾则因为市场有限及当局对祖国大陆产品进口设限,使得祖国大陆产品难以进入台湾或开拓台湾市场。由于台湾当局一直担心祖国大陆民众来台会影响台湾的安全,也一直限制祖国大陆民众来台观光、投资。2008年5月20日,国民党候选人马英九当选为台湾地区领导人,新的执政团队以"务实、开放、松绑"为两岸政策原则,海协会和海基会在"九二共识"的基础上恢复商谈并签署一系列重要协议,两岸之间的关系取得突破性进展,祖国大陆居民赴台旅游顺利实施,两岸全面、直接、双向"三通"基本实现,台湾当局有关对祖国大陆人员的限制才有所放开。2010年6月《海峡两岸经济合作框架协议》签订,为两岸经济关系正常化、自由化提供了制度性保障,也为两岸产业合作带来新机遇。样本中有四篇以"祖国大陆民众在台湾"为主要议题的封面文章,2篇"反对",比例为50%,2篇"支持",比例为50%。

"祖国大陆民众在台湾"议题的封面文章分别是《商业周刊》2001年7月16日刊登的封面文章《第一位大陆总经理　抢占台湾》、2008年6月16日刊登的封面文章《地产双雄传》、2008年9月30日刊登的封面文章《我最会赚人民币》,2010年7月19日刊登的《大陆疯台湾》以及《天下杂志》2011年4月6

---

① 张正霖:《深度专访萧万长谈香港回归与台湾前途》,http://www.businessweekly.com.tw/article.php? id=3987,1997年7月7日。

② 刘承贤、林孟仪:《香港涨停板！未来五到十年最受惠的经济体》,http://www.businessweekly.com.tw/webarticle.php? id=20737,2005年8月1日。

③ 《天下杂志》编辑部:《香港再起》,http://www.cwk.com.tw/cw/search/period_rst.asp,2005年12月15日。

日刊登的《陆企狼来了》。尽管只有四篇,但从中可以看出两刊对"祖国大陆民众在台湾"矛盾而又复杂的态度。

　　一方面,两刊对大陆民众到台湾工作、大陆企业到台湾做生意,有一定的排斥心理,如《商业周刊》的《第一位大陆总经理　抢占台湾》报道首位担任台湾外商公司总裁的刘小稚,标题中的"抢"字流露出作者并不友善的态度。文章写道:"刘小稚是大陆众多高阶经理人其中的一个,他们共同的特色是干劲十足……他们不情愿相信别人,与人相处保持距离。这一辈的大陆人永远笑脸迎人,但不会说出真话……谈到与有国际经验的大陆老板相处,一位在跨国公司与大陆老板有丰富互动经验的台湾干部指出,在工作上,大陆老板与白人、香港老板没有太大的差别,他们都是受雇于外国老板,都有绩效的压力,因此不必指望同文同种而对员工更有人性的对待,如绩效不能达成,他们叫你走路绝不心软,说不定比白人更狠,整顿的铁腕政策也一定更绝。至于在私下相处方面,他认为,大陆老板与一些白人老板相同,不会想去了解台湾的风俗习惯,对台湾的一切漠不关心,更别提融入台湾社会,也不要寄望与大陆老板建立某种私人情谊,大陆老板非常实际,一切都以物质及金钱为考虑,如果花了钱没有实质的回报,大陆老板绝对不会去做。"①这一报道绝对称不上友善,后半部分更从报道"刘小稚"本身转为"如何与大陆上司相处"的教战手册,其防范之心显而易见。《天下杂志》的文章《陆企狼来了》开篇即写到"悄悄地,大陆企业以惊人的幅度和速度登陆台湾。兵临城下的陆企,有狼的敏锐、坚持,和战斗力。他们猎食的目的除了自我提升、提高竞争门槛、改写游戏规则,更可能意外地减少台企在台湾的获利、在大陆的竞争力道,抢走台企的潜力员工。未来,台湾企业要如何与狼共舞?"②其对大陆企业来台的防范之心可见一斑。这一态度和长期以来台湾当局宣扬"中国威胁论",台湾民众担心祖国大陆民众和企业到台湾工作和做生意会抢夺台湾岛内就业机会,减少台湾企业利润,以及长期以来台湾民众对祖国大陆民众不好的刻板印象相关。

　　另一方面,大陆民众到台湾旅游,大陆企业到台湾做生意也刺激了台湾经济的发展,两刊的报道也在积极引导台湾企业和民众如何抓住机会获利,开拓大陆市场。《商业周刊》的文章《我最会赚人民币》针对祖国大陆民众来台观光的热潮,透析"陆客消费面孔",指导读者如何抓住商机,"留下陆客财"。对于大陆的著名企业家,两刊的报道基调也相对友好。如《商业周刊》专访王石的文章标题为"要名不要利的中国房市教父",采访冯仑的文章标题是"用兄弟义

　　①　周启东、徐蕴康、谢柏宏:《第一位大陆总经理抢滩台湾》,http://www.business-weekly.com.tw/article.php? id=12570,2001 年 7 月 16 日。

　　②　李雪莉、黄昭勇、辜树仁:《陆企狼来了》,《天下杂志》2011 年第 468 期。

气打天下的创业传奇",对两位祖国大陆房地产商的报道都积极而肯定。

(七)《天下杂志》和《商业周刊》各自的报道风格

《天下杂志》的主要报道议题,依次为"祖国大陆情况"(33%)、"两岸比较"(26%)、"台湾人在祖国大陆"(26%)、"香港"(11%)、"祖国大陆民众在台湾"(4%);《商业周刊》的主要报道议题依次为"台湾人在祖国大陆"(42%)、"祖国大陆情况"(32%)、"两岸关系"(15%)、"两岸比较"(7%)、"祖国大陆民众在台湾"(3%)、"香港"(1%),两岸议题范围一致,但侧重点有所不同。

在报道风格上,《天下杂志》偏重以整体视角来描述议题,《商业周刊》则多采用个体视角。以"台湾人在祖国大陆"议题为例,《天下杂志》的封面故事主要有《瞄准十三亿市场》《面对中国》《台商逆转两岸优势》,从大局上着眼进行论述;《商业周刊》的封面故事主要有《台湾小伙子　闯祖国大陆创业传奇》《紫禁城下　第一位女台商》等,用台商个体故事描绘台湾人在祖国大陆的经历。

(八)《天下杂志》和《商业周刊》两岸经济关系封面文章的消息来源分布情况

总体来看,两刊关于两岸经济关系封面故事的主要消息来源依次是"来自台湾"(49%)、"来自祖国大陆"(25%)、"来自海外"(22%)、"来自香港"(3%)、"其他"(1%)。具体而言,在"来自台湾"的消息源中,"在祖国大陆的台湾人"占主要比例(35.2),其次为"台湾学者"(18%)、"台湾官方"(16%);在"来自祖国大陆"的消息来源中"祖国大陆学者"(31.5%)、"祖国大陆官方"(28%)占主要比例;"来自海外"的消息源则主要由"外国的专家学者、专业机构、报刊、记者"(66%)和"在祖国大陆投资的外商"(14.4%)构成。

值得注意的是"在祖国大陆的台湾人"这一消息来源不仅在"来自台湾"的消息来源中占主要比例(35.2%),在所有的消息来源中所占的比例也最高(17.1%),都是两刊的主要消息来源。这和"在祖国大陆的台湾人"在两岸关系中特殊重要的地位有关。台商在经济利益的驱动下,纷纷前往祖国大陆拓展企业和个人事业发展空间。台湾工商界人士希望遵循经济利益高于政治需求的原则,对两岸经贸交流基本持积极赞成的立场。王永庆、张荣发等大企业家就多次公开呼吁台湾当局采取"政经分离"的政策,加速开放两岸"三通"。Hartley 和 Kennamerrenw 认为,最成功地使自己的声音得以表达的一方自然就成为在话语中"设立框架"的角色,从而使得新闻故事的意义朝着有利于自己的方向塑造①。两刊以"在祖国的大陆人"为主要消息来源,既能以台商的亲身经历和体会来呈现两岸经济关系发展的变化,也反映了财经杂志以尊重台湾人的经济利益为主的基本价值取向。

三、财经杂志和台湾当局关于两岸经济关系议题立场的异同

两岸经济关系除受经济本身的影响,还会受敏感的政治环境的影响,因此,媒体在报道两岸经济关系时不但有经济思维,还会考虑台湾当局的两岸经贸政策、两岸政治角力、统"独"意识及地区安全等政治因素。例如,1996 年 9 月,台湾当局提出"戒急用忍"政策,力图管控两岸经贸交流。台湾当局急于管控,而民间企业却急于西进,当局和民间社会对两岸经济的看法有差异。《天下杂志》和《商业周刊》用封面故事来报道两岸经济关系时,是站在财经专业上,抑或还要考虑政治因素以呼应或对抗台湾当局的两岸经贸政策,这要考察其封面文章的具体案例来得出结论。

(一)与台湾当局立场相同时,采用多样的叙事方式来直接或间接支持

1.在文章中直接阐述台湾当局的观点

1987 年 11 月 2 日,台湾当局尽管允许台湾居民赴祖国大陆探亲,但在两岸经济关系上仍持小心谨慎态度。1988 年 4 月,台湾当局宣布两岸间接贸易要符合"不直接由大陆口岸出航、不直接与大陆通汇、不直接由台湾公司进行接触"的"三不原则"②。与之相对应,《天下杂志》在 1988 年 6 月 1 日推出封面故事《大陆与台北》,其导语即写道:"许多人在台湾不知不觉偏向以'商人的心态'去看大陆——我们会赚钱、有巨大的外汇存底、经济技术领先,大陆是一片诱人的广大市场,正等着我们去开发、施展抱负,有点自我膨胀的虚浮。却忽略了大陆是一个政治挂帅的地方,掌握控制权仍然是一切思考的基准。因此大陆虽穷,但在军力和军用尖端科技发展上却不遗余力,而且已有不可忽视的威胁力,甚至引起西方国家的关注。大陆仍是一个政治、思想、舆论控制严密的社会,人民生活虽然逐步改善、放松,但政治抓得很紧。用市场经济的商人心态,

---

① Coleman, C., H. Hartley & J. D. Kennamer. Examining claimsmakers' frames in news coverage of direct-comsumer advertising. *Journalism and Mass Communciation Quarterly*, 2006, (83).

② 李保明:《两岸经济关系二十年——突破与发展历程的实证分析》,人民出版社 2007 年版,第 43 页。

去衡量一个以政治、军事目的为优先的地方,是天真、不切实际而危险的。"①

2006 年元旦,台湾当局以台商投资祖国大陆,造成台湾产业空洞化为缘由,再次对祖国大陆经贸采取紧缩政策,提出"积极管理,有效开放"的主张。与此相对应,《商业周刊》于 2007 年 9 月推出封面故事《中国摧毁全球中产阶级》,呼吁"台商为追求低成本而外移中国大陆,使得台湾中低技术劳工的工作机会减少,这些失业者也沦为趋势大师大前研一口中,M 型社会下的'中下阶层'"②。把台湾由于经济衰退,产业转型造成的失业人口增多归结为台商投资祖国大陆,产业外移,再次阐明台湾当局观点。

2. 大量引用有利于台湾当局立场的消息源

1996 年,台湾当局推出"戒急用忍"政策来遏制台商对祖国大陆投资热潮。《商业周刊》于 1998 年 12 月 7 日推出封面文章《中共祭出紧箍咒冲击大陆四万台商》,大量引用台湾宏碁集团、台达电子、国巨、仁宝等台商的言语,强调和凸显由于祖国大陆颁布外销增值税法,台商在祖国大陆处境的艰难,呼应台湾当局的"戒急用忍"观点。

3. 通过对官员访谈的形式来介绍台湾当局的经贸政策

2001 年 11 月 7 日台湾当局宣布以"积极开放,有效管理"取代"戒急用忍"政策。《天下杂志》随即在 2001 年 12 月 1 日推出封面文章《开放之后行销大中国》,记者采访了当时台湾方面陆委会主委蔡英文,通过访谈的形式,让民众了解台湾官方的"积极开放,有效管理"政策。

4. 用大量的数据、具体的事例来呼应台湾当局两岸经贸政策

2008 年 5 月 20 日,国民党参选人马英九当选为台湾地区领导人,新的执政团队表示,两岸政策将以"务实、开放、松绑"为原则,两岸经济关系面临新的发展机遇。《天下杂志》于 2008 年 5 月 21 日推出封面故事《火热中国内需》,用大量翔实的数据、图表来说明祖国大陆内需市场的巨大潜力,在报道中描述台商企业在祖国大陆火爆的生意,"一碗四百三十二元台币的康师傅顶级牛肉面,大陆人趋之若鹜""北京鼎泰礼每人平均消费,是台北总店的二倍""台资的百货商店新光天地在大陆营业业绩良好、台资捷安特在大陆销售前景可观"③。鲜活的实例搭配上翔实的数据,构造出火热的祖国大陆内需图景,有力地呼应了台湾当局新的两岸经贸政策。

5. 采用平衡策略,但突出与台当局相符的观点

2008 年 11 月 4 日,海协会与台湾海基会签署海运、空运、邮政、食品安全

---

① 狄英:《大陆与台北》,http://www.cwk.com.tw/cw/search/preview1.asp? articleID=2004051416125504199990420,1988 年 6 月 1 日。

② 梭罗:《中国摧毁中产阶级》,《商业周刊》2007 年第 1024 期。

③ 吴婉瑜:《火热中国内需》,《天下杂志》2008 年第 397 期。

等四项协议,经过 30 年的努力,两岸民众期盼已久的全面、直接、双向"三通"终于成为现实。《天下杂志》于 2008 年 12 月 31 日推出封面故事《三通元年》,采取平衡报道的方式,重点详细列举了"三通"带给台湾人民的种种好处(占整个文章总体篇幅的 74.5%),也提及"三通"给台湾带来的挑战(仅占文章总体篇幅的 16.3%),巧妙地支持了台湾当局的立场。

(二)和台当局立场相左时,采用灵活的方式来陈述专业判断

1. 在鲜活的具体故事描述中使观点自然流露

在第三、第四阶段,台湾当局分别推出"南向政策"和"戒急用忍"政策来遏制台商对祖国大陆投资。《商业周刊》《天下杂志》仍在这两个阶段推出《台湾小伙子 闯大陆创业传奇》《课长变总经理,捷径在大陆》《至少有一打台商在大陆名列第一》《中国工作大抉择》等一系列介绍台商在祖国大陆创业发展的封面文章,用具体鲜活真实的事例描绘出勤奋的台湾商人在祖国大陆打拼、创业,取得事业成功的故事。用事实说话,杂志支持台商到祖国大陆创业的观点自然流露。

2. 以调查报告的方式提供大量与台湾当局立场相左的数据和事实

1993 年 7 月,台湾当局推出"南向政策",试图为台商对祖国大陆的投资降温。《商业周刊》仍于 1993 年 12 月 20 日刊载封面故事《大陆人多有钱? 怎么花?》,其内容是《商业周刊》与台湾精宝行销顾问公司联合制作的调查报告《九三年大陆消费行为大调查》。这是台湾第一次大规模针对北京、上海、珠江三角洲三大地区的城市人口进行的消费行为研究,文章以翔实充分的数据和资料,穿插记者实地观察、访问,从专业角度分析祖国大陆巨大的消费潜力和市场发展机会,使人感到这一报道客观、真实,既满足了台湾民间企业了解祖国大陆市场的需求,又不与台湾当局的"南向政策"正面冲突。

3. 直接访问反对台湾当局两岸经贸政策的人士

自 1996 年李登辉提出"戒急用忍"政策以来,岛内就有很多反对的声音。1997 年 7 月 7 日,《商业周刊》推出封面故事《萧万长谈香港回归 台湾前途》,记者采访了当时台湾的民意代表萧万长,萧万长对香港回归问题"乐见其成",对两岸交流主张"不限制并且应积极推动""对两岸经贸亦持完全开放的主张"[1],与台湾当局的"戒急用忍"政策背道而驰。通过直接访问反对台湾当局两岸经贸政策的人士,《商业周刊》巧妙地表达了专业倾向。

4. 观点、数据、事实三者结合

1999 年 7 月 9 日,李登辉抛出"两国论",将两岸关系定位为"国家与国

---

[1] 张正霖:《萧万长谈香港回归 台湾前途》,http://www.businessweekly.com.tw/article.php? id=3987,1997 年 7 月 7 日。

家,至少是特殊的国与国关系"。《商业周刊》随即于 1999 年 7 月 26 日推出《"两国论"后遗症大追踪》,指出"一句'特殊的国与国关系',让全台股民哀鸿遍野。一个星期的狂跌,让台湾股市的总市值损失一兆五千亿元"①。文章随即通过鲜明的图表和数据,大量引用股民和财经界人士话语等形式,凸显和强调了"两国论"发表后给台湾股市带来的灾难性打击。

在第六阶段,台湾当局推出"积极管理,有效开放",再次紧缩对祖国大陆的经贸政策。然而,《天下杂志》依然在 2007 年 5 月 23 日首度制作两岸三地"华商天下一千大"排名,推出《华商天下》的封面故事。在报道的布局安排上,报道一开始就在封面的导语上写道:"两岸三地在全球化的冲击下,融合为一个竞合共生的经济圈,三地华商各展所长,创造出迅猛的成长与获利。"②文章接着用翔实的数据表明华商企业在全球的竞争力,"2006 年,这 1 000 家企业的营收平均增长率是 21.9%,是美国《财富》杂志评选的全球 500 强企业平均增长率 10.7% 的 3 倍;平均获利率达 8.97%,远高于全球 500 强的6.41%"③。文章结尾提出:"不论台湾政府是否愿面对真相,两岸三地在全球化的冲击下,已自然形成一个竞合共生的经济圈。愈来愈多的华商结合三地资源,很难再用过去属人、属地、还是属市场的方式来定义,现在是站在三地的优势上打天下。"④翔实的数据支持,文章首尾相互呼应,使得两岸三地已形成一个竞合共生的经济圈的观点深入人心。

由以上的分析可以看出,每当台湾当局推出新的两岸经贸政策的时候,两份财经杂志都会刊出相关的封面故事来呼应,采用多样的叙事方式来直接或间接支持台湾当局的两岸经贸政策。但当财经杂志的财经专业立场与当局的两岸经贸政策不一致时,两刊会使用更加灵活的陈述方式来巧妙表明杂志本身的专业判断,较少与台湾当局的两岸经济政策直接冲突。由此可以看出,台湾财经杂志在政治利益和商业利益之间细微的平衡策略。

四、研究结论

两岸经济关系是在市场经济原则下,两岸生产因素基于追求最佳利润或比较利益而进行的一种取长补短、相辅相成的交流与结合。然而,由于两岸政治体制的不同,原应属于经济层面考虑范畴的两岸经济关系,却往往受到政治

---

①　王文静、任美珍:《李登辉一句话,台湾吹五十次贺伯台风》,http://www.busines-sweekly.com.tw/article.php? id=8257,1999 年 7 月 26 日。

②③④　吴婉瑜:《华商天下》,http://www.cwk.com.tw/cw/search/preview1.asp? articleID=20070612102817068 6928 629,2007 年 5 月 23 日。

或两岸政策的牵引,时而加快时而趋缓。通过以上分析《天下杂志》和《商业周刊》如何在长达三十年的时间里以封面文章的形式来报道两岸经济关系,可以发现:两刊在报道两岸经济关系时,一方面会将台湾当局的政策因素考虑在内,体现在两刊受不同时期台湾当局两岸经贸政策变化的影响而在报道上有变化;另一方面两刊还是主要基于自身的财经专业判断来报道分析两岸经济关系,其封面文章的报道能相对客观真实地反映两岸经济关系的发展历程,反映了两岸经贸交流的热络和民间对于开放交流的期待,在一定程度上既发挥媒体环境守望者的功能,也体现了媒体反映民意的社会功能。这也就是两刊之所以能在较长时间里保持较高的发行量,并多次获得台湾当局褒奖的一个重要原因。

本章是一项探索性的研究。探讨代表性台湾财经杂志在一个较长的历史时期里是如何报道既是经济范畴又受两岸政治力牵引的两岸经济关系议题,以台湾财经杂志对这一议题呈现的变化,可以进一步看出台湾财经杂志的报道特点和价值取向,反映台湾政治、经济对台湾财经杂志的影响和制约。两岸经济关系仍在不断发展,本研究仅就三十年来台湾财经杂志的代表刊物《天下杂志》和《商业周刊》作为分析依据,而且在抽样和统计上不可避免地存在一定的误差。因此,研究本身仍然具有很大的局限性。要挖掘台湾财经杂志如何呈现两岸经济关系,需要在未来进行进一步更完整和更进一步的探索和思考。

第六章
结论以及讨论

　　1949 年至今,台湾财经杂志走过六十多年的历程,经历了诸多社会变迁,其对向台湾民众普及经济知识,传递经济新闻以及促进台湾经济发展起着重要作用。目前,学界对台湾财经杂志的研究停留在个案研究或侧面研究上,缺乏整体和系统的把握。本研究应用多学科的研究视角,采用历史分析、个案研究、比较研究以及内容分析等研究方法,对台湾财经杂志的发展历程进行历史考察,从报道内容、版面设计、经营管理三个主要方面来研究不同历史阶段台湾财经杂志的发展变化,将台湾财经杂志的发展变迁置于台湾社会的历史环境中进行考察,梳理台湾财经杂志 1949 年至今的发展历程,分析其与台湾特定的政治、经济间的相互关系。在此基础上,本研究提出以下基本结论和引申讨论。

一、基本结论

(一)社会经济的发展为财经杂志提供了起步和发展的空间

　　1949—1979 年是台湾财经杂志发展的起步阶段,由于当时台湾经济还不发达,民众对财经资讯的需求有限,财经杂志数量少,读者群只限于专业人士。

　　从 80 年代开始,台湾经济的飞速发展以及经济转型,刺激了民众对财经资讯的需求。中产阶级兴起,并逐渐成为台湾社会的主体,成为台湾财经杂志的主要读者群,财经杂志发展迅速。从 1980 到 1999 年,财经杂志的数量在台湾各类杂志中一直保持第一,在杂志的发行量、广告营收以及销售排行榜上,财经杂志在各类杂志中都居领先地位。

　　进入 21 世纪,台湾经济从"中增长"阶段转入"低增长"阶段,台湾财经杂志增加有关"个人竞争力"和"贫穷议题"的报道,成为中产阶级的大众化杂志,依旧是台湾杂志的主流类别,继续维持其财经资讯霸主的地位。

(二)不同历史阶段台湾财经杂志与台湾当局关系的发生变迁

1.“戒严”时期台湾财经杂志的“侍从”角色

在“戒严”时期,国民党当局透过军政特警等“镇压机器”来维持其有效统治,对包括杂志在内的新闻媒体实行全面控管,台湾的财经杂志充当“侍从”角色,对台湾当局的财经政策和经济建设计划予以积极宣导和配合,以换取在特定市场环境中获得发展。积极配合的财经杂志,也享受到当局在奖励、补助、免征营业税等方面很多的优待。同时,杂志社还可以加入台湾省杂志事业协会成为会员,比照各报社配纸办法,按月领取由台纸公司配给白报纸,以供印刷之用。

2.“解严”后台湾财经杂志与国民党当局的关系从“侍从”转变为“诤友”

在“戒严”解除后至政党轮替前,包括杂志在内的台湾新闻媒介的独立自由度相对提高,国民党当局对杂志的管控由过去的高压手段转而比较注重策略手法,台湾财经杂志与国民党当局的关系也从“侍从”转变为“诤友”。一方面,台湾财经杂志能从自己的专业角度出发,对国民党当局的一些经济政策提出不同观点;勇于对国民党当局提出尖锐的批评,政商秘闻报道增加;精确新闻报道在财经杂志中广泛应用,更加注重反映民意;增加“戒严”时因高压统治所未提及的环保、教育议题的报道。另一方面,台湾财经杂志也积极配合国民党当局的台湾经济转型政策,为其提供资讯支持;面对“解严”后社会的“失序”,台湾财经杂志积极用国民党当局的主流意识形态建构台湾历史,帮助国民党当局巩固政权。同时,应对“解严”后社会的变革,台湾财经杂志以相对中立的态度增加有关民进党的报道。

3.泛蓝、泛绿两大阵营形成,台湾财经杂志采取相对平衡报道策略

2000—2014年,台湾分别于举行了四次地区领导人选举,实现两次政党轮替。以国民党、亲民党、新党和民进党、“台联党”为主要代表的岛内政治势力经过重新组合,形成泛蓝、泛绿两大政治阵营,主导台湾政治生活主线。随着台湾两大阵营的激烈竞争,一些媒体的政治立场也愈来愈明显。相比较而言,台湾财经杂志以中产阶级、知识分子、大学生等“中间选民”为主要读者,较无明显的预设政治立场,在台湾四次领导人选举报道中,台湾财经杂志对蓝绿阵营采取相对平衡的报道策略,以获得市场利益最大化。台湾财经杂志领导品牌之一《远见》的民调中心还是蓝绿双方公认的相对中立的机构。

(三)商业利益对台湾财经杂志新闻专业主义的侵蚀

新闻专业主义在19世纪末期开始形成,强调传媒作为独立的社会子系统的收集、整理、传播信息的功能和责任。财经杂志以财经资讯为主要内容,其

报道对于读者的投资理财决策影响很大,其报道更应该强调新闻专业主义。

从 1949 年发展至今,台湾财经杂志由过去"文人办杂志"为主,转向企业化经营,并朝集团化、多角化经营发展。市场竞争促进台湾财经杂志发展的同时,也使其逐渐向受市场利益驱动的产业方向发展。

过度追求商业利益,使得新闻专业主义实现的基础——编辑权和经营权相分离的制度安排被打破,将编辑、发行、广告三部门结合起来,协调作战,最大限度地获取利润,成为台湾财经杂志业者在激烈的竞争中制胜的关键,置入性行销逐渐成为财经杂志追求利润的重要手段,而政治势力和商业力量是对台湾财经杂志实行置入性行销的两大力量。

置入性行销报道把观众视为"顾客",新闻则成为"商品",出售给政治势力和企业主,损害了读者"知"的权利,降低了财经杂志在新闻报道上的公信力,反映了商业利益对台湾财经杂志新闻专业主义的侵蚀。

二、引申讨论——自由与责任的冲突

新闻媒体是以市场为导向的自由的私人企业,还是承担当代社会责任的公共传播者? 这是一个带有价值判断的问题,但同时,却也作为难以解决的矛盾性问题贯穿于新闻实践的始终。台湾财经杂志 1949 年至今的发展历程也一样伴随着自由与责任之间的冲突。

随着台湾经济的发展,"戒严"的解除,媒体自由化程度大大提高,政治力量对台湾财经杂志的管控由过去的高压手段转向软性、隐性方式,市场逐渐主导台湾财经杂志的发展。市场竞争在促使台湾财经杂志提高报道内容、版面设计水平以及经营管理的同时,也使台湾财经杂志逐渐向受市场利益驱动的产业方向发展,过度强调商业利益,台湾财经杂志立刊之本的新闻专业主义受到了侵蚀。

台湾财经杂志在自由化之后所出现的商业利益对新闻专业主义的侵蚀,再次凸显了市场化环境下财经杂志所面临的自由与责任的冲突。

在市场环境中,财经杂志有着外在承诺和内在承诺。其外在承诺是对服务公众利益的承诺,财经杂志报道企业动态、证券新闻与当局财经政策,是民众了解经济生活,形成投资决策判断的重要依据。因此更要求财经杂志必须格外讲求公正客观,远离相关利益诱惑,客观报道所观察之事件。财经杂志对公众利益的承诺是至高无上的,但公众利益的主体是模糊的,对公众利益的承诺无法得到立即的现实回报,只有靠良心和良知的指引才可以把握其走向。媒体的内在承诺是对消费者的承诺,其利益主体是具体的受众和广告商,他们会给予现实的报偿。在自由化的市场环境中,市场主导财经杂志的发展,财经杂志以商业利润为目标,在选择新闻报道时,往往主要考虑自身以及与之有着密切关系的公司利益,而非民众的公共利益。因此,虽然财经杂志的权力是公众授予的,但在具体的使用中,财经杂志以追求利润为目标,会把权力运用在取悦和迎合受众和广告商上。

在取悦和迎合受众的过程中,财经杂志一方面会不断改进杂志内容,以深入浅出的写作方式,将财经问题大众化、普及化,为企业决策和开拓市场提供资讯支持;提高杂志版面设计水平,方便读者主动性阅读。另一方面为满足受众猎奇、娱乐等感官、本能的非理性需求,财经杂志过度报道涉及性、金钱、权力等相对片面、即兴、八卦的政商秘闻、内幕,热闹有余,专业不足,不但发挥不了正面的功能,反而有所混淆,对财经杂志的专业尊严,有很大的伤害。

为争取广告商,财经业者注重与广告客户的沟通,提供多样化服务。然而,为取悦广告客户,财经杂志打破编辑权和经营权相分离的制度安排,为广告客户量身定做各类整合行销方案,实行置入性行销,消费新闻广告化。这些做法侵蚀了财经杂志立刊之本的新闻专业主义,辜负了公众对财经杂志的专业期许,违背了其履行服务公共利益的承诺。"意见的自由市场"背后总有政治、经济等各种权力之手在无形操纵。

因此,尽管自由主义的理想需要维护,但如果凭借理想的市场化方案而没有必要有效的制度约束和保障,以追求社会公众利益为根本目的的财经杂志及其从业者,难免会在市场化环境中,在资本增值的诱惑中迷失本质。目前,祖国大陆财经杂志市场初现繁荣,但其整体发展水平,还难以跟上祖国大陆经济改革的步伐,祖国大陆经济正进一步融入全球经济,走向成熟,会更需要成熟的包括财经杂志在内的财经媒体。研究分析台湾财经杂志 1949 年至今的历史变迁,可以为祖国大陆财经杂志的发展提供可资参考的借鉴经验。

三、本研究的局限

虽然本研究力图对台湾财经杂志 1949 年至今的发展历程进行历史考察,以揭示其历史变迁的脉络以及影响其变迁的诸多因素,并为此做了最大的努力,但限于时间和篇幅,所追求的目标尚未完全达到,还存在着一些不足。

(一)个案研究的局限

在台湾财经杂志 1949 年至今的发展历程中,出现许多财经杂志,它们在各自的报道内容、版面设计以及经营管理方面都有各自的特点,在台湾特定的政治、经济环境中,不同的财经杂志和台湾政治、经济也有不同的互动关系。笔者根据所掌握资料中的台湾财经杂志发行量排名、阅读率排名、销售排行榜、广告量排名等基本指标,对其中代表性的台湾财经杂志进行分析,尽量呈现出台湾财经杂志发展过程中部分共性的特点,对于具有个性特点的许多台湾财经杂志,无法分析周全。

(二)文献资料的局限

由于本研究时间跨度长,且研究对象是海峡对岸台湾的财经杂志,需要以大量的文献资料为基础来进行分析论证。笔者以厦门大学台湾研究院馆藏的台湾财经杂志为第一手研究资料,并广泛搜集海峡两岸的相关研究资料,然而文献资料收集仍显不足。特别是在台湾的相关研究资料方面,笔者都是利用厦门大学现有馆藏资源、厦门大学现有的台湾文献数据库、通过网络连接台湾网站查询相关资料、通过馆际互借获得台湾相关研究资料、以及到台湾短期实地参访等多种途径取得,肯定还有很多台湾地区的相关研究资料无法取得。

(三)研究方法的局限

笔者在研究过程中,主要采用历史分析、个案研究、比较研究以及内容分析等研究方法,这些研究方法更多的是对文本资料的分析,其中难免会有一些个人的主观判断。由于条件的限制,笔者只能借鉴以往研究者问卷调查的资料,无法亲自进行问卷调查,直接了解台湾民众对台湾财经杂志的看法。

四、进一步研究的可能

基于本阶段的研究工作,本书认为可以从以下方面开展进一步的研究:

第一,不同地区财经杂志发展的比较研究。祖国大陆和台湾同根同源,可以比较研究祖国大陆财经杂志和台湾财经杂志发展的异同点,以便两岸财经杂志能更好地合作交流。此外,台湾财经杂志发展深受海外一些著名财经杂志的影响,其在报道内容、版面设计以及经营管理上都有借鉴海外一些著名财经杂志的经验,也可将台湾财经杂志与海外著名财经杂志进行比较研究。

第二,台湾财经媒体研究。对于台湾民众来说,其获得财经资讯的渠道,不仅有财经杂志,还包括财经报纸、财经电视、财经网站等其他财经媒体,不同财经媒体如何发挥各自的优势争取受众,如何竞争和合作,也是未来研究的一个建议。

后　记

这本书由我的博士论文拓展而成，是我对自己最近几年主要研究成果的一次总结。此书稿得以完成并付诸印刷，得益于厦门大学新闻传播学院的支持，也得益于"中央高校基本科研业务费专项资金"的资助。

如今这本书稿即将完成之际，心中有太多的感谢和感动，衷心谢谢所有指导和帮助过我的亲人、师长和朋友，是你们的支持和关心给予我克服困难，继续前进的动力。对此，我将永怀感激！

感谢恩师许清茂教授对我的殷殷教诲！当在许清茂教授的指点下确定论文方向后，才发现自己要驾驭这样一个题目要面临很多的困难：资料缺乏、实践不足、调查无头绪……而在本书写作的过程中，我又经历了怀孕、因犯多发性子宫肌瘤变性而不得不卧床保胎、生宝宝、母亲病重及去世……在这无数的困难中，是恩师予我父亲般的关怀和爱护，恩师的鼓励、支持和指导让我能坚持下去，完成这本书的写作。恩师丰富的学识，严谨的治学态度，豁达而睿智的人生态度，是我终生学习的楷模，能成为恩师的弟子，是我一生的荣幸。

博士三年的学习以及此后的教学科研工作中，我得到很多师长的关心和鼓励：张铭清院长从百忙中抽出时间，认真、仔细的修改我的书稿，提出很多建设性意见，并支持我前往台湾研修，访谈、调研、收集相关资料。陈培爱教授一直很关心我的成长，从书稿的选题到写作，都得到他的很多关心和指导。黄星民教授经常鼓励和支持我，称许我的些许学术进步，他所授课的媒介发展史，让我茅塞顿开，收获良多。黄合水教授用他严谨的治学态度感染着我，他的研究方法课，让我掌握了做好学术研究的基本方法。赵振祥教授开朗、热心，对我书稿的框架建构，提出了很多宝贵的指导意见。阎立峰教授真诚、热情,经常给予我鼓励和点拨,对我从事台湾研究给予很多的支持和帮助。岳淼教授热情的鼓励和帮助我,和我分享她读博及写书稿的经历,感动激励着我。还有陈嬿如教授、庄鸿明教授、罗萍教授、林升栋教授、林念生教授、吕行教授、李展教授都对我的书稿写作提出了建设性的指导意见,让书稿更加完善。这些老师给予我的教诲与帮助,是我一生最宝贵的财富。

衷心感谢当初博士论文的评审专家,感谢你们的辛勤付出,你们提出的宝贵意见,为本书的补充和完善指明了方向。

衷心感谢厦门大学新闻传播学院的领导和同事,特别是我的老领导邓朝晖书记和现任领导郑树东书记,他们对我博士三年的学习以及此后的教学科研工作都给予很大的支持,厦门大学新闻传播学院是个温暖的大家庭,我在这里得以快乐地成长。

感谢我的朋友佘绍敏老师、迟月利老师、苏俊斌老师、王晶老师、陈素白老师、曾秀芹老师、周雨老师、孙慧英老师、陈晓彦老师等,亲爱的朋友,是你们热情的笑脸、无私的帮助,让我能乐观坚持,克服重重困难,顺利完成书稿。

感谢厦门大学出版社诸位编辑的诚挚帮助,尤其是王鹭鹏编辑,耐心地指导我如何完成人生的第一部书稿,这份亦师亦友的情谊,终生难忘。

感谢我的爸爸妈妈,一直以来都无怨无悔的和我一起度过各种风风雨雨。为了让我安心写书,年迈的父母帮我承担起照顾年幼宝宝的重任,他们是我永远温暖的港湾。最最感恩的是亲爱的妈妈,即使在她病痛的最艰难时刻,依旧坚强地支撑着,鼓励我做好科研和教学。如今书稿即将完成,妈妈已不在,子欲养而亲不待,无数次午夜梦回,泪湿衣襟。

感谢我的爱人罗敏,执子之手,与子偕老的承诺体现在点滴的包容和关爱中,他主动照顾年幼的儿子,让我能静心于书稿的写作,支持我克服种种困难,坚持走到今天。

感谢年幼的儿子罗昊鹏,他的降临带给我无边的幸福,即使他偶尔也会抱怨妈妈埋头写书稿不理他,依旧会快快乐乐地陪在我身边,耐心地等待我有空的时候和他一起玩。我的教学科研生涯伴随着儿子一起成长。

感恩我的公公婆婆,我的舅舅、姨妈,我的亲人,在最艰难的时候给予我支持和鼓励。

书稿的完成还得益于在这一领域辛勤劳作的诸多研究者的丰富成果。在此谨对书稿涉及的所有研究成果的作者表示衷心的感谢! 对于本书中的不足和疏漏之处,我恳请各位专家批评指正,并致以最真诚的谢意!